# 형법각론 I

김 선 복 지음

PUKYONG NATIONAL UNIVERSITY PRESS
부경대학교 출판부

# 형법 각론 I

2010년 8월 31일 초판1쇄 발행
2012년 8월 23일 초판2쇄 발행

저 자 I 김 선 복
발행인 I 김 영 섭
발행처 I 부경대학교 출판부
주 소 I 부산광역시 남구 용소로 45
전 화 I (051) 629-6914
F A X I (051) 629-6917
E-Mail I upress@pknu.ac.kr



값 17,000원

ISBN 978-89-91131-55-2 93360

# 머리말

이 책은 저자가 출간하는 첫 번째 형법교과서이다. 교과서를 출간하기로 결심한지는 오래 되었지만 저자의 게으름 때문에 미루어 오다가 이제야 세상에 내놓게 되었다. 현재 시중에 많은 형법교과서가 출간되어 있기 때문에 새로운 교과서를 또 출간한다는 것이 저자에게는 매우 부담스러운 일이 아닐 수 없다. 그럼에도 불구하고 이 책을 출간하게 된 이유는 우선 학생들에게 형법에 대한 기초적인 지식을 쉽게 이해하고 습득할 수 있는 형법교과서를 제공해야 한다는 일종의 의무감 때문이다. 학생들이 두꺼운 교과서를 기피하고 얇은 서브노트나 문제집을 무조건 암기하거나 시험에 자주 출제될 것 같은 문제만을 선별적으로 공부하는 것을 더 이상 보고 있을 수만은 없다고 생각하였다. 그리고 저자가 지금까지 강의하고 연구한 것들을 정리해 보고 한 학기에 형법각론 전부를 강의할 수 있는 정도의 교과서를 펴내고 싶은 작은 소망도 이 책의 출간에 영향을 주었다. 그러나 정작 집필을 시작해 보니 저자의 능력이 많이 부족하다는 것을 새삼 절감하였다. 앞으로 이 책의 미진한 부분은 계속해서 보완해 나갈 것이다. 독자 여러분의 애정 어린 비판을 환영한다.

이 책은 형법각론의 범죄 중 개인적 법익에 대한 죄(제250조-제372조)를 대상으로 한다. 판례는 2010년 6월까지의 대법원 판례를 대부분 반영하였다. 중요한 판례는 원문까지 기재하였으나 가능한 한 책의 분량이 크게 늘어나지 않도록 절제하였다. 아무튼 이 책이 형법을 공부하는 실무가나 학생들에게 조금이나마 도움이 되기를 기대해 본다.

이 책을 출간하는 데는 연구조교인 이혜나 양과 김수진 양이 많은 도움을 주었다. 이혜나 양은 국내문헌을 정리해 주었고 김수진 양은 판례정리뿐만 아니라 교정과 색인작업 까지도 도맡아서 해주었다. 특히 김수진 양은 방학기간 내내 저자를 도와주었다. 두 사람에게 고마움을 전한다.

끝으로 하나님께 감사한다. 그리고 나의 사랑하는 가족에게는 미안함과 고마움을 함께 전하고 싶다.

2010. 8. 30.

김 선 복

# 목 차

# 제1장 생명 · 신체에 대한 죄

## 제1절 살인의 죄

### Ⅰ. 서설

#### 1. 의의 및 보호법익

살인의 죄는 사람을 살해함으로써 성립하는 범죄이다. 살인죄의 보호법익은 사람의 생명이다. 헌법은 헌법상의 가치체계에서 인간의 생명에 대해 최고의 지위와 동시에 법질서의 절대적 보호를 인정하고 있다. 인간의 생명은 헌법이 보장하고 있는 인간의 존엄과 가치의 기초가 되기 때문이다. 이는 인간의 생명은 개인의 생존능력, 생존이익 또는 기대수명, 법익주체의 연령 및 건강상태, 그의 사회적 기능과 타인의 가치평가와 상관없이 절대적으로 보호받는다는 것을 의미한다. 즉 어떠한 경우에도 인간의 생명은 침해되거나 포기 될 수 없는 법익에 속한다. 그러나 태아나 사자는 사람에 해당하지 않으므로 살인죄의 행위객체가 아니다.

#### 2. 구성요건체계

살인의 죄는 살인죄(제250조 제1항)를 기본적 구성요건으로 하고 있다. 이에 비하여 존속살해죄(동조 제2항)는 가중적 구성요건인 반면, 영아살해죄(제251조)와 촉탁 · 승낙에 의한 살인죄(제252조 제1항)는 감경적 구성요건에 속한다. 영아살해죄는 책임이 감경되는 경우이고, 촉탁 · 승낙에 의한 살인죄는 불법이 감경되는 경우이다. 그리고 자살교사 · 방조죄(제252조 제2항)와 위계 · 위력에 의한 살인죄(제253

조)는 독립된 구성요건에 해당한다. 형법은 살인의 죄의 미수범을 처벌하고(제254조), 제250조와 제253조의 경우에는 예비 · 음모도 처벌한다(제255조).

그 밖에 독자적인 범죄형태로 형법상의 내란목적살인죄(제88조), 강간살인죄(제301조의2), 인질살해죄(제324조의4), 강도살인죄(제338조) 및 특정범죄가중처벌 등에 관한 법률상의 보복살인죄(제5조의9 제1항)도 있다.

## Ⅱ. 살인죄(제250조 제1항)

### 1. 객관적 구성요건

사람을 살해하는 것이다.

#### (1) 행위객체

행위객체는 살아있는 사람이다. 여기에서 사람이란 행위자 이외의 타인을 의미한다. 자연인만이 살아있는 사람이므로 법인은 본죄의 객체가 될 수 없다.

사람은 태아 및 사자와 구별되어야 한다. 태아는 낙태죄의 객체이고, 사자는 사체손괴죄의 객체가 되기 때문이다. 구별기준은 사람의 시기와 종기이다. 사람은 출생할 때부터 사망할 때까지 살아있는 사람이 된다. 그러나 사람이 언제 출생하였고 또 언제 사망하였는지를 획일적으로 정할 수 없다. 사람의 시기와 종기의 문제는 규범적, 즉 가치판단을 요하는 문제이다.

사람의 시기에 관하여 태아는 출생한 때부터 사람이 된다. 사람의 출생 시기에 대해서는 견해가 대립하고 있다. 진통설, 일부노출설, 전부노출설 및 독립호흡설이 그것이다.

진통설은 규칙적인 진통을 동반하면서 분만이 개시된 때를 사람의 시기로 본다(통설).[1] 일부노출설은 태아의 신체일부가 모체에서 노출된 때를 사람의 시기로 본다.

전부노출설은 태아가 모체로부터 완전히 분리된 때를 사람의 시기로 본다. 독립호흡설은 태아가 모체로부터 완전히 분리되어 스스로 폐에 의한 호흡을 시작한 때를 사람의 시기로 본다. 판례[2]는 진통설의 입장이다.

생각건대 형법은 태아에 상해를 입히거나 과실로 낙태하는 경우를 처벌하지 않고 있기 때문에 분만이 개시된 태아의 생명을 보호하여 법익보호라는 형법의 임무에 충실하기 위해서는 분만 중의 태아도 사람에 포함시킬 필요가 있다. 또한 이미 형법 제251조는 분만 중의 태아를 사람인 영아로 규정하고 있다. 이러한 이유로 진통설(분만개시설)이 타당하다. 여기서 말하는 진통은 압박진통 또는 사전진통이 아니라 자궁구와 자궁경부의 규칙적인 개방진통을 의미한다.

이와는 달리 민법에 있어서 사람의 시기는 권리・의무의 주체가 될 수 있는 시기가 되고 민법 제3조는 사람은 생존한 동안 권리의무의 주체가 된다고 규정하고 있으므로 전부노출설이 사람의 시기를 결정하는 기준이 된다. 그러나 제왕절개수술에 의한 분만의 경우에는 의사가 자궁을 절개하기 시작한 때가 사람의 시기가 된다.

**판례 (대법원 2007. 6. 29, 선고 2005도3832)**

사람의 생명과 신체의 안전을 보호법익으로 하고 있는 형법의 해석으로는 규칙적인 진통을 동반하면서 분만이 개시된 때(소위 진통설 또는 분만개시설)가 사람의 시기라고 봄이 타당하다. 제왕절개수술의 경우 '의학적으로 제왕절개수술이 가능하였고 규범적으로 수술이 필요한 시기'는 판단하는 사람 및 상황에 따라 다를 수 있어, 분만 개시시점 즉, 사람의 시기도 불명확하게 되므로 이 시점을 분만의 시기로 볼 수 없다.

사람의 종기는 사망한 때이다. 사망한 사람은 사체에 불과하므로 살인죄의 객체가 될 수 없다. 사체는 사체 등의 오욕죄(제159조)・영득죄(제161조), 변사체검시방해

---

1) 김성천/김형준, 14면; 김일수/서보학, 21면; 박상기, 20면; 배종대, 53면; 백형구, 17면; 오영근, 16면; 이재상, 14면; 이정원, 34면; 임웅, 15면; 정성근/박광민, 18면.
2) 대법원 1982. 10. 12, 81도2621; 2007. 6. 29, 2005도3832.

죄(제163조)의 객체가 될 뿐이다. 형법은 사람의 사망 시기에 관한 규정을 두고 있지 않으므로 언제를 사람의 사망시기로 볼 것인가가 문제된다. 이에 대하여 맥박종지설(심장사설), 호흡종지설 및 뇌사설이 대립한다.

맥박종지설은 심장의 고동이 영구적으로 정지한 때를 사망시기로 보는 견해이다.[3] 호흡종지설은 호흡이 영구적으로 멈췄을 때를 사망시기로 보는 견해이다. 뇌사설은 모든 뇌의 기능이 종국적으로 정지한 때를 사망의 시기로 보는 견해이다.[4] 뇌사설은 독일의 통설이다.

생각건대 장기등이식에관한법률이 한편으로는 뇌사자의 장기적출을 허용하면서, 다른 한편으로는 뇌사자를 살아있는 자뿐만 아니라 사망한 자와도 구별하고 있으므로 사람의 사망 시기는 원칙적으로 맥박종지설에 의해 결정하되, 장기이식의 경우에만 뇌사를 사망의 시기로 인정하는 것이 옳다. 이에 대하여 장기등이식에관한법률이 뇌사자의 장기적출을 규정한 것은 사람의 종기에 관하여 뇌사설을 입법화한 것이 아니라 단지 뇌사가 인정된 경우에 장기적출의 법적 근거를 마련한 것이고, 의학적으로 뇌사상태일지라도 호흡과 심장박동이 계속되는 한 살아 있는 사람으로 보는 것이 법적 상식이라는 견해도 있다.[5] 이에 의하면 뇌사자로부터 장기를 적출하는 것은 살인죄의 구성요건에 해당하지만 장기이식법에 의해 허용되므로 정당행위로서 위법성이 조각된다고 한다. 그러나 이 견해는 타당하다고 할 수 없다. 단지 장기이식을 위해 살아있는 뇌사자로부터 장기적출을 허용하는 법률은 절대적 생명권을 보장하는 헌법에 위배되고, 인간은 다른 목적을 위한 수단이 되어서는 안 된다는 원칙을 침해하기 때문이다. 장기적출을 허용하기 위해서는 뇌사자는 사망한 자이어야 한다.

---

3) 김일수/서보학, 23면; 백형구, 18면; 오영근, 20면.
4) 김성천/김형준, 18면; 박상기, 23면; 이재상, 17면; 이정원, 37면; 임웅, 17면; 정성근/박광민, 20면.
5) 김일수/서보학, 22면.

### (2) 구성요건적 행위

살인죄의 구성요건적 행위는 살해이다. 살해란 고의로 타인의 생명을 박탈하는 것을 의미한다. 본죄는 사람을 살해하면 성립하므로 살해의 수단 및 방법은 특정될 필요가 없다. 즉 타살·사살·교살 등과 같은 유형적 방법에 의하든 정신적 충격이나 고통을 가하여 살해하는 무형적 방법에 의하든 묻지 않는다.[6] 살인죄는 작위범이지만 부작위에 의해서도 성립할 수 있다. 예를 들면 감금한 자가 감금당하여 탈진해 있는 피해자를 돌보지 아니하여 죽게 한 경우[7]와 어린 조카를 저수지로 데려가서 미끄러지기 쉬운 제방 쪽으로 유인하여 함께 걷다가 미끄러져 저수지 물에 빠진 조카를 구호하지 아니하여 그가 익사하는 것을 용인하고 방관한 경우[8]가 여기에 해당한다.

살해행위는 간접적인 방법으로도 가능하다. 따라서 타인을 도구로 이용하여 사람을 살해한 자는 간접정범의 방법으로 살인죄를 실행한 것이다. 강제 또는 기망에 의하여 자살하게 한 경우에는 살인죄의 간접정범이 성립하지만 형법은 이러한 경우를 위계·위력에 의한 살인죄(제253조)로 규정하고 있다. 법원의 재판을 이용하여 사람을 살해하는 것이 가능한지에 관하여 실체적 진실을 발견해야 할 법원이 재판을 지배하고 있기 때문에 이를 부정하는 견해[9]도 있으나 위증이 유죄판결의 결정적인 증거가 되어 위증과 재판 사이에 인과관계가 입증되면 살인죄의 간접정범을 인정할 수 있다고 본다.[10]

기도, 굿 또는 저주 등과 같은 미신적 방법에 의한 살해는 살인의 의사를 실현하기 위한 행위라고 평가할 수 없고, 행위와 사망이라는 결과 사이의 인과관계도 인정할 수 없으므로 본죄의 살해에 해당하지 않는다.[11]

---

6) 반대견해는 권오걸, 9면; 박상기, 24면.
7) 대법원 1982. 11. 23, 82도2024.
8) 대법원 1992. 2. 11, 91도2951.
9) 권오걸, 10면; 김일수/서보학, 24면; 박상기, 24면; 배종대, 63면; 이재상, 19면.
10) 김형준/김성천, 27면; 이정원, 411면; 임웅, 20면.
11) 권오걸, 9면; 김일수/서보학, 23면; 배종대, 63면; 오영근, 21면; 이재상, 18면; 임웅, 19면; 정성근/박광민, 22면.

### (3) 기수

살인죄는 결과범이므로 사망의 결과가 발생한 때에 기수가 된다. 사망의 결과가 발생하지 않거나 행위와 결과 사이에 인과관계가 인정되지 않으면 본죄의 미수범이 성립한다(제254조). 행위자의 행위가 사망의 유일한 원인이 아닌 경우에도 인과관계가 인정될 수 있다.[12] 그러므로 의사의 과실이 결합하거나[13] 피해자의 과실이 결합하여[14] 사망결과를 발생케 한 경우에도 행위자의 행위와 사망 사이에는 인과관계가 인정된다.

## 2. 주관적 구성요건

본죄의 주관적 구성요건은 고의이다. 여기서 고의란 사람을 살해한다는 사실에 대한 인식과 의욕을 말한다. 충동적이거나 우발적인 살인의 경우에도 살인의 확정적 고의를 인정할 수 있다. 살인죄의 고의는 확정적 고의가 아닌 미필적 고의로도 충분하므로 반드시 살해의 목적이나 계획적인 살해의 의도가 있어야 하는 것은 아니다.[15]

판례는 칼로 목이나 가슴과 배를 찌른 경우,[16] 양손으로 피해자의 목을 조른 경우,[17] 피해자를 향해 총을 발사한 경우,[18] 돌이나 각목으로 피해자의 머리를 강타한 경우[19] 및 7세와 3세의 어린 자식을 함께 죽자고 권유하여 물속에 들어가게 한 경우[20]에 살인죄의 고의를 인정하고 있다.

---

12) 대법원 1982. 12. 28, 82도2525.
13) 대법원 1984. 6. 26, 84도831.
14) 대법원 1994. 3. 22, 93도3612.
15) 대법원 2006. 4. 14, 2006도734.
16) 대법원 1987. 7. 21, 87도1091; 1983. 6. 28, 83도1269.
17) 대법원 1994. 12. 22, 94도2511.
18) 대법원 1975. 3. 11, 75도217.
19) 대법원 1998. 6. 9, 98도980.
20) 대법원 1987. 1. 20, 86도2395.

## 3. 위법성

### (1) 총칙상의 위법성조각사유

살인죄의 위법성은 정당방위와 정당행위에 의하여 조각될 수 있다. 정당행위로는 사형수에 대한 사형집행과 적과의 교전 중 적을 사살하는 행위 등을 들 수 있다.

그러나 피해자의 승낙은 본죄의 위법성조각사유가 되지 않는다. 촉탁・승낙에 의한 살인죄(제252조 제1항)가 보여 주듯이 사람의 생명은 결코 법익주체의 처분에 의하여 침해될 수 없기 때문이다. 또한 본죄의 위법성은 긴급피난에 의해서도 조각되지 않는다. 긴급피난은 우월한 법익의 보호를 요건으로 하는데 생명은 다른 법익보다 우월한 법익이며 생명과 생명은 가치가 같기 때문이다. 생명을 보호하기 위하여 긴급피난에 의하여 생명을 침해하는 경우에는 위법성이 조각되는 것이 아니라 책임이 조각될 수 있다(면책적 긴급피난).

경찰관이 특별한 경우에 무기를 사용하는 경우에는 경찰관직무집행법 제10조의4를 준수하여야 한다. 이 법에 반하는 무기사용은 위법성을 조각하지 않는다.

### (2) 안락사

안락사를 살인죄의 위법성조각사유로 볼 수 있는지 문제된다. 안락사란 죽음이 임박한 불치 또는 빈사의 환자에게 고통을 제거 또는 완화시키기 위하여 생명을 단축시키는 것을 말한다. 안락사는 적극적 안락사, 간접적 안락사, 소극적 안락사(존엄사)로 나뉜다. 적극적 안락사는 환자의 고통을 제거하기 위하여 그를 살해하는 것이다. 간접적 안락사는 환자의 고통을 완화 또는 제거시키기 위한 처치가 불가피하게 생명단축을 수반하는 경우이다. 소극적 안락사 또는 존엄사란 사망이 임박한 환자에 대한 생명유지장치를 제거하거나 치료를 중단하여 사망에 이르게 하는 것을 말한다.

생각건대 고통을 제거하기 위하여 적극적으로 환자를 살해하는 적극적 안락사는 절대적 생명보호의 원칙에 반하고 남용될 위험이 있으므로 허용되지 않는다고 해야 한다. 따라서 환자의 촉탁이나 승낙이 있는 경우에는 촉탁·승낙에 의한 살인죄(제252조 제1항)에 해당하고 그렇지 않은 경우에는 살인죄가 성립하게 된다. 반면 인내할 수 없는 고통을 제거하기 위한 방법이 생명단축의 부수효과를 가져오는 간접적 안락사는 피해자의 승낙 또는 추정적 승낙에 의하여 허용되는 것으로 보아야 한다. 소극적 안락사 또는 존엄사가 허용되는가의 문제에 대해서 최근 대법원은 세브란스 병원의 김할머니 사건에서 환자의 의사 또는 추정적 의사에 따라서 연명치료를 거부하거나 중단하는 것은 허용될 수 있다고 판시한다.[21] 타당한 판결이라고 생각한다. 다수설[22]도 첫째, 인간의 생명권은 자연적으로 죽을 권리와 인간답게 죽을 권리를 포함하고 있고, 둘째, 의사는 의학적으로 소생가능성이 없고 죽음이 임박한 환자의 생명을 유지할 의무가 없으며, 셋째, 환자의 동의 또는 추정적 승낙이 없는 때에는 의사는 환자의 의사에 반하여 그의 생명과 고통의 연장을 강요할 수 없다는 것을 이유로 소극적 안락사 또는 존엄사도 위법성조각사유에 해당한다고 본다. 물론 환자가 소생의 가능성이 없고 죽음이 임박한 상태에 있는지 여부는 전문의사로 구성된 위원회가 판단하여야 한다.

### 4. 죄수

생명은 일신전속적 법익에 속하므로 법익주체의 수에 따라 살인죄의 수가 결정된다. 하나의 행위로 수인을 살해한 때에는 수개의 살인죄가 상상적 경합관계에 있게 된다. 수개의 행위로 수인을 살해한 때에도 수개의 살인죄의 경합범이 된다. 동일인에 대한 살인예비·살인미수·살인기수 및 동일인에 대한 상해와 살해는 법조경합이므로 하나의 살인죄만 성립한다. 사람을 살해한 다음 그 범죄를 은폐하기 위하여 사체를 유기한 때에는 살인죄와 사체유기죄의 경합범이 인정된다.[23] 살인행위에 수

---

21) 대법원 2009. 5. 21, 2009다17417.
22) 김일수/서보학, 25면; 박상기, 26면 이하; 배종대, 69면 이하; 오영근, 28면; 이재상, 22면 이하.
23) 대법원 1984. 11. 27, 84도2263.

반되는 재물손괴죄는 불가벌적 수반행위로서 살인죄에 흡수된다.

## Ⅲ. 존속살해죄(제250조 제2항)

### 1. 의의

존속살해죄는 자기 또는 배우자의 직계존속을 살해함으로써 성립하는 가중적 구성요건이다. 직계비속인 신분자가 행위주체이기 때문에 형이 가중되는 부진정신분범이다. 살인죄에 비하여 존속살해죄를 더 중하게 처벌하는 것이 헌법 제11조 제1항의 평등원칙에 위배되는지 여부가 문제되고 있다. 헌법재판소는 존속상해치사죄에 관한 규정은 평등원칙(헌법 제11조 제1항)이나 혼인제도와 가족제도에 관한 규정(헌법 제36조 제1항)에 위배되지 않고 인간으로서의 존엄과 가치 또는 행복추구권(헌법 제10조 전단)도 침해하지 않는다고 결정한 바 있다.[24)]

---

24) 헌재 2002. 3. 28, 2000헌바53, "비속의 직계존속에 대한 존경과 사랑은 봉건적 가족제도의 유산이라기보다는 우리 사회윤리의 본질적 구성부분을 이루고 있는 가치질서로서, 특히 유교적 사상을 기반으로 전통적 문화를 계승·발전시켜온 우리나라의 경우에는 '비속'이라는 지위에 의한 가중처벌의 이유와 그 정도의 타당성 등에 비추어 그 차별적 취급에는 합리적 근거가 있으므로, 헌법 제11조 제1항의 평등원칙에 반한다고 할 수 없고, 또한 가중처벌에 의하여 가족 개개인의 존엄성 및 양성의 평등이 훼손되거나 인간다운 생활을 보장받지 못하게 되리라는 사정은 찾아볼 수 없으며, 오히려 패륜적, 반도덕적 행위의 가중처벌을 통하여 친족 내지 가족에 있어서의 자연적·보편적 윤리를 형법상 보호함으로써 개인의 존엄과 가치를 더욱 보장하고 이를 통하여 올바른 사회질서가 형성될 수 있다고 보아야 할 것이므로, 이 사건 법률조항은 혼인제도와 가족제도에 관한 헌법 제36조 제1항에 위배되거나 인간으로서의 존엄과 가치 또는 행복추구권도 침해하지 아니한다."

## 2. 객관적 구성요건

### (1) 행위객체

#### 1) 자기의 직계존속

본죄의 행위객체는 자기 또는 배우자의 직계존속이다. 직계존속이란 자기의 부모, 조부모, 증조부모 등과 같이 직선적으로 연결되는 선조를 말한다. 직계존속은 법률상의 개념이다. 즉 누가 직계존속인지의 여부는 민법상의 친족에 관한 규정에 따라 판단된다. 따라서 혼인외출생자를 인지하지 않은 생부는 직계존속이 될 수 없고, 친생자가 아니더라도 법적 절차에 따른 입양관계가 성립하면 양부모는 직계존속이 된다.[25] 호적에의 기재가 기준이 되는 것은 아니다. 자기 집 문전에 버려진 아이를 주어다 기르고 호적에 친자식으로 입적하였으나 입양요건을 갖추지 아니하였다면 직계존속이 될 수 없다.[26] 그러나 혼인외출생자의 생모는 그의 직계존속이 된다. 다른 집에 입양된 양자가 실부모를 살해하는 때에도 본죄가 성립한다고 해야 한다. 양자는 여전히 실부모와 친자관계에 있기 때문이다.[27]

#### 2) 배우자의 직계존속

배우자란 법률상 혼인한 부부의 일방이 타방을 가리키는 말이다. 따라서 사실혼관계에 있는 자는 배우자가 아니다. 사망한 배우자의 직계존속을 살해하는 것이 본죄에 해당하는지가 문제되는데 통설은 이를 부정하고 있다.[28] 배우자가 사망하면 혼인관계가 소멸하므로 본죄의 배우자는 살아있는 배우자를 의미한다고 보아야 하기 때문이라고 한다. 그러나 배우자의 직계존속에 해당하는지 여부는 혼인관계의 유무가

---

25) 대법원 2007. 11. 29, 2007도8333, "피고인이 입양의 의사로 출생신고를 하고 자신을 계속 양육하여 온 사람을 살해한 경우, 위 출생신고는 입양의 효력이 있으므로 존속살해죄가 성립한다."

26) 대법원 1981. 10. 13, 81도2466.

27) 대법원 1967. 1. 31, 66도1483.

28) 박상기, 29면; 배종대, 85면; 이재상, 27면; 이정원, 49면; 임웅, 32면; 정성근/박광민, 29면; 진계호, 53면.

아니라 피해자와의 특별한 인척관계가 있는지를 기준으로 판단하는 것이 타당하다고 본다. 배우자가 사망하면 혼인관계는 해소되지만 인척관계는 생존배우자가 재혼할 때 소멸하므로(민법 제775조) 사망한 배우자의 직계존속도 배우자의 직계존속에 포함된다.[29] 배우자의 신분관계는 살해행위 시에 존재하면 충분하므로 동일한 기회에 배우자를 먼저 살해하고 곧이어 그의 직계존속을 살해한 경우에는 존속살해죄가 성립한다(통설).

#### (2) 구성요건적 행위

본죄의 구성요건적 행위는 살해이다. 살해란 고의로 타인의 생명을 박탈하는 것을 말한다.

### 3. 주관적 구성요건

주관적 구성요건으로 고의가 있어야 한다. 여기서 고의란 자기 또는 배우자의 직계존속을 살해한다는 사실에 대한 인식과 의욕을 말한다. 미필적 고의만으로도 충분하다. 일반인으로 오인하고 직계존속을 살해한 경우에는 직계존속을 인식하지 못했으므로 형법 제15조 제1항에 따라 살인죄가 성립한다. 반대로 직계존속을 살해할 의사로 일반인을 살해한 경우에는 본죄의 불능미수와 살인죄가 상상적 경합이 된다는 견해,[30] 살인죄가 성립한다는 견해[31] 및 본죄의 불능미수와 과실치사죄의 상상적 경합이 된다는 견해[32]가 대립하고 있으나 본죄가 살인죄의 가중적 구성요건이고, 또 살인의 고의가 인정되므로 본죄의 불능미수와 살인죄의 상상적 경합범이 성립한다는 견해가 타당하다.

---

29) 김일수/서보학, 30면.
30) 김일수/서보학, 30면; 박상기, 29면; 이정원, 29면; 임웅, 34면.
31) 김성천/김형준, 31면; 오영근, 37면; 이재상, 27면; 정성근/박광민, 29면.
32) 백형구, 26면.

### 4. 공범관계

A와 B가 공동으로 A의 아버지를 살해한 때에는 형법 제33조 단서에 의하여 A는 본죄의 공동정범이고, B는 살인죄의 공동정범이 된다. A가 B를 교사하여 A의 아버지를 살해하게 한 경우에는 A는 본죄의 교사범이고, B는 살인죄의 정범이 된다. 반대로 A가 B를 교사하여 B의 아버지를 살해하게 한 경우에는 A는 살인죄의 교사범이고 B는 본죄의 정범이 된다.

## Ⅳ. 영아살해죄(제251조)

### 1. 의의

본죄는 직계존속이 치욕을 은폐하기 위하거나 양육할 수 없음을 예상하거나 특히 참작할만한 동기로 인하여 분만 중 또는 분만직후의 영아를 살해함으로써 성립하는 범죄이다. 본죄는 출산으로 인한 비정상적인 심신상태 때문에 행위자의 책임이 감경되는 구성요건이다. 가족의 명예도 책임과 형의 감경사유가 된다는 견해[33]도 있다. 그러나 오늘날 영아로 인하여 가족의 명예가 침해되는 경우가 있는지 의문이고, 또 가족의 명예를 감경사유로 할 경우에는 그만큼 영아의 생명이 침해될 범위가 확대되므로 타당하다고 할 수 없다.

### 2. 객관적 구성요건

#### (1) 행위주체

본죄가 성립하기 위해서는 직계존속이 영아를 살해해야 한다. 본죄의 직계존속은 법률상의 직계존속뿐만 아니라 사실상의 직계존속도 포함하는 개념이라는 것이 통

---

33) 김일수/서보학, 33면.

설이다. 이와 달리 판례는 직계존속을 법률상의 직계존속으로 한정하고 있다. 사실상 동거관계에 있는 남녀 사이에 영아가 분만되자 남자가 영아를 살해한 경우 그 남자와 영아 사이에 법률상 직계존속・비속관계가 없으므로 보통살인죄에 해당한다고 판시한다.[34] 본죄의 직계존속을 존속살해죄의 그것과 구별해야 할 이유가 없기 때문에 법률상의 직계존속만이 본죄의 주체가 될 수 있다고 보는 것이 타당하다. 그러나 이러한 논란은 행위주체를 산모에 국한하는 한 의미가 없게 된다. 이에 직계존속의 구체적 범위에 관하여 모든 직계존속이 본죄의 주체가 될 수 있다는 견해[35]와 본죄의 주체를 산모에 제한하여야 한다는 견해[36]가 대립하고 있다.

생각건대 영아의 생명을 다른 사람의 생명과 같이 보호하여야 하고 출산에 의한 산모의 심리적 특별상태를 책임감경사유로 하는 것이 영아살해죄의 취지이기 때문에 행위주체를 산모에 제한하는 것이 타당하다.

(2) 행위객체

행위객체는 분만 중 또는 분만 직후의 영아이다. 영아는 사람이므로 태아는 본죄의 객체가 될 수 없다. 여기서 '분만 중'이란 분만진통이 있는 때로부터 분만이 완료된 때까지를 말한다. '분만 직후'란 정해진 시간을 의미하는 것이 아니라 분만이 완료된 후 분만으로 인한 비정상적인 상태가 계속될 때까지를 말한다.

### 3. 주관적 구성요건

본죄의 주관적 구성요건으로는 고의와 특별한 동기가 있어야 한다.

(1) 본죄의 고의는 행위자 자신이 직계존속(산모)이라는 것과 영아를 살해한다는 것에 대한 인식과 의욕이다.

---

34) 대법원 1970. 3. 10, 69도2285.
35) 김일수/서보학, 33면; 오영근, 44면; 손동권, 17면; 임웅, 35면; 정성근/박광민, 32면.
36) 권오걸, 19면; 박상기, 30면; 배종대, 82면; 이재상, 29면; 이정원, 56면.

(2) 고의 이외에 본죄가 성립하기 위해서는 치욕을 은폐하기 위하거나 양육할 수 없음을 예상하거나 특히 참작할만한 동기로 인하여 영아를 살해하여야 한다. 치욕은 폐란 강간으로 임신한 경우 또는 과부나 미혼모가 사생아를 출산하는 경우 등과 같이 영아출산으로 인하여 개인이나 집안의 명예가 훼손되는 것을 방지하기 위한 조치를 말한다. 양육할 수 없음을 예상한 경우란 경제적 무능력으로 인하여 영아를 양육할 수 없는 경우를 말한다. "기타 특히 참작할만한 동기"란 일반조항으로서 책임을 감경시킬 수 있는 모든 경우를 말한다. 예를 들면 불구 또는 기형아를 출산하거나 조산으로 인하여 생육의 가망이 거의 없는 경우 등이 여기에 속할 수 있다.[37)]

(3) 본죄의 주관적 동기는 형법 제53조의 작량감경사유가 될 수 있다. 여기서 문제되는 것은 구체적인 양형단계에서 형법 제53조를 적용하여 또 다시 형을 감경할 수 있는가 하는 점이다. 이에 대하여 본죄의 동기는 형법 제53조의 특별규정이므로 형법 제53조의 적용을 부정하는 부정설[38)]과 본죄의 동기와 작량감경사유는 그 성질과 내용이 다르기 때문에 본죄에 대하여 형법 제53조는 적용될 수 있다고 하는 긍정설[39)]이 대립한다. 생각건대 본죄의 주관적 동기와 형법 제53조의 작량감경사유는 중복되므로 형법 제53조의 적용은 배제된다.

### 4. 공범관계

본죄는 부진정신분범이므로 신분자와 비신분자가 공범관계에 있는 경우에 형법 제33조 단서가 적용된다. 그리하여 A남이 산모 B를 교사・방조하거나 A남과 산모 B가 공동으로 영아를 살해한 때에는 비신분자인 A는 본죄가 아니라 살인죄의 공범 또는 공동정범이 된다. 산모 B가 A를 교사・방조하여 본죄를 범한 때에도 마찬가지이다. 신분자인 산모는 본죄의 간접정범이 될 수 있다.

---

37) 김일수/서보학, 35면; 박상기, 32면; 배종대, 88면; 이재상, 30면.
38) 권오걸, 21면; 김일수/서보학, 34면; 박상기, 32면; 이형국, 39면.
39) 배종대, 88면; 이재상, 30면; 이정원, 59면; 정성근/박광민, 33면.

## Ⅴ. 촉탁·승낙에 의한 살인죄(제252조 제1항)

### 1. 의의

본죄는 피해자의 촉탁 또는 승낙을 받아 그를 살해함으로써 성립하는 범죄이다. 즉 피해자의 촉탁·승낙이 있다는 것을 이유로 단순살인죄에 비하여 형이 감경되는 구성요건이다.[40] 생명은 그 주체도 임의로 처분할 수 없는 보호법익이므로 본죄는 피해자의 승낙에 의하여 위법성이 조각되지 않는 특별한 규정이다.

형벌감경의 근거가 무엇인가를 둘러싸고 책임감경이라는 견해,[41] 불법감경이라는 견해[42] 및 절충설[43]이 대립한다. 책임감경설은 절대적 생명보호원칙에 비추어 생명은 처분할 수 없는 법익이므로 피해자의 촉탁·승낙이 있더라도 불법이 감경될 수 없고 책임이 감경될 뿐이라는 것을 그 이유로 든다. 반면 불법감경설은 피해자의 촉탁·승낙이 있는 때에는 형법이 벌하지 아니하는 자살에 유사한 성질을 갖는다는 점, 피해자의 촉탁·승낙이 위법성조각사유인 피해자의 승낙과 유사하다는 점을 이유로 불법이 감경된다고 한다. 절충설은 피해자의 촉탁 ·승낙으로 불법은 물론 책임도 감경된다고 한다.

생각건대 본죄는 피해자의 촉탁·승낙에 의하여 살인죄의 불법이 감경되는 구성요건이므로 불법감경설이 타당하다. 이 법률조항은 타인에 의한 생명의 불가침을 선언하는 것이라고 할 수 있다.

---

40) 본죄는 살인죄에 대한 감경적 구성요건이 아니라 독자적인 구성요건이라는 견해로는 김일수/서보학, 36면; 박상기, 33면.

41) 김일수/서보학, 36면; 이재상, 32면; 이정원, 62면; 임웅, 37면.

42) 배종대, 89면 이하.

43) 박상기, 34면.

## 2. 객관적 구성요건

살인죄의 실현과 피해자의 진지한 촉탁·승낙이다.

### (1) 행위객체

본죄의 객체는 촉탁·승낙한 자이다. 촉탁·승낙한 자는 판단능력과 의사결정능력이 있어야 한다. 하지만 이러한 능력이 책임능력을 의미하는 것은 아니다. 그러므로 유아·정신병자·약물 등 중독자 기타 심신상실자는 본죄의 객체가 될 수 없고 보통살인죄의 객체가 된다. 직계비속이 직계존속의 촉탁·승낙에 의하여 그를 살해한 때에는 존속살해죄가 아니라 본죄가 성립한다.

### (2) 구성요건적 행위

#### 1) 촉탁·승낙의 의의

본죄의 구성요건적 행위는 피해자의 촉탁·승낙에 의하여 그를 살해하는 것이다. 촉탁이란 죽기를 소원하는 피해자가 진지하고 간절하게 살해를 부탁하는 것을 말한다. 촉탁은 직접적이고 명시적이어야 한다. 행위자는 피해자의 촉탁에 의하여 비로소 살인의 고의를 가져야 한다. 이러한 의미에서 촉탁은 교사와 다르지 않다. 승낙이란 살인의 고의를 가진 행위자가 피해자로 부터 살해에 대한 동의를 받는 것을 말한다. 촉탁과는 달리 승낙은 직접적이고 명시적일 필요가 없다.[44] 촉탁과 승낙은 반드시 살해행위 이전에 있어야 하고 언제든지 취소할 수 있다. 따라서 사후촉탁·승낙의 경우에는 본죄가 아니라 살인죄가 성립한다.

생각건대 승낙살인죄와 촉탁살인죄를 동일한 형으로 처벌하는 것은 타당하지 않다. 행위자가 이미 살해의 고의를 가진 경우와 피해자의 부탁에 의하여 비로소 살해를 결심한 경우를 동일시할 수 없기 때문이다. 본죄의 형을 감경하는 이유는 피해자의 진지하고 간절한 촉탁에 의하여 그의 살해를 결심하였다는 것이다.

---

44) 박상기, 34면; 이재상, 32면.

2) 촉탁 또는 승낙의 요건

촉탁과 승낙은 진지한 것이어야 한다. 농담으로 또는 취중에 한 촉탁이나 승낙은 여기에 해당하지 않는다. 또한 위계나 위력에 의하여 촉탁 또는 승낙을 하는 때에는 본죄가 아니라 위계・위력에 의한 살인죄(제253조)가 성립한다.

### 3. 주관적 구성요건

주관적 구성요건으로는 고의가 있어야 한다. 즉 피해자의 진지한 촉탁 또는 승낙에 의하여 피해자를 살해한다는 인식과 의욕이 필요하다. 피해자의 촉탁・승낙이 없음에도 불구하고 있다고 오인한 경우에는 형법 제15조 제1항에 따라 촉탁・승낙에 의한 살인죄로 처벌된다. 반면 촉탁・승낙이 있는 것을 인식하지 못한 경우에는 본죄가 성립한다는 견해,[45] 살인죄가 성립한다는 견해,[46] 살인죄의 미수와 과실치사죄의 상상적 경합에 해당한다는 견해[47] 및 본죄의 기수와 살인죄의 미수가 성립한다는 견해[48]가 대립한다.

생각건대 피해자의 촉탁・승낙을 인식하지 못하고 피해자를 고의로 살해한 경우에 불법과 책임은 감경되지 않는다. 그러므로 살인죄가 성립한다고 해야 한다. 다만 양형단계에서 피해자의 촉탁 또는 승낙은 고려될 수 있다.

---

45) 백형구, 32면; 유기천(상), 40면.
46) 김성천/김형준, 41면; 박상기, 37면; 이재상, 33면; 임웅, 38면; 정성근/박광민, 36면.
47) 배종대, 91면.
48) 권오걸, 24면; 김일수/서보학, 38면; 오영근, 47면; 이정원, 65면; 이형국(I), 41면.

## Ⅵ. 자살교사 · 방조죄(제252조 제2항)

### 1. 의의

본죄는 사람을 교사 또는 방조하여 자살하게 함으로써 성립하는 범죄이다. 자살관여죄라고도 한다. 살인죄는 타인을 살해한 경우에 성립하므로 자살 또는 자살미수는 현행법에 의하면 불가벌이다. 즉 형법은 자살에 대한 처벌규정을 두고 있지 않으므로 자살은 구성요건해당성이 없는 것이다.[49]

불가벌인 자살과는 달리 자살에 관여하는 행위는 생명에 대한 자살자의 자기결정권과 관련이 있는 행위가 아니므로 처벌할 필요가 있다. 자살교사 · 방조죄는 자살에 관여한 행위를 처벌하기 위해 각칙에 별도로 규정된 독립적 구성요건이다. 구성요건해당성이 없는 자살에 관여한 행위는 공범종속성설에 의하면 총칙상의 공범으로 처벌할 수 없기 때문이다. 본죄가 성립하면 총칙상의 공범규정은 적용되지 않는다.

### 2. 객관적 구성요건

#### (1) 행위객체

본죄의 행위객체는 자살의 의미를 이해할 수 있고 자살을 결정할 능력이 있는 자살자이다. 따라서 자살의 의미를 이해할 수 없거나 자유로운 의사결정능력이 없는 유아 또는 정신병자는 본죄의 객체가 될 수 없다. 자살자가 자기 또는 배우자의 직계존속인 때에는 존속살해죄가 아니라 본죄가 성립한다.

#### (2) 구성요건적 행위

본죄의 구성요건적 행위는 타인의 자살을 교사하거나 방조하는 것이다. 본죄의 교

---

49) 김성천/김형준, 38면; 김일수/서보학, 38면; 박상기, 38면; 배종대, 92면; 백형구, 33면; 유기천(상), 42면; 이재상, 34면; 정성근/박광민, 36면.

사와 방조는 총칙상의 그것과는 달리 타인의 자살행위에 관여하는 일체의 행위를 포함한다는 견해도 있으나 총칙과 달리 해석해야 할 특별한 이유는 없다고 생각한다. 본죄는 자살의 불가벌성으로 인하여 총칙상의 공범이 될 수 없는 자살의 교사・방조를 처벌하기 위한 특별규정이기 때문이다.

1) 자살의 교사란 자살의사가 없는 타인으로 하여금 자살을 결심하게 하는 것을 말한다. 교사의 수단과 방법에는 제한이 없다. 명시적인 방법은 물론 묵시적인 방법으로도 자살교사는 가능하다. 그러나 위계・위력에 의한 방법으로 교사하여 자살하게 하는 경우에는 위계・위력에 의한 살인죄(제253조)가 성립한다.

2) 자살의 방조란 이미 자살을 결심한 자의 자살행위를 도와주는 것을 말한다. 독약 또는 흉기 등과 같은 자살도구를 제공해주는 물질적・유형적 방조와 자살하는 방법을 알려주거나 용기를 북돋아주는 정신적・무형적 방조가 여기에 해당한다. 방조행위는 자살행위에 도움이 되어야한다. 본죄의 성립을 위해서는 자살자가 직접 자신의 생명을 침해하여야 하므로 자살자의 요구로 그를 살해한 때에는 촉탁에 의한 살인죄(제252조 제1항)에 해당한다.

### 3. 주관적 구성요건

본죄의 주관적 구성요건으로는 타인의 자살을 야기하거나 용이하게 한다는 고의가 있어야 한다. 따라서 이미 자살을 결심한 자에 대해서는 자살방조만이 가능하다.

### 4. 미수와 기수

본죄의 구성요건적 행위는 자살을 교사 또는 방조하는 것이므로 실행의 착수시기는 행위자가 자살을 교사・방조한 때이다(통설). 자살의 교사・방조가 있는 이상 자살에 실패한 경우와 자살행위에 착수하지 않은 경우에는 본죄의 미수범이 성립한다. 자살행위에 착수하기 전에 미수범이 성립하는 것은 본죄는 총칙상의 공범이 아니고 상술한 바와 같이 각칙상의 독립된 범죄이기 때문이다. 자살자가 자살하여 사망하면 본죄는 기수에 이른다. 교사·방조와 자살이라는 결과 사이에 인과관계가 있어야 한다.

### 5. 자살관여죄와 촉탁·승낙살인죄의 구별

자살관여죄와 촉탁·승낙에 의한 살인죄의 형은 같으므로 구별실익은 별로 없다고 하겠다. 그럼에도 불구하고 구별기준이 무엇인지에 대해 견해가 대립하고 있다. 누가 주도적 역할을 했는지에 따라 타인이 했다면 촉탁살인죄, 자살자가 했다면 자살방조죄라는 견해와 정범과 공범의 구별기준인 행위지배가 누구에게 있는지에 따라서 행위지배가 자살자에게 있으면 자살방조죄, 타인에게 있으면 촉탁살인죄라는 견해가 그것이다. 그러나 누가 주도적 역할을 했는지를 판단하는 것은 매우 어렵다. 촉탁살인죄에 있어서 피해자가 진지하게 살해를 부탁하는 것도 주도적 역할이기 때문이다.

생각건대 후자의 견해가 타당하다. 따라서 행위지배가 피해자에게 있으면 자살방조죄, 타인에게 있으면 촉탁살인죄가 성립한다고 해야 한다.

### 6. 동반자살

동반자살을 기도하였으나 그 중 한 사람이 살아난 경우에 본죄가 성립하는지가 논란이 된다. 다수설[50]은 ① 자살의 교사 또는 방조 없이 단지 자살만을 같이 한 경우에는 본죄는 성립하지 않고, ② 진심으로 함께 자살하기로 하였으나 그 중 한 사람이 살아난 때에는 자살을 교사하거나 방조한 사실이 인정된 경우에 생존자는 자살교사 또는 방조죄로 처벌되며, ③ 자살할 의사가 없는 자가 상대방을 기망하여 자살하게 한

50) 권오걸, 28면; 김일수/서보학, 40면; 박상기, 41면; 배종대, 94면; 백형구, 35면; 오영근, 52면; 이재상, 38면; 이형국, 56면; 이정원, 65면; 임웅, 44면; 정성근/박광민, 39면.

경우에 위계에 의한 살인죄(제253조)가 성립한다고 한다. 다수설이 타당하다.

## Ⅶ. 위계 · 위력에 의한 살인죄(제253조)

### 1. 의의

본죄는 위계 또는 위력으로써 사람의 촉탁 또는 승낙을 받아 그를 살해하거나 자살을 결의하게 한 때에 성립하는 범죄로서 제250조의 살인죄와 동일하게 처벌된다. 따라서 행위객체가 일반인인 때에는 살인죄로, 자기 또는 배우자의 직계존속인 때에는 존속살해죄로 처벌된다. 형법이 본죄를 살인죄와 동일한 형으로 처벌하는 이유는 촉탁 · 승낙살인이 피해자의 진지하고 자유로운 의사결정에 따른 것이 아니라 위계 또는 위력에 의한 것이기 때문이다. 위계 또는 위력에 의하여 자살하게 하는 경우에는 살인죄의 간접정범이 아니라 본죄의 직접정범이 성립한다.[51]

### 2. 구성요건

본죄의 행위방법은 위계 · 위력이다. 위계란 상대방의 부지나 착오를 이용하여 목적을 달성하는 것을 말한다. 유혹이나 기망이 여기에 해당한다. 위력이란 사람의 의사를 제압할 수 있는 유형 · 무형의 힘을 말한다. 폭행 · 협박에 의한 경우는 물론 사회적 · 경제적 지위를 이용하는 것도 포함한다.

본죄에 대해서는 특별형법인 특정강력범죄의 처벌에 관한 법률이 적용된다(제2조 제1항 제1호).

---

51) 김일수/서보학, 42면; 박상기, 42면.

## Ⅷ. 살인예비 · 음모죄(제255조)

### 1. 의의

본죄는 살인죄, 존속살해죄 및 위계 · 위력에 의한 살인죄를 범할 목적으로 예비 · 음모함으로써 성립하는 범죄이다. 예비행위는 원칙적으로 불가벌이지만 법익을 효율적으로 보호할 필요가 있을 때 예외적으로 처벌되는 행위이다.

### 2. 객관적 구성요건

예비란 범죄의 준비행위로서 실행의 착수에 이르지 않은 것을 말한다. 예비행위는 실행의 착수를 기준으로 미수와 구별된다. 예비는 범죄결의와 함께 범죄의 실행을 객관적으로 가능하게 하는 준비행위이어야 한다. 예컨대, 갑이 을에게 권총을 건네주면서 사람을 살해하라고 하였으나 응하지 않은 경우에는 살인예비죄가 성립한다.[52] 음모란 2인 이상이 범죄의 실행을 모의하는 것을 말한다.

### 3. 주관적 구성요건

통설은 본죄가 성립하기 위해서는 주관적 구성요건으로 예비의 고의 이외에 기본범죄인 살인죄, 존속살해죄, 위계 · 위력에 의한 살인죄를 범할 목적이 있어야 한다고 한다. 즉 본죄는 목적범이라는 것이다. 그러나 이는 타당하지 않다. 예비의 고의에는 기본범죄를 실행할 목적이 포함되어 있으므로 범죄를 결심하고 예비를 하면 예비죄가 성립하기 때문이다.[53]

---

52) 대법원 1950. 4. 18, 4283형상10.
53) 이에 대하여 자세한 것은 김선복, "예비의 중지", 비교형사법연구(제4권1호), 2002, 73면 이하.

## 4. 예비의 중지

살인을 예비한 뒤에 기본범죄인 살인죄의 실행을 포기하는 경우에 중지미수에 관한 규정을 준용할 수 있는가가 논란이 된다. 판례는 예비죄에는 중지범의 관념을 인정할 수 없다고 하여 이를 부정하면서 예비죄가 성립한다고 판시한다.54) 반면 통설은 예비의 형이 중지미수의 형보다 중할 때, 형의 균형과 중지미수의 취지에 비추어 볼 때 중지미수의 규정을 준용해야 한다고 한다.55) 그러나 예비는 예외적으로 처벌되는 행위로서 원칙적으로 처벌되는 미수와 구별되어야 하므로 중지미수의 규정을 예비의 중지에 준용하는 것은 부당하다. 따라서 중지미수의 경우에 형이 감경 또는 면제된다고 한다면 예비행위가 중지된 경우에는 형이 면제되어야 한다.

## 5. 예비의 공범

살인예비죄의 교사범 또는 공범이 성립할 수 있는가에 대하여 긍정설과 부정설이 대립한다. 살인죄를 교사했지만 실패하거나 효과가 없는 경우에 교사범은 살인예비·음모죄로 처벌된다(제31조 제2항과 제3항). 그러나 형법은 기도된 교사와는 달리 기도된 방조를 처벌하지 않고 있으므로 살인예비죄의 종범은 처벌되지 않는다고 해야 한다.56) 본 죄는 살인미수·살인기수와 보충관계에 있다. 따라서 살인예비·음모는 살인미수 또는 기수가 인정되면 별도로 성립하지 않는다.

---

54) 대법원 1966. 4. 21, 66도152; 1966. 7. 12, 66도617.
55) 김일수/서보학, 58면; 박상기, 43면; 배종대, 94면; 이재상, 39면; 임웅, 47면; 정성근/박광민, 43면.
56) 대법원 1979. 11. 29, 79도2201.

# 제2절 상해와 폭행의 죄

## Ⅰ. 서설

### 1. 의의 및 보호법익

상해와 폭행의 죄는 사람의 신체를 침해함으로써 성립하는 범죄이다. 타인을 객체로 한다는 점에서 살인죄와 같지만 신체를 침해한다는 점에서 생명을 침해하는 살인죄와 구별된다.

상해죄와 폭행죄는 신체의 불가침성 또는 신체의 완전성을 보호법익으로 한다. 신체는 생명과 불가분의 관계에 있다. 신체의 침해는 생명의 침해로 발전될 수 있고, 생명의 침해는 신체의 침해를 전제로 하기 때문이다. 그러므로 신체를 보호하는 것은 결국 생명을 보호하는 것이라고 할 수 있다.

### 2. 상해죄와 폭행죄의 구별

상해죄와 폭행죄의 구별기준에 대해서는 견해가 대립하고 있다. 상해죄의 보호법익은 신체의 건강이고, 폭행죄의 보호법익은 신체의 건재이므로 양 죄는 그 보호법익을 달리 한다는 견해[57]와 상해죄와 폭행죄는 모두 신체의 완전성을 보호법익으로 하지만 상해죄는 법익을 침해하는 침해범이고, 폭행죄는 유형력을 행사하는 행위 자체를 범죄로 보는 형식범이라는 점에서 구별된다는 견해[58]가 그것이다.

생각건대 상해죄와 폭행죄는 모두 신체의 완전성을 보호법익으로 하지만 신체의 완전성에 대한 침해의 정도가 다르다는 점에서 구별된다고 해야 한다. 즉 상해죄는 신체에 상해를 가하는 범죄인데 반하여, 폭행죄는 신체의 상해에 이르지 않은 행위로 신체의 완전성을 침해하는 범죄인 것이다. 그러므로 보호법익으로 양 죄를 구별

57) 김일수/서보학, 58면; 이재상, 39면; 이정원, 39면; 임웅, 47면; 정성근/박광민, 43면.
58) 박상기, 43면; 배종대, 89면; 백형구, 41면.

하는 전자의 견해는 타당하다고 할 수 없다. 한편 후자의 견해가 상해죄는 침해범이고 폭행죄는 형식범이라고 하는 것도 옳지 않다.[59] 형식범에 대응되는 범죄는 침해범이 아니라 결과범이고, 또 폭행죄에 해당한다고 보는 모발, 수염, 손톱의 절단은 유형력행사가 아니라 신체의 완전성을 침해하는 행위이기 때문이다.

### 3. 구성요건체계

상해의 죄는 단순상해죄(제257조 제1항)를 기본적 구성요건으로 한다. 가중적 구성요건으로는 존속상해죄(제257조 제2항), 중상해죄 · 존속중상해죄(제258조), 상해치사죄(제259조) 그리고 상습상해죄(제264조)가 규정되어 있다. 상해죄의 미수는 (제257조 제3항) 처벌된다.

폭행의 죄의 기본적 구성요건은 폭행죄(제260조 제1항)이다. 가중적 구성요건은 존속폭행죄(제260조 제2항), 상습폭행죄(제264조), 특수폭행죄(제261조) 및 폭행치사상죄(제262조)이다.

## Ⅱ. 상해의 죄

### 1. 상해죄(제257조 제1항)

#### (1) 의의

상해죄란 타인의 신체를 상해함으로써 성립하는 범죄를 말한다. 살인죄도 타인의 신체를 행위객체로 하지만 상해죄는 신체의 완전성을 보호법익으로 한다는 점에서 생명을 보호법익으로 하는 살인죄와 구별된다. 상해죄는 상해라는 결과를 구성요건으로 하는 결과범이면서 신체의 완전성을 침해하는 침해범이다.

---

59) 박상기, 44면.

### (2) 객관적 구성요건

#### 1) 행위객체

본죄의 행위객체는 타인의 신체이다. 그러므로 자기의 신체를 상해하는 행위, 즉 자상행위는 원칙적으로 본죄에 해당하지 않지만 특별법상의 범죄가 될 수 있다. 예컨대, 병역의무를 기피하기 위하여 자신의 신체에 상해를 가하는 자는 병역법에 의하여 처벌된다(병역법 제745조). 그밖에 피해자를 기망하거나 강요하여 그로 하여금 자상행위를 하게 한 경우에는 상해죄의 간접정범이 성립한다.

여기에서 사람은 출생한 자를 의미하므로 태아는 본죄의 객체가 아니다. 따라서 태아에 대한 상해는 본죄가 아니라 임산부에 대한 상해죄나 낙태죄에 해당할 수 있을 뿐이다. 이와 관련하여 문제되는 것은 태아에 대한 상해로 기형아가 출생한 경우에 상해죄의 성립을 인정할 수 있는가 하는 점이다. 이 문제는 독일에서 발생한 Contergan사건[60]과 관련하여 논의되기 시작하였다. 우선 태아는 사람이 아니므로 상해죄의 객체가 될 수 없고, 이 경우에 본죄의 성립을 인정한다면 태아를 살해한 때에는 낙태죄로 처벌되는데 반하여 태아에게 상해를 가하면 본죄에 의하여 태아를 살해한 경우보다 더 중하게 처벌되고 낙태행위로 태아를 조산시켜 사망에 이르게 한 경우에도 낙태죄가 아니라 살인죄로 처벌해야 하는 불합리한 결과가 발생한다.[61] 따라서 이 경우에는 본죄에 해당하지 않는다고 해야 한다. 즉 현행법상으로는 무죄가 된다.

#### 2) 구성요건적 행위

본죄의 구성요건적 행위는 상해이다. 상해가 무엇인지에 대해 견해가 대립한다. 신체의 완전성설은 상해를 신체의 완전성을 침해하는 행위로 보고,[62] 생리적 기능훼

---

60) 1961년 독일에서 Contergan이라는 약물을 복용한 임산부들 중 상당수가 기형아를 출산한 사건이다.
61) 김성천/김형준, 81면; 김일수/서보학, 61면; 박상기, 46면; 배종대, 98면; 이재상, 44면; 이정원, 76면; 임웅, 51면.
62) 대법원 1982. 12. 28, 82도2588; 유기천(상), 47면.

손설은 상해를 생리적 기능을 훼손하는 행위로 정의하며,[63] 절충설은 상해를 생리적 기능의 훼손 및 신체의 외모에 대한 중대한 변화로 해석한다.[64] 대법원은 상해의 개념을 신체의 완전성을 훼손하거나 생리적 기능에 장애를 초래하는 행위로 정의하면서도[65] 한편으로 강도상해죄 또는 강제추행죄의 상해에 대해서는 "피해자의 신체의 건강상태가 불량하게 변경되고, 생활기능에 장애가 초래되는 것을 말하는 것으로서 신체의 외모에 장애가 생겼다고 하더라도 신체의 생리적 기능에 장애를 초래하지 않는 이상 상해에 해당한다고 할 수 없다"고 판시하면서 생리적 기능훼손설을 따르고 있다.[66] 상해죄와 폭행죄는 모두 신체의 완전성을 침해하는 범죄이므로 상해를 신체의 완전성에 대한 침해로 해석한다면 상해죄를 폭행죄와 구별할 수 없게 된다. 상해죄와 폭행죄를 별도로 규정하고 있는 형법의 관점에서 보면 다수설과 판례의 입장인 생리적 기능훼손설이 타당하다. 생리적 기능의 훼손을 의미하지 않는 신체의 완전성에 대한 침해가 폭행인 것이다.

생리적 기능의 훼손이란 원칙적으로 신체 또는 건강훼손, 즉 육체적・정신적인 병적 상태의 야기 또는 악화를 말한다. 그러므로 질병을 감염시키는 행위(성병, 에이즈 감염)뿐만 아니라, 신체에 상처를 내는 행위(처녀막파열,[67] 고막파열), 구토・설사・실신・수면장애・식욕감퇴 등을 일으키는 행위도 여기에 해당한다. 그러나 생리적 기능의 훼손이라고 할 수 없는 모발・손톱・수염의 절단은 상해가 아니라 폭행에 해당한다. 찰과상이나 피멍을 상해로 보는 견해도 있으나 상해는 신체의 현저한 병적 변경을 의미하므로 타당하다고 할 수 없다. 좌측 팔부분에 약 1주간의 치료를 요하는 동전 크기의 멍이 든 것은 일상생활에서 얼마든지 생길 수 있는 극히 경미한 상처이므로 상해에 해당하지 않지만,[68] 오랜 시간 동안의 협박과 폭행을 이기지 못하

63) 김일수/서보학, 63면; 오영근, 57면; 이재상, 46면; 이정원, 71면; 이형국, 71면; 임웅, 51면; 정성근/박광민, 47면.
64) 배종대, 91면.
65) 대법원 1999. 1. 26, 98도3732; 2000. 2. 25, 99도4303.
66) 대법원 2000. 3. 23, 99도3099; 2002. 1. 11, 2001도5925.
67) 대법원 1972. 6. 13, 72도855.

고 실신하여 범인들이 불러온 구급차 안에서야 정신을 차리게 되었다면 외부적으로 어떤 상처가 발생하지 않았다고 하더라도 생리적 기능에 훼손을 입어 신체에 대한 상해가 된다.69)

상해의 수단・방법에는 제한이 없다. 상해는 유형력의 행사와 같은 유형적인 방법뿐만 아니라 고함을 질러 놀라게 하는 무형적 방법으로도 가능하다. 또한 상해는 작위 또는 부작위에 의해서도 야기될 수 있다. 반드시 행위자 자신이 직접 행할 필요가 없고 동물 또는 타인을 도구로 이용하는 간접정범으로도 가능하다.

### (3) 주관적 구성요건

본 죄의 주관적 구성요건은 상해의 고의이다. 상해의 고의란 생리적 기능의 훼손에 대한 인식・의욕을 말한다. 미필적 고의로도 충분하다. 폭행의 고의로 상해의 결과를 야기한 경우에는 폭행죄의 결과적 가중범인 폭행치상죄(제262조)가 성립하고 상해의 고의로 폭행을 가하였으나 상해의 결과가 발생하지 않은 경우에는 상해미수죄(제257조 제3항)가 성립한다. 그러나 대법원은 "상해죄의 성립에는 상해의 원인인 폭행에 대한 인식이 있으면 충분하고 상해를 가할 의사의 존재는 필요하지 않다"고 판시하고 있다.70)

### (4) 위법성조각사유

본죄에 적용될 수 있는 위법성조각사유로는 정당행위, 정당방위 및 피해자의 승낙이 있다. 이 가운데 여기서 특별히 논의가 필요한 것은 피해자의 승낙, 정당행위인 의사의 치료행위와 징계행위이다.

---

68) 대법원 1996. 12. 23, 96도2673.
69) 대법원 1996. 12. 10, 96도2529.
70) 대법원 1983. 3. 22, 83도231; 2000. 7. 4, 99도4341.

1) 피해자의 승낙

신체는 처분할 수 있는 법익이므로 피해자의 승낙은 원칙적으로 상해죄의 위법성을 조각한다. 따라서 축구, 권투, 태권도 등과 같은 운동경기 중의 상해 또는 의사에 의한 수술은 피해자의 승낙에 의하여 위법성이 조각된다. 그러나 운동경기에 있어서도 경기규칙을 위반하여 가한 상해는 여기에서 제외된다.

피해자의 승낙이 있다고 하기 위해서는 피해자에게 승낙능력이 있어야 하고 그 승낙은 자유로운 상태에서 이루어져야 한다. 피해자의 승낙에 의한 상해는 무제한으로 허용되지 않는다. 신체는 생명 다음으로 중요한 법익이므로 피해자의 승낙이 있다고 하더라도 상해행위가 사회상규나 공서양속에 반하는 경우에는 위법성이 조각되지 않는다고 해야 한다.[71] 하지만 피해자의 자유로운 의사는 최대한 존중되어야 하므로 사회상규 또는 공서양속에 반하는 상해는 제한적으로 인정되어야 한다. 그러므로 특별한 목적이나 이유 없는 중상해행위만이 사회상규에 위배된다고 본다. 결투에 의한 상해나 항의표시로 손가락을 절단하는 행위는 상해죄에 해당하지 않는다.

2) 의사의 치료행위

의사의 치료행위는 피해자의 승낙에 의하여 위법성이 조각된다. 이 경우 의사의 치료행위가 업무로 인한 행위로서 정당행위(제20조)에 해당하는지가 문제된다. 다수설과 판례는 의사의 치료행위는 성공여부와 상관없이 상해죄의 구성요건에 해당한다는 것을 전제로 하여 의술의 법칙에 따라 행해지는 한 정당행위로서 피해자의 의사에 반하는 경우에도 위법성이 조각된다는 입장을 보이고 있다. 타당하다고 생각한다. 이에 대하여 성공한 치료행위는 건강을 침해하는 것이 아니라 이를 회복・개선한 것이고, 실패한 치료행위일지라도 의술의 법칙에 따른 이상 상해의 고의를 인정할 수 없으므로 치료행위는 상해죄의 구성요건에 해당하지 않는다는 견해가 있다.[72] 이 견해에 의하면 치료행위는 피해자의 의사에 반하는데도 불구하고 의술의

71) 박상기, 49면; 배종대, 101면; 이재상, 49면; 임웅, 53면.
72) 이재상, 50면.

법칙에 따르는 한 상해죄의 구성요건에 해당하지 않는 것이 된다. 그럴 경우에 사람의 신체는 의사의 자의적인 치료행위의 객체로 전락하여 충분한 법적 보호를 받을 수 없게 된다. 한편 환자의 의사결정권을 존중해야 한다는 이유로 의사의 치료행위는 피해자의 승낙이나 추정적 승낙에 의해서만 위법성이 조각된다는 견해도 있다.[73] 그러나 의사의 치료행위가 피해자의 의사에 반할지라도 의술의 법칙에 따라 행해지고 건강을 회복 · 개선하였다면 위법하다고 할 수 있는지 의문이다. 다만 임신을 불가능하게 만드는 자궁적출수술과 같은 치료행위의 경우에는 사전 설명이나 환자의 승낙이 없으면 위법성을 조각하지 않는다고 해야 한다. 이 경우에 환자의 자기결정권이 존중되어야 하기 때문이다.

그러나 성형수술과 같은 치료유사행위는 치료행위가 아니므로 상해죄의 위법성을 조각하지 않는다. 다만 피해자의 승낙에 의해서만 위법성이 조각될 수 있다. 물론 피해자의 승낙은 의사의 설명의무를 전제로 한다.

#### 3) 징계행위

교육목적을 달성하기 위한 징계행위는 정당행위로서 위법성을 조각한다. 그러나 징계권의 행사로 상해의 결과가 발생한 경우에는 징계권의 범위를 초과하였으므로 상해죄의 위법성은 조각되지 않는다. 교육을 위한 교사의 체벌이 허용되는가가 문제된다. 그러나 교사의 체벌은 교육목적을 달성하기 위한 것이라 하더라도 징계권에 포함되지 않는다.

### (5) 죄수문제

살인죄와 상해죄가 동시에 성립하는 경우에 죄수가 문제된다. 상해행위는 살인행위의 수반행위이므로 상해죄는 살인죄와 법조경합의 관계에 있다고 본다.[74]

---

73) 박상기, 50면; 임웅, 55면.
74) 박상기, 51면.

## 2. 존속상해죄(제257조 제2항)

본 죄는 자기 또는 배우자의 직계존속을 상해함으로써 성립하는 범죄이다. 신분관계로 인하여 형이 가중되는 가중구성요건으로서 부진정신분범이다. 자기 또는 배우자의 직계존속의 해석은 존속살해죄의 경우와, 상해의 해석은 상해죄의 경우와 같다. 본죄의 위헌성문제는 존속살해죄에서 설명한 것과 같다.

## 3. 중상해죄 · 존속중상해죄(제258조)

### (1) 의의

중상해죄는 사람의 신체를 상해하여 ① 생명에 대한 위험을 야기하거나, ② 불구, ③ 불치 내지 난치의 질병에 이르게 함으로써 성립하는 범죄이다. 존속중상해죄는 자기 또는 배우자의 직계존속에 대해 중상해를 가함으로써 이중으로 형이 가중되는 가중적 구성요건이다. 본죄의 법적 성격에 대해서 진정결과적 가중범이라는 견해, 결과적 가중범이 아니라 고의범이라는 견해 및 부진정결과적 가중범이라는 견해가 대립한다. 중상해라는 중한 결과는 과실에 의해서 뿐만 아니라 고의로도 발생할 수 있는데, 형법은 중상해의 고의범을 가중처벌 하는 별도의 규정을 두고 있지 않기 때문에 중상해죄는 부진정결과적 가중범이라는 견해가 타당하다. 따라서 중상해죄가 성립하기 위해서는 상해죄를 범하고 중한 결과에 대하여 고의가 있거나 중한 결과가 과실로 발생한 경우에 상해와 중한 결과 사이에 인과관계가 있어야 하고 중한 결과에 대한 예견가능성(제15조 제2항)이 있어야 한다.

### (2) 객관적 구성요건

본죄가 성립하기 위해서는 ① 생명에 대한 위험, ② 불구, ③ 불치 내지 난치의 질병이라는 중한 결과가 발생하여야 한다.

1) 생명에 대한 위험이란 치명상과 같은 생명을 침해할 수 있는 구체적 위험을 말

한다. 이 경우에 본죄는 구체적 위험범이다. 생명에 대한 위험이 발생하였는지는 사후에 객관적으로 판단되어야 한다. 피해자가 사망에 이르면 살인고의가 있는지 여부에 따라 살인죄 또는 상해치사죄가 성립한다.

2) 불구란 신체의 중요부분을 상실하거나 중요부분의 고유기능을 상실하는 경우를 말한다.[75] 함께 규정되어 있는 불치 내지 난치의 개념에 비추어 볼 때 불구의 정도는 중대한 것이어야 한다. 신체내부의 장기상실은 불구에 해당하지 않는다는 견해[76]도 있으나 중요한 장기의 상실도 포함시켜야 한다. 따라서 신장의 적출은 불구가 아니지만 가임여성의 자궁적출은 불구에 해당한다고 본다.[77] 신체의 중요부분에 해당하는지 여부는 피해자의 개인적 사정을 기준으로 할 것이 아니라 객관적으로 판단하여야 한다.[78] 실명으로 시력이 상실되는 경우[79]나 청력이 상실되는 경우는 불구에 해당하지만, 이빨 2개가 빠진 경우,[80] 피아니스트의 새끼손가락이 절단된 경우, 1-2개월간 입원할 정도로 다리가 부러진 상해 또는 3주간의 치료를 요하는 우측흉부자상을 야기한 경우[81]는 불구라고 할 수 없다. 그러나 수개의 이빨이 빠진 경우는 불구로 보아야 한다.[82] 이 이외에 혀를 절단하여 발음을 곤란하게 하거나 성기를 절단하여 성교능력을 상실하게 하는 경우도 불구가 된다.

3) 불치 또는 난치의 질병이란 의학적으로 치료가능성이 없거나 희박한 질병을 말한다. 육체적인 질병뿐만 아니라 정신적 질병까지도 포함한다. 에이즈 감염・정신병・기억상실・마비 등이 여기에 해당한다고 할 수 있다. 그러나 상처의 흔적은 이러한 질병이라고 할 수 없다.[83]

---

75) 배종대, 105면.
76) 이재상, 53면; 정성근/박광민, 51면.
77) 박상기, 54면은 신장의 적출이 불구라고 한다.
78) 김일수/서보학, 68면; 박상기, 54면; 배종대, 98면; 임웅, 58면.
79) 대법원 1960. 4. 6, 4292형상395.
80) 대법원 1960. 2. 29, 4292형상413.
81) 대법원 2005. 12. 9, 2005도7527.
82) 박상기, 54면.
83) 배종대, 106면; 이재상, 50면.

### (3) 주관적 구성요건

본죄가 성립하기 위해서는 상해의 고의가 있어야 하고 중상해의 중한 결과를 과실 또는 고의로 야기하여야 한다. 폭행의 고의로 중상해를 야기한 경우에 폭행치상죄(제262조)는 상해죄(제258조)를 포함하므로 본죄는 상해의 고의뿐만 아니라 폭행의 고의도 포함한다는 견해와 본죄는 상해의 고의를 전제로 하므로 폭행의 고의로 중상해의 결과를 야기한 경우에는 폭행치상죄가 성립할 뿐이라는 견해가 대립하고 있다. 중상해죄는 단순상해죄를 기본범죄로 하고 형법은 상해죄와 폭행죄를 구별하고 있기 때문에 폭행죄를 범하여 과실로 중상해의 결과를 야기하는 경우에 폭행치상죄(제262조)가 성립한다는 후자의 견해가 타당하다. 그러나 그 처벌에 있어서 폭행치사상죄는 제257조 내지 제259조의 예에 의하여 처벌되므로(제262조) 결국은 중상해죄로 처벌된다.

## 4. 상해치사·존속상해치사죄(제259조)

### (1) 의의

본죄는 사람의 신체를 상해하여 사망에 이르게 함으로써 성립하는 범죄이다. 존속상해치사죄는 자기 또는 배우자의 직계존속을 행위대상으로 하는 범죄로서 신분관계로 형이 가중되는 부진정신분범이다. 과실로 사망의 결과가 발생하여야 한다. 사망에 대하여 고의가 있으면 살인죄 내지 존속살해죄가 성립한다.

### (2) 객관적 구성요건

본죄의 성립요건은 상해행위와 사망의 결과 사이의 인과관계(객관적 귀속)와 사망의 결과에 대한 예견가능성(과실)이다.

#### 1) 인과관계

객관적 귀속판단의 전제조건인 인과관계는 조건설, 합법칙적 조건설 또는 상당인과관계설에 따라 상해가 사망의 원인이 되는 때에 인정된다. 상해가 사망의 유일한 원인일 것을 요하지 않는다. 사망의 원인이 피해자의 지병이거나 피해자의 불충분한 치료인 경우에도 상해와 사망의 결과 사이에 인과관계를 인정할 수 있다. 그러나 피해자 또는 제3자에 의하여 야기된 사망의 결과는 행위자에게 귀속시킬 수 없다.

상해행위와 사망 사이에 직접성이 존재하면 족하다는 견해가 있다. 그러나 사망의 결과는 상해의 결과로 발생하여야 한다. 즉 직접성은 사망과 상해의 결과 사이에 있어야 한다. 그 이유는 지나치게 중한 형벌 때문에 결과적 가중범의 성립범위를 제한할 필요가 있고 제259조의 "사람의 신체를 상해하여"는 상해죄의 기수를 의미하며 상해행위가 직접 사망의 결과를 야기할 정도가 되면 살인의 고의가 인정되어 살인죄가 되기 때문이다.

**판례(대법원 1990. 10. 16, 90도1786)**

피고인들이 공동으로 피해자를 폭행하여 당구장 3층에 있는 화장실에 숨어 있던 피해자를 다시 폭행하려고 피고인 갑은 화장실을 지키고 피고인 을은 당구치는 기구로 문을 내리쳐 부수자 위험을 느낀 피해자가 화장실 창문 밖으로 숨으려다 실족하여 떨어짐으로써 사망한 경우에는 피고인들의 위 폭행행위와 피해자의 사망간에 원인관계가 있다고 할 것이므로 폭행치사죄의 공동정범이 성립된다.

2) 예견가능성

형법 제15조 제2항은 예견가능성을 결과적 가중범의 요건으로 규정하고 있다. 따라서 결과적 가중범에 있어서 행위자는 사망의 결과발생을 예견할 수 있어야 한다. 기본범죄인 상해죄의 실행은 주의의무위반을 의미하므로 사망의 결과에 대한 예견가능성은 과실판단의 기준이 된다고 하겠다. 대법원은 안면이나 흉부와 같은 인체의 중요부위를 강타하면 이로 인하여 정신의 흥분과 혈압의 항전을 초래하여 사망에 이를 수 있음은 누구나 예견할 수 있으므로 상해치사죄가 성립한다고 판시한다.[84]

### (3) 상해치사죄의 공동정범

상해치사죄의 공동정범을 인정할 수 있는지가 문제된다. 대법원은 상해치사죄의 공동정범은 죽일 의사 없이 폭행 기타 신체침해행위를 공동으로 할 의사가 있으면 성립하고 결과를 공동으로 할 의사는 필요 없다는 이유로 상해치사죄의 공동정범을 인정하고 있다.[85] 같은 이유로 대법원은 패싸움 중 한 사람이 상대방을 칼로 찔러 죽게 한 경우에 다른 공범자가 그 결과에 대한 인식이 없더라도 상해치사죄의 공동정범을 인정하였다.[86] 그러나 이 견해는 타당하다고 할 수 없다. 제15조 제2항에 의하면 기본범죄인 상해죄의 공동정범이 상해치사죄로 처벌되기 위해서는 각 행위자가 사망의 결과를 예견할 수 있어야 하기 때문이다. 과실범에 있어서 행위는 형법에 의해서 금지된 것이 아니므로 행위를 공동으로 하더라도 과실범의 공동정범을 인정할 수 없다. 따라서 결과적 가중범의 공동정범도 인정되지 않는다.

## 5. 상해의 동시범(제263조)

### (1) 의의

동시범이란 2인 이상의 행위자가 의사연락 없이 개별적으로 동시에 동일한 구성요건을 실현한 경우를 말한다. 동시범은 공모가 없다는 점에서 공동정범과 구별된다. 동시범의 경우에 결과 발생의 원인으로서의 행위가 판명되는 경우에 각자는 자신이 저지른 범죄로 처벌된다. 그러나 결과발생의 원인행위가 판명되지 않은 경우에는 형법 제19조(독립행위의 경합)는 각 행위자를 미수범으로 처벌하고 있다.

상해죄에 있어서는 동시범의 특례가 인정되고 있다. 형법 제263조는 "독립행위가 경합하여 상해의 결과를 발생하게 한 경우에 있어서 원인된 행위가 판명되지 아니한 때에는 공동정범의 예에 의한다."고 하여 제19조의 예외를 규정하고 있다. 즉 상해죄

84) 대법원 1981. 3. 10, 80도3321; 1984. 12. 11, 84도2183.
85) 대법원 1991. 5. 14, 91도580.
86) 대법원 1978. 1. 17, 77도2193.

에 있어서 동시범은 각각 상해미수범이 아니라 상해죄의 공동정범으로 처벌된다. 제263조의 입법취지는 2인 이상이 독립하여 상해의 결과를 야기한 동시범의 경우에 그 결과발생의 원인된 행위에 대한 입증곤란을 구제하고 위험한 집단상해 또는 폭행을 방지하는 데 있다고 할 수 있다.

(2) 법적 성질

상해죄에 있어서 동시범의 특례를 인정하는 제263조의 법적 성질에 대하여 피고인에게 자신의 행위로 상해의 결과가 발생하지 않았다는 것을 증명해야 할 거증책임을 지운 것이라고 보는 거증책임전환설, 검사의 입증곤란을 구제하기 위하여 공동정범에 관한 법률상의 책임추정을 규정한 것이라는 법률상추정설 및 소송법상으로는 거증책임의 전환을 규정하고, 실체법상으로는 공동정범의 범위를 확장시키는 일종의 의제라고 하는 이원설이 대립하고 있다. 그러나 증거조사를 하지 않고 사실을 인정하는 법률상의 추정은 증거재판주의와 실체적 진실주의에 반하기 때문에 법률상추정설과 이원설은 옳다고 할 수 없다. 다수설인 거증책임전환설이 타당하다고 본다.

(3) 적용요건

동시범의 특례를 규정하고 있는 제263조의 적용요건으로 다음과 같은 것을 들 수 있다.

1) 독립행위의 경합이 있을 것

독립행위의 경합이란 두 개 이상의 행위가 의사연락 없이 동일한 행위객체에 대해 행해지는 것을 말한다. 독립행위는 동시 또는 근접한 시간에 행해질 것을 요한다는 견해[87]가 있으나 제19조는 이시의 독립행위의 경합도 동시범으로 규정하고 있고 본조는 행위와 결과 간의 인과관계에 대한 입증의 곤란을 제거하기 위한 예외규정이기

87) 박상기, 60면; 임웅, 67면; 정성근/박광민, 58면.

때문에 이시의 독립행위가 경합하는 경우를 제외할 이유가 없다고 본다.[88]

2) 상해의 결과가 발생할 것

상해의 결과가 발생하지 않은 때에는 본조가 적용되지 않는다. 상해의 결과는 상해행위뿐 만 아니라 폭행행위에 의해서도 발생할 수 있다.

3) 원인된 행위가 판명되지 않을 것

원인된 행위가 판명된 때에는 당연히 행위자는 각각 자기행위에 의하여 야기된 결과에 대하여 책임을 지게 된다. 상해의 결과가 자신의 행위에 의해서 야기된 것이 아니라는 거증책임은 검사가 아니라 피고인이 진다.

(4) 특례규정의 적용범위

제263조는 상해죄와 폭행치상죄에 적용된다. 여기서 문제가 되는 것은 본조가 상해치사죄와 폭행치사죄에 대해서도 적용될 수 있는가 하는 점이다. 긍정설과 부정설이 대립한다. 판례는 긍정하는 입장을 취하고 있다.[89]

생각건대 다수설인 부정설이 타당하다. 예외규정은 엄격하게 해석・적용되어야 하기 때문이다. 상해의 결과발생을 명시적으로 규정하고 있는 본조를 사망의 결과가 발생한 경우에도 적용하는 것은 유추금지원칙에 반한다.

제263조는 상해와 폭행에 관한 특별규정이기 때문에 그 보호법익을 달리하는 강간치상죄와 강도치상죄에는 적용되지 않는다는 것이 통설의 입장이다.[90] 대법원도 본죄를 강간치상죄에 적용하지 않는다.[91]

---

88) 대법원 1981. 3. 10, 80도3321.
89) 대법원 1970. 6. 30, 70도991; 1981. 3. 10, 80도3321; 1985. 5. 14, 84도2118.
90) 김일수/서보학, 76면; 박상기, 61면; 배종대, 116면; 이재상, 60면; 이정원, 91면.
91) 대법원 1984. 4. 24, 84도372.

## Ⅲ. 폭행의 죄

### 1. 폭행죄(제260조)

#### (1) 의의

폭행죄란 사람의 신체에 대하여 폭행을 가함으로써 성립하는 범죄를 말한다. 폭행죄는 상해죄와 마찬가지로 신체의 완전성을 보호법익으로 하지만 신체에 대한 침해의 정도에 따라 상해죄와 구별된다. 상해죄는 상해라는 결과를 구성요건으로 하는 결과범인 반면, 폭행죄는 폭행이라는 행위 그 자체가 범죄가 되는 형식범이다. 본죄는 반의사불벌죄에 해당한다(동조 제3항).

#### (2) 객관적 구성요건

##### 1) 행위객체

폭행죄의 행위객체는 타인의 신체이다. 외국원수 또는 외교사절에 대한 폭행은 별도의 범죄를 구성한다(형법 제107조 1항, 제108조 1항). 또 근로자에 대하여 폭행을 가한 사용자는 근로기준법위반(제7조, 제110조)으로 처벌된다.

##### 2) 구성요건적 행위

본죄의 구성요건적 행위는 폭행을 가하는 것이다. 폭행이란 사람의 신체에 대하여 유형력을 행사하는 것을 말한다. 예를 들면 상대방의 뺨을 때리거나 발을 걸어 넘어뜨리거나 멱살을 잡는 것이 유형력의 행사이다.

(i) 통설[92]은 형법상의 폭행개념을 그 내용과 의미에 따라 4가지로 구별하고 있다. ① 최광의의 폭행은 그 대상이 사람인지 물건인지를 묻지 않고 유형력을 행사하는 모든 경우를 의미한다. 내란죄(제87조), 소요죄(제115조) 그리고 다중불해산죄(제

---

92) 권오걸, 54면; 김일수/서보학, 80면; 배종대, 118면; 백형구, 57면; 이재상, 61면; 임웅, 71면; 정성근/박광민, 61면.

116조)의 폭행이 그것이다. ② 광의의 폭행은 사람에 대한 직・간접의 유형력의 행사를 의미한다. 사람에 대한 직접적인 폭행일 뿐 아니라 물건에 대한 폭행이 간접적으로 사람에 대한 폭행이 되는 경우도 포함된다. 공무집행방해죄(제136조), 특수도주죄(제146조), 강요죄(제324조)의 폭행이 이에 해당된다. ③ 협의의 폭행은 사람의 신체에 대한 유형력의 행사를 의미한다. 폭행죄, 특수공무원폭행죄(제125조)의 폭행이 여기에 해당된다. ④ 최협의의 폭행은 상대방의 반항을 불가능하게 하거나 현저히 곤란하게 할 정도의 유형력행사를 의미하며, 강도죄(제333조), 준강도죄(제335조), 강간죄(제297조), 강제추행죄(제298조)의 폭행이 여기에 해당된다.

이러한 분류방식에 대해서는 형법상의 폭행개념은 용어의 동일성에도 불구하고 각각 다른 개념으로 보아야 하기 때문에 형법상의 모든 폭행개념을 네 가지 개념범주 내에 포함시키는 것은 무리라는 견해도 있다.[93]

(ii) 폭행의 방법: 본죄의 폭행은 협의의 폭행개념으로서 사람의 신체에 대하여 직접 유형력을 행사하는 것을 의미한다. 폭행의 수단・방법은 불문한다. 물리적 폭행과 심리적 폭행을 모두 포함한다. 구타하거나 침을 뱉거나 밀치거나 발로 차거나 멱살을 잡거나 손이나 옷을 세게 잡아당기거나 손발을 휘두르거나 수염, 모발, 손톱을 자르는 행위는 물리적 폭행에 해당한다. 또한 상대방에게 돌을 던지거나, 거짓소식을 전하거나 고함을 질러 놀라게 하거나 심한 소음을 내거나 전화를 계속 걸어 벨을 울리거나 욕설 또는 폭언을 수차 반복하거나 열이나 전기 등으로 가해하거나 최면을 걸거나 마취약을 사용하여 의식을 잃게 하는 행위 등은 심리적 폭행이다.[94] 사람의 신체에 대한 직접적인 접촉은 요구되지 않는다. 그러나 물건에 대한 유형력의 행사는 폭행죄의 폭행이라고 할 수 없다. 그래서 타인의 집 방문이나 대문을 발로 차거나 타인의 집 마당에 비닐봉지에 담긴 인분을 던지는 것 등은 폭행이라고 할 수 없다.

93) 박상기, 64면.
94) 박상기, 65면.

### (3) 주관적 구성요건

본죄가 성립하기 위해서는 폭행의 고의가 필요하다. 즉 사람의 신체에 대하여 유형력을 행사한다는 인식과 의욕이 있으면 폭행죄가 성립한다. 미필적 고의로도 충분하다. 폭행의 고의로 상해를 야기하면 폭행치상죄가 된다. 상해의 고의로 폭행하면 본죄가 아니라 상해미수죄가 된다고 해야 한다.

### (4) 위법성

본죄에도 총칙상의 위법성조각사유에 관한 규정이 적용된다. 판례는 강제연행을 모면하기 위해 팔꿈치로 뿌리치면서 가슴을 잡고 벽에 밀어붙인 경우,[95] 술에 취한 자의 행패를 저지하기 위하여 그의 어깨를 밀어 넘어뜨린 경우[96] 등은 소극적 방어로 사회상규에 위배되지 않는다고 한다.

징계권의 행사는 정당행위로서 위법성이 조각된다. 따라서 군대 내의 질서를 유지하려는 목적으로 지휘관이 부하에게 가한 경미한 폭행의 경우[97] 등은 사회상규에 위배되지 않기 때문에 위법성이 조각된다. 판례는 학교장이 훈계목적으로 교칙을 위반한 학생의 뺨을 몇 차례 때린 경우에는 정당행위로서 위법성이 조각된다고 함으로써 교사의 체벌을 허용하고 있다.[98] 그러나 교사의 체벌은 인간존중의 교육이념에 비추어 볼 때 절대로 정당화될 수 없다.[99]

### (5) 반의사불벌죄

본죄는 피해자의 명시한 의사에 반하여 공소를 제기할 수 없다(제260조 제3항). 친고죄와는 달리 처벌을 원하는 의사표시가 없는 경우에도 공소제기는 가능하다. 피해자가 처벌을 원하지 않는 의사표시를 하거나 처벌을 원하는 의사표시를 철회한 경우

---

95) 대법원 1982. 2. 23, 81도2598.
96) 대법원 1992. 3. 10, 92도37.
97) 대법원 1978. 4. 11, 77도3149.
98) 대법원 1976. 4. 27, 75도115.
99) 김일수/서보학, 82면; 배종대, 121면; 이재상, 63면.

에는 공소를 제기할 수 없고, 공소를 제기한 때에는 공소기각의 판결로 소송을 종결해야 한다(형사소송법 제327조 6호). 반의사불벌죄를 해제조건부범죄라고 한다.[100]

그러나 2인 이상이 공동으로 범한 폭행죄가 폭력행위등처벌에관한법률에 해당하는 경우에는 반의사불벌죄가 되지 않는다(제2조 제4항).

### 2. 존속폭행죄(제260조 제2항)

본죄는 자기 또는 배우자의 직계존속의 신체에 대하여 폭행함으로써 성립하는 범죄로서 부진정신분범이다. 행위자와 피해자 간의 신분관계로 인하여 책임이 가중되는 가중구성요건이다. 본죄도 반의사불벌죄에 속한다.(동조 제3항)

### 3. 특수폭행죄(제261조)

#### (1) 의의

특수폭행죄는 단체 또는 다중의 위력을 보이거나 위험한 물건을 휴대하여 사람의 신체에 대하여 폭행을 가함으로써 성립하는 범죄로서 행위수단・방법의 위험성 때문에 불법이 가중되는 폭행죄의 가중구성요건이다.

그러나 이 특수폭행죄에 대해서는 특별형법인 폭력행위등처벌에관한법률 제3조 제1항이 우선적으로 적용되므로 본죄는 의미가 없다고 하겠다.

#### (2) 객관적 구성요건

본죄의 객관적 구성요건은 단체 또는 다중의 위력을 보이거나 위험한 물건을 휴대하여 사람의 신체에 대하여 폭행을 가하는 것이다.

---

100) 김일수/서보학, 83면; 배종대, 121면.

1) 단체 또는 다중의 위력

(i) 단체란 공동의 목적을 지향하는 다수인의 계속적・조직적 결합체를 말하며 공동목적의 불법 여부는 묻지 않는다.[101] 따라서 폭력조직 등과 같은 범죄단체는 물론 정당, 법인 또는 노동조합 기타 사회단체도 여기에 해당한다. 단체의 구성원은 위력을 보일 수 있는 정도로 다수이어야 한다. 그 구성원은 한 장소에 집결해 있을 것을 요하지 않고, 소집이나 연락으로 집결할 가능성만 있으면 충분하다. 일시적인 시위를 위해 조직된 결합체나 군중집회는 계속성이 없기 때문에 단체가 아니라 다중일 뿐이다.

(ii) 다중이란 단체를 이루지 못한 다수인의 집합을 말한다. 단체와는 달리 다수인에게 공동목적이 있는지, 집합이 계속적인 조직체인지는 묻지 않는다. 구성원의 수는 집단적 위력을 과시할 정도의 인원수이면 족하고 한 지방의 평온을 해할 정도의 다수일 필요는 없다. 다중은 일시적인 집합에 지나지 않으므로 한 장소에 집결해 있어야 한다.[102]

(iii) 위력이란 사람의 의사를 제압하기에 충분한 힘 또는 세력을 말한다. 위력은 유형적인 것뿐만 아니라 무형적인 것도 포함한다.[103] "위력을 보인다"는 것은 위력을 상대방에게 인식시키는 것을 말한다. 위력을 보이는 방법에는 제한이 없다. 단체의 구성원이라는 것 또는 다중의 존재를 인식하게 하는 것으로 충분하다. 본죄는 상대방에게 위력을 보이면 성립하므로 실제로 의사가 제압되었는지 여부는 중요하지 않다.

폭행의 현장에 단체 또는 다중이 있어야 하는가에 대하여 적극설[104]과 소극설이 대립한다. 본죄의 행위방법은 단체 또는 다중의 위력을 보이는 것이고, 단체는 그 구성원이 반드시 현장에 집합하여 있음을 요하지 않기 때문에 단체나 다중이 현장에

---

101) 권오걸, 60면; 김일수/서보학, 84면; 배종대, 123면; 박상기, 67면; 이재상, 65면.
102) 김일수/서보학, 84면; 박상기, 67면; 이재상, 65면.
103) 김일수/서보학, 84면; 배종대, 124면; 이재상, 66면.
104) 백형구, 63면.

집결하여 있을 필요는 없다.[105] 그러나 단체나 다중은 실제로 존재하여야 하며 단체나 다중이 실존하는 것으로 가장하여 폭행하는 경우에는 폭력행위등처벌에관한법률 제3조가 적용된다.

2) 위험한 물건의 휴대

(i) 위험한 물건

위험한 물건이라 함은 물건의 객관적 성질 또는 사용방법에 따라서 사람의 생명·신체를 해할 수 있는 물건을 말한다. 흉기와 같이 본래 살상용·파괴용으로 만들어진 물건 이외에 다른 목적으로 제조된 것이라 하더라도 사람의 생명이나 신체를 해하는 데 사용된 물건도 여기에 속한다.[106] 위험한 물건인가의 여부는 물건의 성질과 사용방법을 고려하여 구체적인 사안에서 사회통념에 비추어 그 물건을 사용하면 상대방이나 제3자가 살상의 위험을 느낄 수 있는가의 여부에 따라 판단하여야 한다.[107]

판례는 위험한 물건에 속하는 것으로 파리약유리병,[108] 안전면도용 칼날,[109] 면도칼,[110] 쪽가위,[111] 드라이버,[112] 마요네즈병,[113] 깨진 소주병조각,[114] 시멘트벽돌,[115] 곡괭이자루,[116] 깨진 맥주병·항아리 조각· 부러뜨린 걸레자루,[117] 삽날길

105) 김일수/서보학, 85면; 배종대, 124면; 이재상, 66면; 임웅, 77면; 정성근/박광민, 66면. 박상기, 68면은 단체는 계속적 결합체로서 현장에 있을 필요가 없으나 다중은 일시적인 다수인의 집합체에 불과하므로 현존하여야 한다고 한다.
106) 대법원 1997. 5. 30, 97도597.
107) 대법원 1981. 7. 28, 81도1046; 1998. 2. 28, 97도3421.
108) 대법원 1961. 1. 18, 4293형상896.
109) 대법원 1971. 4. 30, 71도430.
110) 대법원 1978. 10. 10, 78도2027.
111) 대법원 1984. 1. 17, 83도2900.
112) 대법원 1984. 2. 14, 83도3165.
113) 대법원 1984. 6. 12, 84도647.
114) 대법원 1986. 6. 24, 86도947.
115) 대법원 1990. 1. 23, 89도2273.
116) 대법원 1990. 1. 25, 89도2245.
117) 대법원 1990. 6. 12, 90도859.

이 21cm 가량의 야전삽,[118] 농약과 당구장큐대,[119] 실탄이 장전되지 아니한 공기총,[120] 자동차 · 화학약품 · 사주된 동물,[121] 각목(길이 100cm, 굵기 4-5cm)[122]을 들고 있다.

위험한 물건은 휴대할 수 있어야 하므로 동산에 한한다. 휴대가 가능하지 않은 전신주, 시멘트벽, 바위는 위험한 물건에 속하지 않는다. 또한 신체의 일부인 주먹이나 발도 마찬가지이다.

(ii) 위험한 물건과 흉기의 관계

형법은 위험한 물건의 개념과 흉기의 개념(제331조, 제334조)을 구별하고 있다. 흉기는 본래 살상용 또는 파괴용으로 만들어진 것인 반면, 위험한 물건은 그러한 목적과 상관없이 사람의 생명과 신체를 해하는데 사용되는 모든 물건을 의미한다. 즉 흉기는 위험한 물건에 포함된다고 할 수 있다. 폭력행위등처벌에관한법률 제3조 제1항이 "흉기 기타 위험한 물건"이라고 규정한 것은 바로 이 때문이다.

(iii) 휴대

본조에서 휴대는 소지뿐만 아니라 '널리 이용한다'는 의미도 포함하고 있다.[123] 소지란 몸에 지니는 것을 말한다. 범행 이전부터 몸에 지니고 있든 범행현장에서 범행에 사용할 의도로 소지하든 불문한다.[124] 따라서 범행현장에서 깨어진 유리조각을 들고 피해자의 얼굴에 던진 경우에는 휴대에 해당하지만 위험한 물건을 집에 보관하는 것은 휴대라고 할 수 없다.[125] 피해자는 반드시 위험한 물건의 휴대를 인식

118) 대법원 2001. 11. 30, 2001도5268.

119) 대법원 2002. 9. 6, 2002도2812.

120) 대법원 2002. 11. 26, 2002도4586.

121) 대법원 2003. 1. 24, 2002도5783; 1997. 5. 30, 97도597. 그러나 대법원은 자동차의 경우에 충격당시 차량의 크기, 속도, 손괴정도 등 제반사정에 비추어 자동차가 위험한 물건에 해당하지 않는다고 판시한바 있다(2009. 3. 26, 2007도3520).

122) 대법원 1999. 11. 9, 99도4146.

123) 대법원 1997. 5. 30, 97도597; 1984. 10. 23, 84도2001.

124) 대법원 1982. 2. 23, 81도3074; 1984. 1. 31, 83도2959.

125) 대법원 1990. 11. 13, 90도2170; 1992. 5. 12, 92도381.

할 필요가 없다.[126] 휴대는 범행현장에서 범행에 사용하려는 의도아래 흉기를 소지하는 것을 의미하므로 그 범행과 전혀 무관하게 우연히 이를 소지하게 되는 경우는 여기서 제외된다.[127]

3) 폭행

본죄가 성립하기 위해서는 사람의 신체에 대하여 폭행을 가하여야 한다. 본죄를 부작위로 실행하는 것은 불가능하다고 본다.[128] 보증인이 타인의 특수폭행을 방지하지 않았다고 하여 본죄의 불법을 실현한 것이라고 볼 수 없기 때문이다(행위의 동가치성의 불인정).

### (3) 주관적 구성요건

본죄의 주관적 구성요건으로 고의를 요한다. 단체 또는 다중의 위력을 보이거나 위험한 물건을 휴대하여 피해자를 폭행한다는 것에 대한 인식과 의욕이 있어야 한다. 미필적 고의로도 충분하다. 흉기를 소지하였지만 그 사실을 인식하지 못한 경우에는 고의가 없는 것이다.

## 4. 폭행치사상죄(제262조)

### (1) 의의

본죄는 폭행죄, 존속폭행죄 또는 특수폭행죄를 범하여 사람을 사상에 이르게 함으로써 성립하는 결과적 가중범이다. 발생된 결과에 따라 상해죄, 존속상해죄, 중상해죄, 존속중상해죄 및 상해치사죄에 준한 형으로 처벌한다(제262조). 상해의 고의로 상해 또는 사망의 결과를 야기한 경우에는 상해죄 또는 상해치사죄가 성립한다.

---

126) 권오걸, 63면; 김일수/서보학, 87면; 박상기, 69면; 배종대, 127면; 이재상, 68면; 정성근/박광민, 68면; 대법원 1984. 4. 10, 84도353.
127) 대법원 1990. 4. 24, 90도401.
128) 김일수/서보학, 87면; 배종대, 127면; 이재상, 68-69면.

### (2) 구성요건

결과적 가중범이 성립하기 위해서는 폭행과 결과 사이에 인과관계가 있어야 하고 결과발생을 예견할 수 있어야 한다. 판례는 폭행으로 지병이 악화되어 사망한 경우,[129] 폭행으로 인하여 피해자가 뒤로 넘어지면서 머리가 도로바닥에 부딪쳐 사망한 경우,[130] 폭행과 의사의 수술지연이 사망의 공동원인인 경우,[131] 폭행을 당하고 화장실에 숨어 있다가 다시 폭행당하지 않으려고 창문 밖으로 숨으려다가 실족하여 사망한 경우[132]에 인과관계를 인정하고 있다.

**판례(대법원1989. 10. 13, 89도556)**

피고인이 피해자의 멱살을 잡아 흔들고 주먹으로 가슴과 얼굴을 1회씩 구타하고 멱살을 붙들고 넘어뜨리는 등 신체 여러 부위에 표피박탈, 피하출혈 등의 외상이 생길 정도로 심하게 폭행을 가함으로써 평소에 오른쪽 관상동맥폐쇄 및 심실의 허혈성심근섬유화증세 등의 심장질환을 앓고 있던 피해자의 심장에 더욱 부담을 주어 나쁜 영향을 초래하도록 하였다면, 비록 피해자가 관상동맥부전과 허혈성심근경색 등으로 사망하였더라도, 피고인의 폭행의 방법, 부위나 정도 등에 비추어 피고인의 폭행과 피해자의 사망 간에 상당인과관계가 있었다고 볼 수 있다.

그러나 피해자의 뺨을 살짝 때리거나[133] 어깨를 잡고 약 7m 걸어가는 정도의 폭행을 하였는데 피해자의 특이체질로 사망한 경우,[134] 피해자가 피고인의 삿대질을 피하기 위해 뒷걸음치다가 넘어져 두개골 골절로 사망한 경우[135]에는 예견가능성이 인정되지 않는다.

---

129) 대법원 1983. 1. 18, 82도697.
130) 대법원 1970. 9. 2, 70도1387.
131) 대법원 1984. 6. 26, 84도831.
132) 대법원 1990. 10. 16, 90도1786.
133) 대법원 1978. 11. 28, 78도1961.
134) 대법원 1982. 1. 12, 81도1811.
135) 대법원 1990. 9. 25, 90도1596.

### 5. 상습상해·폭행죄(제264조)

본죄는 상습으로 상해죄·존속상해죄·중상해죄·존속중상해죄·폭행죄·존속폭행죄·특수폭행죄를 범함으로써 성립하는 범죄이다. 상습성으로 인하여 책임과 형이 가중되는 가중구성요건이다. 다만 상습으로 폭행죄를 범한 때에는 폭력행위등처벌에관한법률 제2조 제1항이 우선 적용된다.

상습이란 동일한 범죄를 반복해서 실행하는 범죄자의 습벽 또는 범죄경향을 의미하는 것으로서 행위의 본질을 이루는 성질이 아니라 행위자의 특성을 이루는 성질이다.[136]

상습범은 집합범으로서 경합범이라는 견해[137]가 있으나 포괄일죄에 해당한다고 하는 것이 타당하다.[138]

# 제3절 과실치사상의 죄

## I. 서설

### 1. 의의 및 체계

과실치사상의 죄란 과실로 사람을 사망하게 하거나 사람의 신체를 상해에 이르게 함으로써 성립하는 범죄를 말한다. 과실치사상죄의 보호법익도 사람의 생명과 신체이다. 과실범은 원칙적으로 처벌되는 고의범과는 달리 형법에 특별한 규정이 있는 경우에만 예외적으로 처벌된다(제14조).

형법은 과실치사상의 죄로 과실치상죄(제266조), 과실치사죄(제267조), 업무상과실치사상죄(제268조) 및 중과실치사상죄(제268조)를 규정하고 있다.

---

136) 대법원 1972. 6. 27, 72도594.
137) 이재상, 71면.
138) 대법원 1981. 4. 14, 81도69.

### 2. 과실범의 구성요건

형법 제14조에 의하면 과실이란 정상의 주의의무를 태만히 함으로써 죄의 성립요소인 사실을 인식하지 못하는 것을 말한다. 과실을 주의의무의 위반이라고 한다. 주의의무는 예견의무와 회피의무를 포함한다. 따라서 구성요건적 결과발생을 예견하고 회피해야 할 의무를 위반하는 것이 주의의무의 위반이다. 주의의무를 위반하여 구성요건적 결과를 야기하면 과실이 인정된다. 과실은 고의와 같이 주관적 구성요건요소인 동시에 책임요소라는 것이 통설의 입장이다.

## Ⅱ. 과실치사상죄(제266조, 제267조)

### 1. 의의

과실치상죄는 과실로 사람의 신체를 상해에 이르게 함으로써 성립하는 범죄를 말한다. 과실치사죄는 과실로 사람을 사망에 이르게 함으로써 성립하는 범죄를 의미한다. 과실은 주의의무위반을 의미하는 것으로서 객관적으로 판단하여야 한다. 과실치상죄는 반의사불벌죄이다(제266조 제2항).

### 2. 구성요건

본죄의 구성요건이 실현되기 위해서는 과실로 상해 또는 사망의 결과가 발생하여야 하고 상해 또는 사망의 결과와 과실 사이에 인과관계가 인정되어야 한다. 과실범은 작위범은 물론 부작위범도 포함한다.

판례에 의하면 과속운전이 사고의 직접원인이 아닌 경우,[139] 운전자가 운전경험이 있는 차주 또는 조수의 운전을 방치하여 사고를 일으킨 경우,[140] 공장운영 전반에

139) 대법원 1977. 3. 8, 76도4174.
140) 대법원 1971. 9. 28, 71도1082.

대한 실무적인 감독자가 따로 있는 경우에는 공장경영자에게 피해자인 공원에 대한 사전안전교육 등에 관한 직접적인 감독책임이 있다고 할 수 없는 경우,[141] 작업반장이 현장소장의 작업 중단 지시를 무시하고 피해자에게 작업을 지시함으로써 사고가 발생한 경우[142]에는 과실범이 성립하지 않는다. 반면 피고인의 차량에 치어 반대차선에 넘어진 피해자가 다른 차량에 치어 사망한 경우,[143] 피해자가 피고인이 운전하던 오토바이에 충격되어 도로에 넘어진 후 다른 차량에 치어 사망한 경우,[144] 연탄가스중독환자가 퇴원 시 자신의 병명을 물었으나 담당의사가 아무런 요양방법을 지도하여 주지 않아 그 환자가 퇴원 즉시 사고가 난 방에서 다시 자다가 연탄가스에 중독된 경우,[145] 자전거를 몰고 가다가 열차건널목에서 일단 멈춘 피해자가 열차와 피고인의 자동차의 충돌사고에 놀라 스스로 넘어져 다친 경우[146]에는 과실과 결과발생 사이에 인과관계를 인정하고 있다.

### 3. 과실범의 공동정범

과실범에 대한 공범은 불가능하다. 논란이 되는 것은 과실범의 공동정범을 인정할 수 있는가 하는 점이다. 판례는 일관하여 이를 긍정하고 있다.[147] 생각건대 과실범에서는 범죄의 공동이 없고, 또 주의의무위반을 공동으로 하는 것은 불가능하기 때문에 부정설이 타당하다.

---

141) 대법원 1983. 10. 11, 83도2108.
142) 대법원 1984. 4. 10, 83도3365.
143) 대법원 1988. 11. 8, 88도928.
144) 대법원 1990. 5. 22, 90도580.
145) 대법원 1991. 2. 17, 90도2547.
146) 대법원 1989. 9. 12, 89도866. 이 판례는 과실이 결과발생의 간접적 원인이 되는 경우에도 인과관계를 인정하고 있다고 한다(김일수/서보학. 94면; 박상기, 74면).
147) 대법원 1997. 11. 28, 97도1741; 1994. 3. 22, 94도35; 1994. 5. 24, 94도660; 1984. 3. 13, 82도3136; 1979. 8. 21, 79도1249.

**판례 (대법원 1997. 11. 28, 97도1740)**

성수대교와 같은 교량이 그 수명을 유지하기 위해서는 건설업자의 완벽한 시공, 감독공무원들의 철저한 제작시공 상의 감독 및 유지·관리를 담당하고 있는 공무원들의 철저한 유지·관리라는 조건이 합치되어야 하는 것이므로, 위 각 단계에서의 과실 그것만으로 붕괴원인이 되지 못한다고 하더라도, 그것이 합쳐지면 교량이 붕괴될 수 있다는 점은 쉽게 예상할 수 있고, 따라서 위 각 단계에 관여한 자는 선혀 과실이 없다거나 과실이 있다고 하여도 교량붕괴의 원인이 되지 않았다는 등의 특별한 사정이 있는 경우를 제외하고는 붕괴에 대한 공동책임을 면할 수 없다.

## Ⅲ. 업무상 과실치사상죄(제268조)

### 1. 의의

본죄는 업무상의 과실로 인하여 사람을 사망·상해에 이르게 함으로써 성립하는 범죄이다. 과실치사상죄에 대하여 행위주체가 업무자라는 신분관계로 인하여 가중처벌되는 가중적 구성요건이다. 형의 가중근거에 대해서는 견해가 대립한다. ① 업무자와 일반인의 주의의무는 동일하지만 업무자는 일반인에 비하여 높은 예견가능성이 인정되기 때문에 형이 가중된다는 견해,[148] ② 업무자에게는 일반인보다 무거운 주의의무가 부과되기 때문에 이것을 태만히 한 점에서 형이 가중된다는 견해,[149] ③ 업무자와 일반인의 주의의무는 동일하지만 업무자에게는 고도의 주의능력이 있으므로 위법성이 크다는 견해,[150] ④ 업무자에게는 축적된 경험으로 인한 고도의 주의의무와 예견가능성이 인정되기 때문에 형이 가중된다는 견해[151]가 그것이다.

생각건대 주의의무는 업무자와 일반인 사이에 차이가 없지만 업무자는 특별한 지

148) 이재상, 76면; 이정원, 105면; 정성근/박광민, 75면.
149) 김성천/김형준, 125면; 김일수/서보학, 97면; 임웅, 84면.
150) 배종대, 137면.
151) 박상기, 76면.

식 또는 경험을 가지고 있다는 점에서 예견가능성이 크다고 하겠다. 따라서 업무자와 일반인의 주의의무는 동일하지만 업무자에게는 결과발생에 대한 예견가능성이 높기 때문에 형이 가중된다고 해야 한다.

### 2. 객관적 구성요건

#### (1) 업무의 개념

업무란 사람이 사회생활상의 지위에 근거해서 계속・반복하여 행하는 사무를 말한다.[152)]

#### (2) 업무의 개념요소

1) 업무는 사회생활상의 지위에 기해서 행해져야 한다. 사람이 생활수단으로 행하는 사회적 활동이 업무인 것이다.[153)] 식사, 수면, 가사 등과 같이 누구나 하는 자연적 생활현상은 사회생활상의 지위에 근거한 것이 아니므로 업무가 되지 않는다.

2) 업무는 객관적으로 상당한 횟수로 반복하여 행하여지거나 또는 계속・반복의 의사로 행해진 것이어야 한다. 따라서 계속・반복의 의사 없는 단 1회의 운전행위는 업무가 되지 않는다.[154)] 그러나 장래 반복할 의사가 있는 때에는 단 1회의 운전행위는 업무에 해당된다. 예를 들면 승용차를 구입하여 처음 운전한 날 사고를 내거나 의사가 개업 첫날 의료사고를 낸 것은 모두 업무상 과실에 해당된다.[155)]

3) 업무는 사람이 사회생활상의 지위에 근거해서 계속・반복적으로 행하는 사무이어야 한다. 본죄의 업무는 사람의 생명 또는 신체를 침해할 수 있는 사무에 제한된

---

152) 대법원 2009. 10. 29, 2009도5753, "업무상과실치사상죄의 업무는 사람이 사회생활면에서 갖는 하나의 지위로서 계속적으로 종사하는 사무를 말하고, 반복계속의 의사 또는 사실이 있는 한 그 사무에 대한 각별한 경험이나 법규상의 면허를 필요로 하지 않는다."

153) 배종대, 139면.

154) 대법원 1966. 5. 31, 66도536.

155) 김일수/서보학, 99면; 배종대, 139면; 이재상, 77면.

다. 그러나 공무이든 사무이든, 영리를 위한 것이든 비영리를 위한 것이든, 주된 사무이든 부수적 사무이든 상관없다. 또 사무의 적법・위법도 구별하지 않으므로 무면허 운전자의 운전, 무면허 의사의 치료도 업무에 해당한다.

#### (3) 각칙상의 업무

본죄 이외에도 형법 각칙에는 업무의 개념이 다양하게 사용되고 있다.

##### 1) 과실범에서의 업무

업무자의 높은 예견가능성 때문에 과실범에 대하여 형이 가중되는 경우이다. 본죄 이외에 업무상 실화죄(제171조), 업무상 교통방해죄(제189조), 업무상 과실장물취득죄(제364조)의 업무가 그것이다.

##### 2) 진정신분범에서의 업무

업무자만이 구성요건을 실현할 수 있다. 업무상 비밀누설죄(제317조), 허위진단서작성죄(제233조), 업무상과실장물취득죄(제364조)의 업무가 여기에 해당한다.

##### 3) 부진정신분범에서 업무

일반인의 행위보다 업무자의 행위를 가중해서 처벌하는 경우이다. 업무상 횡령죄와 업무상 배임죄(제356조)의 업무가 있다. 이 죄의 업무는 재산상의 업무로서 적법해야 한다. 본죄와 업무상 실화죄, 업무상 교통방해죄의 업무도 여기에 포함된다.

##### 4) 보호법익으로서의 업무

업무가 보호법익이 되는 경우이다. 업무방해죄(제314조)의 업무가 그 예이다. 이 죄의 업무는 형법에 의해서 보호할 가치가 있는 사무이어야 한다.

##### 5) 행위태양으로서의 업무

업무가 행위태양 또는 구성요건요소가 되는 경우이다. 아동혹사죄(제274조)의 업무가 여기에 해당한다.

### 3. 업무상 과실의 내용

업무상 과실이란 사람이 업무에 종사할 때 필요한 주의의무를 위반한 것을 말한다. 업무상 과실의 인정 여부가 가장 문제되는 경우는 교통사고와 의료사고이다. 판례에 의해서 구체화된 업무상 과실의 내용은 다음과 같다.

#### (1) 자동차 운전자의 주의의무

자동차는 타인의 생명이나 신체를 침해할 수 있는 위험한 물건이므로 자동차 운전자는 자동차로 인하여 사망 또는 상해의 결과가 발생하지 않도록 주의의무를 다하여야 한다.

따라서 자동차 운전자는 운전하기 전에 차체를 정비・점검하여 고장여부를 조사・수리하여야 하고,[156] 운행 중에는 교통규칙을 준수하면서 전방좌우를 주시하여 항상 급제동할 준비를 취하고 전방에 사람이 있을 때에는 서행을 하거나 일단 정지를 하는 등 사고방지를 위한 모든 조치를 취하여야 하며,[157] 앞차를 뒤따라 진행하는 차량의 운전자로서는 앞차와의 충분한 안전거리를 유지하고 전방좌우를 잘 살펴 진로의 안전을 확인하면서 진행할 주의의무가 있고,[158] 보행자의 불시횡단[159]이나 어린이가 느닷없이 도로에 뛰어드는 경우까지 예견해야 할 주의의무가 있다.[160] 또한 운행을 종료한 후에는 자동차가 미끄러지거나 타인이 운전하지 않도록 안전조치를 취해야 할 주의의무가 있고,[161] 자동차가 후진하는 경우에도 후사경으로 후방의 상태를 주시하면서 서서히 진행해야 할 주의의무가 있으며,[162] 편도 1차선 도로 중 일부가 중앙선이 지워져 있는 지점에서 야간에 운행할 때에는 상대방차량이 도로 중앙

156) 대법원 1961. 7. 31, 4294형상297.
157) 대법원 1970. 2. 23, 70도62.
158) 대법원 2001. 12. 11, 2001도5005.
159) 대법원 1970. 8. 18, 70도1336.
160) 대법원 1960. 4. 27, 4292형상922.
161) 대법원 1970. 10. 30, 70도1711.
162) 대법원 1977. 9. 28, 77도1875.

부위를 넘어서 운행할 가능성이 있으므로 이에 대비하여 사고발생 방지에 필요한 조치를 취할 주의의무가 있다.[163]

**판례(대법원 1990. 12. 26, 89도2589)**

안개로 시계 20미터 정도의 고속도로 상에서는 장애물 발견 즉시 제동할 수 있을 정도로 속도를 줄여 운행하는 등의 조치를 취하여야 하므로 제한속도를 준수하였다는 사실만으로는 주의의무를 다했다고 볼 수 없다.

**판례(대법원 2009. 7. 23, 2009도3219)**

건축자재인 철판 수백 장의 운반을 의뢰한 자가 절단면이 날카롭고 무거운 철판을 묶기에 매우 부적합한 폴리에스터 끈을 사용하여 철판 묶음 작업을 하는 등의 과실로 철판쏠림의 현상이 발생하였고, 이로 인하여 철판을 차에서 내리는 과정에서 철판이 쏟아져 내려 화물차 운전자가 사망한 사안에서, 운반 의뢰인에게 업무상 과실치사가 성립한다.

(2) 의사의 주의의무

의사의 치료행위는 사람의 생명과 신체를 침해할 가능성이 매우 높기 때문에 의사에 대해서도 의료사고를 방지할 주의의무가 요구된다.

의사는 항생제를 주사할 때마다 부작용이 있을 것을 예상하여 사전・사후의 적절한 치료조치를 취하여야 할 주의의무가 있고,[164] 특별한 지시 없이 조수에게 의료행위를 하게 하여 상해의 결과가 발생한 경우에는 업무상 과실의 책임을 지며,[165] 간호사에게 환자에 대한 수혈을 맡긴 의사는 간호사가 다른 환자에게 수혈할 혈액을 잘못 수혈하여 환자가 사망하지 않도록 주의해야 할 의무가 있다.[166] 또 환자의 호흡곤

163) 대법원 1994. 12. 2, 94도817.
164) 대법원 1976. 12. 28, 74도816.
165) 대법원 1990. 5. 22, 90도579.
166) 대법원 1994. 4. 26, 92도3283.

란을 알고도 환자의 상태를 확인하지 않은 의사와 환자의 활력체크지시를 제대로 이행하지 아니하고 의사를 불러달라는 환자보호자의 요청을 묵살한 담당간호사의 업무상 과실책임이 인정되고,[167] 산후조리원에서 신생아를 관리할 때에는 위생적으로 하고 면밀히 건강상태를 살펴 이상증세가 있으면 의사 등에게 진료를 받게 하는 등 적절한 조치를 취해야 할 업무상 주의의무가 있다.[168]

### (3) 관리자 · 감독자의 주의의무

도시가스주식회사의 안전업무를 담당하는 직원은 가스사고의 특별한 위험성을 고려할 때 모든 방법을 동원하여 배관의 안전과 가스압력의 적정유지 등 안전사고의 방지를 위한 기본사항의 준수에 총력을 기울일 의무가 있고,[169] 도로공사의 현장소장은 지반의 붕괴 및 토석의 낙하로 인한 위험을 방지하기 위하여 지반을 안전한 경사로 하고 낙하위험이 있는 토석을 제거하거나 옹벽 및 흙막이 지보공 등을 설치할 주의의무가 있다.[170]

반면 수영장 안에 엎어져 있는 초등학생을 수영장안전요원이 발견하여 인공호흡을 실시한 뒤 의료기관에 후송하다 사망한 경우에 그 사망의 원인이 구체적으로 밝혀지지 아니한 상태에서 수영장 안전요원과 수영장 관리책임자는 주의의무를 게을리 하였다고 볼 수 없고,[171] 공사를 하면서 파놓은 구덩이에 접근 못하도록 입구 중앙의 상단에 추락주의라는 표지판을 부착하고 각목과 쇠파이프로 입구를 막아 놓았으면 그 이상의 주의의무는 요구할 수 없다.[172]

167) 대법원 1994. 12. 12, 93도3030.
168) 대법원 2007. 11. 16, 2005도1796.
169) 대법원 1989. 9. 26, 88도1411.
170) 대법원 1991. 12. 10, 91도2642.
171) 대법원 2002. 4. 9, 2001도6601.
172) 대법원 1986. 12. 9, 86도1933.

## 4. 신뢰의 원칙

### (1) 의의

신뢰의 원칙이란 스스로 교통규칙을 준수하는 운전자는 다른 교통참여자들도 교통규칙을 준수하리라는 것을 신뢰하면 족하고, 그가 교통규칙을 위반할 것까지를 예견하여 이에 대한 조치를 강구하여야 할 주의의무는 없다는 원칙을 말한다.[173] 신뢰의 원칙은 원래 도로교통을 위해 도입되었으나 의료행위 등의 위험한 분업적 공동작업에도 확대・적용되고 있다. 이 원칙은 주의의무의 범위를 제한하는 기능이 있다. 대법원은 신뢰의 원칙을 자동차와 자동차의 관계에서는 무제한 적용하고 있으나 자동차와 보행자의 관계에서는 제한적으로 적용하고 있다.

### (2) 신뢰의 원칙이 적용되는 경우

1) 자동차와 자동차의 관계에서 신호등의 표시에 따라서 직진한 차량의 운전자는 다른 차량이 신호를 위반하여 좌회전할 경우까지 예상하여야 할 주의의무는 없고,[174] 반대 방향에서 운행하여 오는 차량이 중앙선을 침범하여 진입할 것까지 예견하고 감속 등의 조치를 취해야 할 주의의무는 없으며,[175] 우선통행권을 가진 차량은 상대차량이 대기할 것이라고 신뢰하면 족하고,[176] 상대차량이 정지신호를 무시하고 계속 질주하여 올 것을 예견하고 이에 대한 조치를 취할 것을 기대할 수는 없다.[177]

2) 자동차와 보행자의 관계에서 직진하는 차량의 운전자는 횡단보도의 신호가 적색인 상태에서 반대차선 상에 정지하여 있는 차량의 뒤로 보행자가 횡단보도를 건너오지 않을 것이라고 신뢰하는 것은 당연하고 그렇지 아니할 사태까지 예상하여 그에 대한 주의의무를 다하여야 한다고 할 수 없고,[178] 고속도로에서 무단 횡단자가 있을

---

173) 박상기, 79면; 배종대, 146면; 이재상, 80면.
174) 대법원 1985. 1. 22, 84도1493.
175) 대법원 1982. 4. 13, 81도2720.
176) 대법원 1983. 8. 23, 83도1288.
177) 대법원 1983. 2. 22, 82도3071.

것을 예상하여 감속하는 등의 조치를 취해야 할 주의의무는 없으며,[179] 육교 밑을 무단 횡단하는 보행자에 대하여 육교를 이용하여 횡단할 것을 신뢰하여 운행하면 족하다.[180]

3) 자동차와 자전거의 관계에서 자전거출입이 금지된 자동차전용도로에 자전거를 탄 사람이 나타날 것을 예상할 수 없고,[181] 야간에 등을 켜지 않은 자전거를 타고 차도를 횡단하는 것을 예상할 주의의무는 없다.[182]

4) 도로교통 이외에서는 외과수술에 있어서 의사는 함께 참여한 다른 의사의 주의의무를 신뢰하고, 또한 간호사가 건네주는 수술도구가 수술에 적합한 것으로 신뢰해도 무방하다.[183] 수차에 걸쳐서 흥겹게 술을 마시고 놀았던 일행이 갑자기 러시아 룰렛게임을 하여 사망의 결과가 발생하리라는 것을 예상할 주의의무는 없다.[184]

## Ⅳ. 중과실치사상죄(제268조)

중과실치사상죄란 중대한 과실로 사람을 사망 또는 상해에 이르게 함으로써 성립하는 범죄를 말한다. 중과실이란 경솔한 과실, 즉 조금만 주의하였더라면 결과의 발생을 방지할 수 있었음에도 불구하고 이러한 주의의무를 다하지 않은 경우를 말한다. 중과실의 유무는 구체적 사건에서 사회통념에 따라 판단한다.

---

178) 대법원 1987. 9. 8, 87도1322.
179) 대법원 1977. 6. 28, 77도403.
180) 대법원 1985. 9. 10, 84도1572.
181) 대법원 1980. 8. 12, 80도1446.
182) 대법원 1984. 9. 25, 84도1695.
183) 대법원 2003. 1. 10, 2001도3292.
184) 대법원 1992. 3. 10, 91도3172.

# 제4절 낙태의 죄

## Ⅰ. 서설

### 1. 의의 및 보호법익

낙태죄라 함은 낙태를 함으로써 성립하는 범죄를 말한다. 학설은 낙태를 태아가 모체 밖에서는 생명을 유지할 수 없는 시기에 태아와 그 부속물을 인공적으로 모체 밖으로 배출시키는 인공임신중절수술(모자보건법 제2조 제6호)과 구별한다.[185] 즉 낙태는 인공임신중절수술보다 넓은 개념이라고 한다.

낙태죄의 보호법익에 대하여 통설은 태아의 생명을 주된 보호법익으로 하고 임부의 생명·신체는 부차적인 보호법익으로 한다고 한다.[186] 형법이 임부의 동의유무에 따라 형의 경중에 차이를 두고 있고 과실치상죄를 무겁게 처벌하고 있기 때문이라고 한다. 이에 대해 낙태치상죄를 무겁게 처벌하는 것은 낙태로 인하여 부녀에게 상해를 입혔기 때문이지 낙태죄의 부차적 보호법익이 임부의 생명 신체이기 때문은 아니며, 통설에 의하면 낙태로 인하여 부녀를 상해하면 낙태죄가 성립해야 하므로 낙태치상죄는 성립할 여지가 없게 된다는 비판이 가해진다.[187] 따라서 낙태죄의 보호법익은 태아의 생명이라는 견해가 타당하다.[188]

법익보호의 정도에 대해서도 위험범설과 침해범설[189]이 대립한다. 통설인 위험범설은 낙태죄가 태아의 생명을 주된 보호법익으로 하고 낙태죄의 미수를 처벌하지 않는다는 것을 이유로 한다. 위험범설은 다시 추상적 위험범설[190]과 구체적 위험설[191]

185) 박상기, 81면; 배종대, 162면; 이재상, 85면.
186) 권오걸, 82면; 김일수/서보학, 46면; 배종대, 162면; 오영근, 116면; 이재상, 86면; 임웅, 99면; 정성근/박광민, 82면.
187) 이정원, 111면.
188) 김성천/김형준, 57면; 박상기, 83면; 이정원, 111면.
189) 김성천/김형준, 57면; 이재상, 86면.
190) 김일수/서보학, 47면; 박상기, 84면; 백형구, 78면; 오영근, 116면; 이정원, 111면; 임웅, 100면; 정

로 나뉜다. 그러나 낙태죄의 미수범을 처벌하지 않는다는 이유로 위험범이라고 해석하는 것은 타당하다고 할 수 없고, 사람의 생명을 보호법익으로 하는 살인죄를 침해범으로 규정하면서 태아의 생명에 대해서는 보호범위를 확대하여 위험범으로 할 이유가 없다는 비판을 받는다. 침해범설이 타당하다고 본다. 낙태죄의 미수범이 처벌되지 않는 이유는 경미한 범죄이기 때문이다.

### 2. 낙태죄의 체계

낙태죄는 자기낙태죄(제269조 제1항)와 동의낙태죄(동조 제2항)를 기본적 구성요건으로 한다. 업무상낙태죄(제270조 제1항)는 동의낙태죄에 대하여 신분관계로 책임이 가중되는 가중적 구성요건이고 부동의낙태죄(제270조 제2항)는 자기낙태죄에 대하여 불법이 가중되는 가중적 구성요건이다. 낙태치사상죄(제269조 제3항, 제270조 제3항)는 낙태죄의 결과적 가중범이다.

## Ⅱ. 자기낙태죄(제269조 제1항)

### 1. 객관적 구성요건

본죄는 부녀가 약물 기타 방법으로 낙태함으로써 성립하는 범죄이다.

#### (1) 행위주체

본죄의 행위주체는 임신한 부녀이다. 따라서 본죄는 진정신분범이다. 임부 이외의 타인은 본죄의 주체가 될 수 없다. 임부 이외의 자는 간접정범에 의해서도 본죄를 범할 수 없다. 임부가 제3자로 하여금 낙태를 하게 한 경우에 임부는 자기낙태죄가 되

---

성근/박광민, 83면.
191) 배종대, 162면.

고, 제3자는 촉탁·승낙낙태죄(제269조 제2항)에 해당한다. 또 제3자가 임부를 강요하거나 기망하여 낙태하게 한 경우에도 제3자는 자기낙태죄의 간접정범이 아니고 부동의 낙태죄(제270조 제2항)의 정범이 된다.

### (2) 행위객체

본죄의 행위객체는 살아 있는 태아이다. 태아란 수정된 때가 아니라, 수정란이 모체의 자궁에 착상하여 사람이 되기까지의 생명체를 말한다. 태아는 수정 후 2주가 지난 후에 자궁에 착상한다. 착상 후에는 태아의 발육정도·생존능력의 유무와 상관없다. 그러나 이미 사망한 태아는 본죄의 객체가 될 수 없다.

### (3) 구성요건적 행위

본죄의 구성요건적 행위는 낙태이다. 통설에 의하면 낙태란 자연분만기에 앞서 태아를 모체 밖으로 배출하거나 모체 내에서 태아를 살해하는 것이라고 한다.[192] 상술한 바와 같이 낙태죄는 위험범이 아니라 침해범이라고 해야 하고, 태아가 모체 내에 있으면 낙태죄로 처벌하지 않으면서 태아를 모체 밖으로 배출하는 것은 낙태죄가 된다고 하는 것은 옳지 않다. 따라서 낙태는 태아를 살해하는 것이라고 해석하여야 한다. 모체 밖으로 배출된 태아가 미성숙으로 인하여 사망하면 낙태죄가 성립한다.[193]

낙태의 수단·방법에는 제한이 없다. 약물 이외에 수술, 기구사용 등의 방법도 가능하다.

임부가 스스로 낙태하는 경우는 물론 타인으로 하여금 낙태한 경우에도 임부는 자기낙태죄로 처벌된다. 임부는 타인을 도구로 이용하여 간접정범의 형태로 낙태죄를 범할 수 있다. 부녀가 자살을 기도하여 태아를 살해한 때에도 본죄가 성립한다.[194]

---

192) 김일수/서보학, 50면; 박상기, 84면; 배종대, 178면; 백형구, 77면; 오영근, 121면; 이정원, 108면; 임웅, 98면; 정성근/박광민, 82면; 대법원 2005. 4. 15, 2003도2780.

193) 이재상, 95면.

194) 이재상, 95면.

기수시기와 관련하여 통설인 위험범설은 태아를 모체 밖으로 배출하거나 모체 내에서 살해한 때에 낙태죄는 기수에 이른다고 한다. 따라서 태아를 모체 밖으로 배출하여 살해한 경우에는 낙태죄와 살인죄(영아살해죄)의 경합범이 된다고 한다. 그러나 침해범설에 의하면 이 경우에 낙태미수와 살인죄(영아살해죄)의 상상적 경합범이 되지만 본죄의 미수범은 처벌되지 않으므로 살인죄(영아살해죄)로 처벌하는 것으로 충분하다고 한다.[195)]

### 2. 주관적 구성요건

본죄의 주관적 구성요건으로 낙태고의가 있어야 한다. 즉, 태아를 낙태한다는 것에 대한 인식과 의욕을 요한다. 미필적 고의도 여기에 포함된다. 형법은 과실낙태를 처벌하지 않고 있다. 태아의 착상에 대한 착오는 사실의 착오가 되어 고의를 조각한다. 임신이 아님에도 불구하고 임신한 것으로 오인하고 낙태를 한 때에는 불능범에 해당한다.

## Ⅲ. 동의낙태죄(제269조 2항)

본죄는 임산부의 촉탁·승낙을 받아 낙태하게 함으로써 성립하는 범죄이다. 본죄의 행위주체는 의사·한의사·조산사·약제사·약종상(형법 제270조 제1항) 이외의 자이다. 여기서 부녀는 임부를 의미한다.

촉탁이란 임부가 타인에게 낙태를 부탁하는 것을 말한다. 승낙이란 행위자가 임부로부터 낙태에 대한 동의를 받는 것을 말한다. 촉탁과 승낙은 판단능력이 있는 임부의 자유로운 의사에 따른 것이어야 한다. 따라서 강요된 촉탁·승낙에 의한 낙태는 본죄에 해당하지 않는다.

---

195) 이재상, 96면.

낙태하게 하는 것은 행위자가 직접 낙태행위를 하는 경우를 의미한다. 임부의 자기낙태를 교사하거나 도와주는 것은 자기낙태죄(제269조 제1항)의 교사범 또는 종범에 해당한다. 부작위에 의한 낙태죄의 성립도 가능하다.

## Ⅳ. 업무상 동의낙태죄(제270조 제1항)

### 1. 구성요건

본죄의 행위주체는 면허를 소지한 의사·한의사·조산사·약제사·약종상이다. 신분관계로 인하여 동의낙태죄보다 형이 가중되는 가중구성요건이다(부진정신분범).

본죄의 행위는 임부의 촉탁·승낙을 받아 낙태하게 하는 것이다. 촉탁·승낙의 의미는 제269조 제2항(동의낙태죄)에 있어서와 같다.

**판례(대법원 2005. 4. 15, 2003도2780)**

산부인과 의사인 피고인이 약물에 의한 유도분만의 방법으로 낙태시술을 하였으나 태아가 살아서 미숙아 상태로 출생하자 그 미숙아에게 염화칼륨을 주입하여 사망하게 한 사안에서, 염화칼륨 주입행위를 낙태를 완성하기 위한 행위에 불과한 것으로 볼 수 없고, 살아서 출생한 미숙아가 정상적으로 생존할 확률이 적다고 하더라도 그 상태에 대한 확인이나 최소한의 의료행위도 없이 적극적으로 염화칼륨을 주입하여 미숙아를 사망에 이르게 하였다면 피고인에게는 미숙아를 살해하려는 범의가 인정된다.

### 2. 위법성

모자보건법 제14조에 따른 낙태는 위법성을 조각한다. 낙태죄의 보호법익은 태아의 생명이므로 임부의 승낙은 본죄의 위법성을 조각하지 않는다. 또한 임신이 임부의 법익을 부당하게 침해한다고 볼 수 없기 때문에 정당방위도 허용되지 않는다. 그러나 임신으로 인하여 임부의 건강을 현저히 해할 우려가 있는 때에는 긴급피난으로 본죄의 위법성이 조각될 수 있다.[196] 물론 이 경우에 모자보건법 제14조 제1항 제5호에 의하여 위법성이 조각될 수도 있다.

### 3. 모자보건법의 위법성조각사유

모자보건법 제14조에 의하면 특별한 사유가 있을 때에 의사는 본인과 배우자의 동의를 얻어 인공임신중절수술을 할 수 있다. 인공임신중절수술은 임신한 날로부터 24주(6개월)이내에 하여야 한다(모자보건법시행령 제15조 제1항). 특별한 정당화사유는 다음과 같다.

(1) 본인 또는 배우자가 대통령령이 정하는 우생학적 또는 유전학적 정신장애나 신체질환이 있는 경우

이를 우생학적 정당화사유라고 한다. 모자보건법시행령 제15조 제2항은 우생학적 또는 유전학적 정신장애나 신체질환을 연골무형증, 낭성섬유증 및 그 밖의 유전성질환으로서 그 질환이 태아에게 미치는 위험성이 높은 질환으로 규정하고 있다. 구 시행령에 있었던 현저한 범죄경향이 있는 유전성 정신장애라는 사유는 삭제되었다. 이를 판단하는 것이 어렵다는 비판을 고려한 것으로 보인다.

(2) 본인 또는 배우자가 대통령령이 정하는 전염성질환이 있는 경우

모자보건법시행령 제15조 제3항은 독소플라즈마증 및 그 밖에 의학적으로 태아에게 미치는 위험성이 높은 전염성질환이 여기에 해당한다고 규정하고 있다. 전염성질환으로는 풍진, 수두, 콜레라, 페스트, 장티푸스, 결핵, 후천성면역결핍증 등을 들 수 있다.

---

196) 대법원 1976. 7. 13, 75도1205.

(3) 강간 또는 준강간에 의하여 임신한 경우

(4) 법률상 혼인할 수 없는 혈족 또는 인척간에 임신한 경우

민법상의 동성동본금지에 관한 규정이 폐지되었고, 태아의 생명을 이러한 사유로 좌우되게 하는 것은 타당하지 않으므로 본 규정은 삭제되어야 한다는 비판을 받는다.

(5) 임신의 지속이 보건의학적 이유로 모체의 건강을 심히 해하고 있거나 해할 우려가 있는 경우

이 사유는 일종의 긴급피난이다. 그러나 '모체의 건강을 심히 해한다'는 지나치게 포괄적인 개념이므로 낙태의 허용범위를 크게 확대할 우려가 있다. 따라서 임신의 지속이 모체의 생명과 건강에 심각한 위험을 초래하게 되어 모체의 생명과 건강만이라도 구하기 위하여 인공임신중절수술이 부득이하다고 인정되는 경우에 제한하여야 한다.[197] 모체의 신체에 대한 위험은 낙태의 정당화사유에서 제외된다.

## Ⅴ. 부동의 낙태죄(제270조 제2항)

### 1. 구성요건

본죄는 부녀의 촉탁 또는 승낙 없이 낙태하게 함으로써 성립하는 범죄이다. 본죄의 주체에는 제한이 없기 때문에 의사도 본죄를 범할 수 있다.

본죄의 구성요건적 행위는 부녀의 촉탁・승낙을 받지 않고 낙태를 하게 하는 것이다. 하자 있는 촉탁・승낙에 의한 낙태행위는 본죄에 해당한다. 부녀의 촉탁・승낙이 없으면 족하므로 부녀의 명시적인 반대의사를 요건으로 하지 않는다. 따라서 부녀 모르게 하거나 부녀의 무지를 이용하여 낙태를 한 경우도 본죄에 포함된다.[198] 촉탁・승낙에 대하여 착오가 있는 경우에는 본죄의 고의가 없으므로 동의낙태죄 또는

197) 대법원 2005. 4. 15, 2003도2780,
198) 박상기, 89면; 배종대, 180면; 이재상, 98면.

업무상 동의낙태죄가 성립한다. 낙태하게 한다 함은 직접 낙태하는 것을 말한다. 부녀의 촉탁・승낙 없이 제3자에게 낙태를 교사하거나 그의 낙태를 도와주는 자는 본죄의 교사범 또는 종범으로 처벌된다.[199]

## 2. 죄수

낙태에 수반되는 임부의 신체상해는 불가벌적 수반행위로서 법조경합에 해당한다. 그러나 그 이상의 상해에 대해서는 고의의 유무에 따라서 본죄와 상해죄의 상상적 경합 또는 낙태치상죄가 된다.[200] 임부를 살해함으로써 낙태하면 본죄와 살인죄의 상상적 경합이 된다.

# Ⅵ. 낙태치사상죄(제269조 3항, 제270조 3항)

본죄는 동의낙태죄(제269조 제2항), 업무상낙태죄와 부동의낙태죄(제270조 제1항・제2항) 에 대한 결과적 가중범이다. 따라서 본죄가 성립하기 위해서는 낙태와 중한 결과발생 사이에 인과관계가 있어야 하고 결과를 예견할 수 있어야 한다. 기본범죄인 낙태죄는 기수에 이를 필요가 없다는 견해[201]가 있으나 형법은 낙태미수를 처벌하지 아니하므로 본죄의 성립은 낙태죄가 기수에 이른 경우에만 인정된다고 하는 견해가 타당하다.[202] 임부가 사망한 때에 낙태죄는 기수에 이른 것이므로 낙태치사죄가 성립한다.

199) 박상기, 89면.
200) 배종대, 180면.
201) 배종대, 180면.
202) 박상기, 87면; 이재상, 99면; 이정원, 122면; 임웅, 109면; 정성근/박광민, 93면.

# 제5절 유기와 학대의 죄

## Ⅰ. 유기의 죄

### 1. 서설

#### (1) 의의

유기죄는 노유・질병 기타 사유로 인하여 부조를 요하는 자를 보호할 법률상・계약상 의무 있는 자가 유기함으로써 성립하는 범죄이다.

#### (2) 보호법익

유기죄는 피유기자의 생명・신체의 안전을 보호법익으로 하는 위험범이다. 본죄의 취지는 유기행위에 의하여 피유기자의 생명과 신체가 침해되는 것을 방지하는 것이다.

법익침해의 정도에 대하여 본죄가 추상적 위험범이라는 견해[203]와 구체적 위험범이라는 견해[204]가 대립하고 있다. 구체적 위험범은 위험의 발생을 객관적 구성요건으로 하고 있고, 사람의 생명에 대한 위험을 발생한 경우에는 중유기죄(제271조 제3항, 제4항)로 가중하여 처벌하므로 유기죄는 추상적 위험범이라는 다수설이 타당하다.

#### (3) 구성요건체계

유기의 죄에서 기본구성요건은 유기죄(제271조 제1항)이다. 이에 대하여 존속유기죄(동조 제2항)는 신분관계로 형이 가중되는 가중구성요건이고, 존속중유기죄, 중유기죄(제271조 제3・제4항)와 유기치사상죄(제275조)는 신분관계 및 중한 결과발생으로 인하여 형이 가중되는 가중구성요건이다. 영아유기죄(제272조)는 책임이 감

203) 김성천/김형준, 139면; 김일수/서보학, 106면; 박상기, 92면; 배종대, 183면; 백형구, 95면; 오영근, 127면; 이재상, 101면; 이정원, 123면; 임웅, 104면.
204) 유기천(상), 85면.

경되는 감경구성요건이다.

학대의 죄에 있어서 기본구성요건은 학대죄이고, 존속학대죄(제273조)는 신분관계로 형이 가중된 가중구성요건이다. 학대치사상죄(제275조제1항)는 결과적 가중범이고 존속학대치사상죄는 신분관계와 중한 결과발생으로 인하여 형이 가중되는 결과적 가중범이다. 아동혹사죄(제274조)는 독립적 구성요건으로 본다.

## 2. 단순유기죄(제271조)

### (1) 객관적 구성요건

#### 1) 행위주체

본죄의 주체는 부조를 요하는 자를 보호할 법률상・계약상 의무 있는 자, 즉 보호의무자이다. 본죄는 보호의무자만을 행위주체로 하는 진정신분범이다.

(i) 보호의무

보호의무는 법률상의 보호의무와 계약상의 보호의무로 나뉜다. 법률상의 보호의무는 법령에 규정되어 있는 의무를 말한다. 여기서의 법령은 공법이든 사법이든 상관없다. 경찰관직무집행법 제4조에 의한 경찰관의 보호조치의무, 도로교통법 제50조에 따른 사고운전자의 구호의무 등은 공법상의 보호의무이고, 민법 제974조의 친족관계에 의한 부양의무, 민법 제913조의 친권자의 자에 대한 보호의무 등은 사법상의 보호의무이다.

그러나 형법상의 보호의무는 민법상의 부양의무와 완전히 일치하지 않는다. 부양의무는 경제적인 부양을 내용으로 하는 의무인데 반하여, 보호의무는 요부조자의 생명・신체를 보호해야 할 의무이기 때문이다. 따라서 민법상의 선순위부양의무자가 있을지라도 후순위부양의무자가 요부조자를 사실상 보호하고 있으면 형법상의 보호의무자가 된다.

계약상의 보호의무는 유기자와 피유기자 간의 계약뿐만 아니라 유기자와 제3자간의 계약에 의한 보호의무도 포함한다. 예를 들면 간호사는 환자의 보호자와의 계약에 의하여 환자를 보호할 의무를 부담한다. 계약은 명시적인 것은 물론 묵시적인 것도 포함한다. 동거하는 근로자가 병에 걸린 경우에 사용자는 묵시적 계약에 의하여 보호의무를 진다.[205) ]또한 방범대원이 경찰에 준하는 고용계약 상의 보호의무를 지는 것도 묵시적 계약에 의한 보호의무로 볼 수 있다.[206)]

**판례(대법원 2008. 2. 14, 2007도3952)**

형법 제271조 제1항에서 말하는 법률상 보호의무 가운데는 민법 제826조 제1항에 근거한 부부간의 부양의무도 포함되며, 나아가 법률상 부부는 아니지만 사실혼 관계에 있는 경우에도 위 민법 규정의 취지 및 유기죄의 보호법익에 비추어 위와 같은 법률상 보호의무의 존재를 긍정하여야 하지만, 사실혼에 해당하여 법률혼에 준하는 보호를 받기 위하여는 단순한 동거 또는 간헐적인 정교관계를 맺고 있다는 사정만으로는 부족하고, 그 당사자 사이에 주관적으로 혼인의 의사가 있고 객관적으로도 사회관념상 가족질서적인 면에서 부부공동생활을 인정할 만한 혼인생활의 실체가 존재하여야 한다.

(ii) 보호의무의 근거

형법은 보호의무의 근거로 법률과 계약만을 규정하고 있다. 문제는 사무관리·관습·조리도 보호의무의 근거가 되는가 하는 것이다. 긍정설은 제271조의 법률과 계약은 예시에 지나지 않는다고 하여 이를 긍정한다. 이에 대해 부정설은 형법 제271조가 보호의무의 근거를 법률과 계약에 제한하고 있음에도 불구하고 이를 사무관리·관습·조리에 까지 확대하는 것은 죄형법정주의에 반하므로 허용될 수 없다고 한다.[207)] 생각건대 부정설이 타당하다. 판례도 부정설의 입장에 있다.[208)] 다만 유기죄는 부작위에 의해서도 성립할 수 있으므로 입법론적으로는 부진정 부작위범과 같이

205) 이재상, 103면. 반대견해로는 김일수/서보학, 108면.
206) 배종대, 185면.
207) 김일수/서보학, 108면; 박상기, 93면; 배종대, 186면; 백형구, 96면; 이재상, 103면.
208) 대법원 1977. 1. 11, 76도3419.

사무관리 · 관습 · 조리에까지 확대할 필요가 있다고 본다.

**판례(대법원 1977. 1. 11, 77도3419)**

현행 형법은 유기죄에 있어서 구법과는 달리 보호법익의 범위를 넓힌 반면에 보호책임 없는 자의 유기죄는 없애고 법률상 또는 계약상의 의무 있는 자만을 유기죄의 주체로 규정하고 있어 명문상 사회상규 상의 보호책임을 관념할 수 없다고 하겠으니 유기죄의 죄책을 인정하려면 보호책임이 있게 된 경위 사정관계 등을 설시하여 구성요건이 요구하는 법률상 또는 계약상 보호의무를 밝혀야 하고 설혹 동행자가 구조를 요하게 되었다 하여도 일정거리를 동행한 사실만으로서는 피고인에게 법률상 · 계약상의 보호의무가 있다고 할 수 없으니 유기죄의 주체가 될 수 없다.

2) 행위객체

본죄의 객체는 노유 · 질병 기타의 사정으로 부조를 요하는 자이다. 요부조자란 다른 사람의 도움 없이는 자기의 생명 · 신체에 대한 위험을 스스로 극복할 수 없는 사람을 말한다. 그러므로 타인의 경제적 도움 없이는 생계를 유지할 수 없는 극빈자는 본죄의 객체에 해당하지 않는다.[209] 부조를 요하는 원인에는 제한이 없다. 형법은 노유 · 질병 이외에 기타 사정이라는 일반조항을 두고 있기 때문이다.

노유란 노인이나 유아를 의미하지만 연령이 기준이 되는 것이 아니라 구체적인 사정을 고려하여 정하게 된다. 질병은 육체적 · 정신적 질병을 의미하며 그 원인, 치료기간의 장단, 치료가능성의 유무 등은 불문한다. 병원에 입원해 있는 환자, 부상자가 여기에 해당한다. 기타 사정이란 노유 · 질병 이외에 자기의 생명 · 신체에 대한 위험을 스스로 극복할 수 없는 사정을 말한다. 예컨대, 만취하여 의식이 없는 자, 마취 · 최면상태에 있는 자, 정신지체자, 불구자, 분만중의 부녀 등이 여기 속한다.[210]

209) 김일수/서보학, 109면; 이재상, 104면.
210) 배종대, 188면.

3) 구성요건적 행위

본죄의 구성요건적 행위는 유기이다. 유기란 요부조자의 생명・신체를 위태롭게 할 수 있는 보호의무위반을 말한다. 본죄는 추상적 위험범이므로 요부조자를 유기함으로써 기수가 된다. 예를 들면 어린아이를 고아원문 앞에 두고 가버리거나 거동이 불편한 노인을 양로원문 앞에 버리는 경우가 여기에 해당한다.

유기는 요부조자를 적극적으로 보호 없는 상태로 옮기는 적극적 유기(협의의 유기)와 요부조자를 그 자리에 두고 떠나거나 생존에 필요한 보호조치를 취하지 않는 소극적 유기(광의의 유기)를 포함한다. 유기는 작위는 물론 부작위에 의해서도 가능하다. 병든 부모나 영아를 집에 혼자 두고 떠나간 경우에는 부작위에 의한 유기죄가 성립한다.[211] 보호의무자가 요부조자를 그대로 두고 그 곳을 떠난 경우는 광의의 유기로서 작위에 의한 유기라고 하는 견해가 있으나[212] 부작위를 요구되는 행위를 하지 않은 것이라고 한다면 이 경우에 보호의무자는 요부조자가 있는 장소를 떠남으로써 보호의무를 이행하지 않은 것이므로 광의의 유기를 부작위에 의한 유기라고 하는 견해[213]가 타당하다.

유기의 방법에는 제한이 없다. 폭행・협박・기망의 방법으로 유기하는 경우도 여기에 해당한다.

(2) 주관적 구성요건

본죄의 주관적 구성요건으로서 고의가 있어야 한다. 고의의 내용은 행위자 자신이 보호의무자이고 이러한 의무에 위반하여 요부조자를 유기한다는 인식과 의욕이다. 미필적 고의로도 가능하다. 보호의무와 보호의무자는 객관적 구성요건요소이므로

---

211) 대법원 1980. 4. 24, 79도1387, "생모가 사망의 위험이 예견되는 딸에게 수혈이 최선의 치료방법이라는 의사의 권유를 자신의 종교적 신념이나 후유증 발생의 염려만을 이유로 완강하게 거부하고 방해하였다면, 이는 결과적으로 요부조자를 위험한 장소에 두고 떠난 경우나 다름이 없으므로 유기치사죄가 성립한다."

212) 이재상, 105면.

213) 유기천(상), 87면.

이에 대한 착오는 사실의 착오(제15조)에 해당한다.[214]

(3) 죄수

유기죄는 살인죄 또는 상해죄와 보충관계에 있기 때문에 살인・상해의 고의가 있으면 살인죄 또는 상해죄가 성립할 뿐이다.

### 3. 존속유기죄(제271조 제2항)

본죄는 자기 또는 배우자의 직계존속을 유기함으로써 성립하는 범죄로서 신분관계로 단순유기죄에 대하여 책임이 가중되는 가중구성요건이면서 동시에 부진정신분범이다. 행위주체는 보호의무 있는 직계비속이다. 배우자・직계비속의 개념은 존속살해죄에 있어서와 동일하다.

### 4. 중유기죄・존속중유기죄(제271조 제3항・제4항)

중유기죄는 유기죄를 범하여 사람의 생명에 대한 위험을 발생하게 함으로써 성립하는 범죄이다. 그리고 존속중유기죄는 존속유기죄를 범하여 사람의 생명에 대한 위험을 발생하게 함으로써 성립하는 범죄이다. 본죄는 사람의 생명에 위험발생을 구성요건으로 하므로 구체적 위험범에 속한다. 중한 결과는 과실에 의해서는 물론 고의에 의해서도 발생할 수 있기 때문에 본죄는 부진정결과적 가중범이다.

### 5. 유기치사상죄(제275조)

본죄는 유기죄・존속유기죄・영아유기죄・학대죄・존속학대죄를 범하여 사람을 사상에 이르게 한 경우에 성립하는 결과적 가중범이다. 중한 결과는 과실로 발생

---

214) 보호의무의 내용과 범위에 대한 착오는 법률의 착오가 된다는 견해로는 배종대, 190면; 이재상, 108면.

하여야 한다. 사망이나 상해에 대하여 고의가 있으면 살인죄 또는 상해죄가 된다. "상해죄와 비교하여 중한 형으로 처벌한다"라 함은 법정형의 상한은 물론 하한에 있어서도 중한 형으로 처벌해야함을 말한다.[215]

### 6. 영아유기죄(제272조)

본죄는 직계존속이 치욕을 은폐하기 위하거나 양육할 수 없음을 예상하거나 특히 참작할 만한 동기로 인하여 영아를 유기함으로써 성립하는 범죄이다. 행위주체의 특별한 동기를 이유로 책임이 감경되는 감경구성요건이다. 본죄의 직계존속・영아의 개념은 영아살해죄의 그것보다 좀 더 포괄적이다. 여기서 영아는 분만 중 또는 분만 직후의 영아를 포함하는 유아를 의미한다.[216] 본죄의 직계존속에는 산모는 물론 아버지도 포함된다.

## Ⅱ. 학대의 죄

### 1. 학대죄・존속학대죄(제273조 제1항・제2항)

#### (1) 학대죄의 의의 및 보호법익

본죄는 자기의 보호 또는 감독을 받는 사람을 학대함으로써 성립하는 범죄로서 진정신분범이다. 그리고 존속학대죄는 행위객체가 자기 또는 배우자의 직계존속이라는 신분관계로 형이 가중되는 부진정신분범이다.

본죄의 보호법익은 유기죄의 그것과 마찬가지로 사람의 생명・신체에 대한 안전이다.

---

215) 이재상, 108면.
216) 김일수/서보학, 110면; 박상기, 96면; 배종대, 191면; 오영근, 134면; 이재상, 107면; 이정원, 137면.

### (2) 구성요건

#### 1) 행위주체

행위주체는 타인을 보호・감독하는 자이다. 존속학대죄의 행위주체는 자기 또는 배우자의 직계존속을 보호・감독하는 직계비속이다. 보호・감독의 근거는 유기죄의 경우와는 달리 법령・계약에 제한되지 않는다. 관습・사무관리・조리에 의해서도 보호・감독의무가 생길 수 있다.[217] 따라서 사실상 보호・감독하는 자도 행위주체가 될 수 있다.

#### 2) 행위객체

행위객체는 행위자의 보호・감독을 받는 자이다. 연령의 제한은 없다. 그러나 18세 미만의 아동을 학대하는 경우에는 본조가 아니라 아동복지법이 적용된다. 아동복지법은 18세 미만의 아동에 대한 학대행위를 5년 이하의 징역 또는 1천 5백만 원 이하의 벌금에 처한다고 규정하고 있다(제29조, 제40조 제2호). 존속학대죄의 행위객체는 행위자의 보호・감독을 받는 자기 또는 배우자의 직계존속이다.

#### 3) 구성요건적 행위

본죄의 구성요건적 행위는 학대하는 것이다. 학대의 개념에 대해서는 육체적 고통을 가하는 행위라는 견해[218]와 육체적 고통뿐만 아니라 정신적 고통을 가하는 행위라는 견해[219]가 대립한다. 정신적 학대에 의해서도 신체가 침해될 수 있고, 또 학대죄의 형량이 폭행죄의 그것과 같으므로[220] 학대의 개념에는 정신적 고통도 포함된다고 하는 다수설이 타당하다. 학대죄의 예로는 필요한 음식을 제공하지 않는 경우, 휴식・수면을 허용하지 않는 경우, 폭행을 가하는 경우 등을 들 수 있다. 대법원은

---

217) 김일수/서보학, 111면; 박상기, 98면; 배종대, 192면; 오영근, 136면; 이재상, 109면; 임웅, 119면.
218) 이재상, 109면.
219) 김일수/서보학, 111면; 박상기, 99면; 배종대, 192면; 백형구, 107면; 임웅, 113면; 정성근/박광민, 103면.
220) 박상기, 99면.

4세의 아들이 대소변을 가리지 못한다고 닭장에 가두고 전신을 구타한 행위는 친권자의 징계권행사가 아니라 학대죄가 된다고 판시한다.[221)]

### 2. 아동혹사죄(제274조)

#### (1) 의의 및 보호법익

본죄는 자기의 보호 또는 감독을 받는 16세 미만의 아동을 그 생명 또는 신체에 위험한 업무에 사용할 영업자 또는 그 종사자에게 인도하거나 인도를 받음으로써 성립하는 범죄이다. 본죄의 보호법익은 아동의 복지권이다. 본죄는 형식범이기 때문에 아동이 현실적으로 위험한 업무에 종사할 것을 요하지 않는다.

#### (2) 구성요건

행위주체는 만 16세 미만의 아동을 보호 또는 감독하는 사람이다. 따라서 본죄는 진정신분범이다. 행위객체는 행위자의 보호 감독을 받는 만 16세 미만의 아동이다. 행위당시의 발육상태는 묻지 않는다. 피해자의 승낙이 있을지라도 위법성은 조각되지 않는다. 인도라 함은 아동을 업무자에게 데려다 주는 것을 말한다. 인도계약의 체결만으로는 족하지 않고 현실적인 인도가 있을 것을 요한다.[222)]

본죄의 생명 또는 신체에 위험한 업무는 근로기준법(제63조)의 도덕상 또는 보건상 유해・위험한 업무와 일치하는가가 문제된다. 본죄의 업무는 생명・신체에 위험한 업무에 제한되고 있고, 본죄의 형(5년 이하의 징역)은 근로기준법상의 그것(3년 이하의 징역 또는 2000만 원 이하의 벌금)보다 중하기 때문에 근로기준법의 업무보다는 제한적으로 해석하여야 한다는 견해가 타당하다.[223)]

본죄의 주관적 구성요건으로는 자기의 보호・감독을 받는 16세 미만의 자를 생명

---

221) 대법원 1969. 2. 4, 68도1793.
222) 배종대, 193면; 이재상, 106면.
223) 박상기, 100면; 배종대, 193면; 이재상, 107면.

또는 신체에 위험한 업무에 사용할 영업자 또는 종사자에게 인도하거나 보호자 또는 감독자로부터 인수한다는 것에 대한 인식과 의욕이 있어야 한다.

# 제2장 자유에 대한 죄

자유는 인간의 기본적 권리에 속한다. 헌법은 인간의 자유를 기본권으로 보장하고 있다. 형법은 자유에 대한 침해행위를 범죄로 규정하여 처벌함으로써 개인의 자유라는 법익을 보호한다. 자유에 대한 죄는 개인의 자유를 주된 보호법익으로 하는 범죄이다. 그러므로 개인의 자유를 부차적인 보호법익으로 하는 강도죄와 공갈죄는 여기에 포함되지 않는다.

형법에 의해 보호되는 자유는 의사결정의 자유, 의사활동의 자유, 장소선택의 자유 및 성적 자기결정의 자유로 구별된다. 이 가운데 협박죄는 의사결정의 자유를 보호법익으로 하고, 강요죄는 의사활동의 자유를 보호법익으로 하며, 체포・감금의 죄와 약취・유인의 죄는 장소선택의 자유를 보호한다. 그리고 강간죄와 강제추행죄는 성적 자기결정의 자유를 보호법익으로 한다.

## 제1절 협박의 죄

### Ⅰ. 서설

#### 1. 의의 및 보호법익

협박의 죄는 개인의 자유로운 신체활동의 전제가 되는 의사결정의 자유를 보호법익으로 하는 범죄이다.[1)] 협박죄는 의사결정의 자유와 함께 의사활동의 자유도 보호

1) 박상기, 102면; 배종대, 196면; 이재상, 111면.

하는 강요죄와 구별된다. 강요죄가 협박죄를 수단으로 하는 경우에 협박죄는 법조경합으로서 별도로 성립하지 않는다.

협박죄가 침해범인지 아니면 위험범인지에 대하여 침해범설[2]과 위험범설[3]이 대립한다. 침해범설은 형법이 협박죄의 미수범을 처벌하고 있다는 이유로 침해범이라고 한다. 이에 대하여 위험범설은 광의의 협박개념에 의하여 위험범이라고 한다.

생각건대 미수는 침해범이 아니라 결과범에 대해서만 인정되므로 형법상의 미수처벌규정을 이유로 침해범이라고 하는 것은 수긍할 수 없고, 의사결정의 자유라는 법익이 침해되었는지를 입증하는 것도 매우 어렵기 때문에 협박죄를 침해범이라고 하는 견해는 타당하다고 할 수 없다. 협박죄는 폭행죄와 마찬가지로 위험범이라고 해야 한다.

### 2. 구성요건체계

협박의 죄의 기본적 구성요건은 단순협박죄(제283조)이다. 존속협박죄(제283조 제2항)는 신분관계로 인하여, 상습협박죄(제285조)는 행위의 상습성으로 인하여 책임과 형이 가중되는 가중구성요건이고, 특수협박죄(제284조)는 행위방법으로 인하여 불법과 형이 가중되는 가중구성요건이다. 협박죄의 미수범은 처벌한다(제286조). 그러나 입법론적으로는 협박죄는 위험범이므로 미수처벌규정은 삭제되어야 한다.

## Ⅱ. 협박죄(제283조 제1항)

### 1. 객관적 구성요건

협박죄는 사람을 협박함으로써 성립하는 범죄이다.

---

2) 김일수/서보학, 118면; 박상기, 107면; 배종대, 200면; 이재상, 112면; 이정원, 134면; 임웅, 132면; 정성근/박광민, 119면.
3) 신동운, 주석 IV, 442면.

### (1) 행위객체

본죄는 사람을 행위객체로 한다. 여기서 사람은 자연인을 의미하므로 법인은 여기에서 제외된다. 본죄의 객체는 해악의 고지에 의하여 공포심을 일으킬 만한 정신적 능력이 있는 자이어야 한다. 그러므로 그러한 능력이 없는 정신병자・심신장애자・영아・명정자・수면자 등은 본죄의 객체가 될 수 없다.[4] 외국원수 또는 외교사절에 대한 협박은 협박죄가 아니라 각각 형법 제107조 제1항 또는 제108조 제1항의 죄에 해당한다.[5]

### (2) 구성요건적 행위

본죄의 구성요건적 행위는 협박이다.

#### 1) 협박의 개념

협박이란 상대방에게 해악을 고지하여 공포심을 일으키는 것을 말한다. 따라서 해악의 고지가 아닌 폭언은 협박에 해당하지 않는다.[6] 형법상의 협박의 개념은 다음과 같이 세 가지 종류로 나누어진다.[7]

(i) 광의의 협박

광의의 협박이란 타인에게 공포심을 일으킬 목적으로 해악을 고지하는 것을 말하며, 해악고지에 의하여 상대방이 실제로 공포심을 가졌는가는 중요하지 않다. 소요죄(제115조), 공무집행방해죄(제136조), 특수도주죄(제146조), 다중불해산죄(제116조)의 협박이 여기에 해당된다.

(ii) 협의의 협박

협의의 협박이란 상대방의 반항을 불가능하게 하거나 곤란하게 할 정도는 아니더

---

4) 박상기, 104면; 배종대, 197면; 백형구, 380면; 이재상, 113면; 임웅, 131면; 정성근/박광민, 120면.
5) 배종대, 197면; 이재상, 113면.
6) 대법원 1986. 7. 22, 86도1140.
7) 박상기, 102면; 배종대, 198면; 이재상, 114면.

라도 현실적으로 상대방에게 공포심을 느낄 수 있는 정도의 해악을 고지하는 것을 말한다. 본죄의 협박이 그것이다. 그밖에 공갈죄(제350조)・강요죄(제324조) 등의 협박도 여기에 해당한다.

(iii) 최협의의 협박

최협의의 협박이란 상대방의 반항을 불가능하게 하거나 현저히 곤란하게 할 정도의 해악을 고지하는 것을 말한다. 강도죄(제333조)・준강도죄(제335조)・강간죄(제297조)・강제추행죄(제298조) 등의 협박이 여기에 속한다.

협박과 구별되어야 하는 것은 경고이다. 협박은 해악의 발생이 직접・간접으로 행위자에 의하여 좌우되는 것을 내용으로 하는데 반하여, 경고는 행위자의 의사와 무관한 해악의 발생가능성을 상대방에게 알려주는 것을 의미한다.[8] 예를 들면 자연발생적인 천재지변 또는 길흉화복의 도래를 상대방에게 전달하는 것은 경고일 뿐 협박에 해당하지 않는다.

해악이 실제로 발생할 가능성이 있을 것을 요하지 않는다. 또한 고지된 해악을 실현할 행위자의 의도나 욕구도 필요하지 않다.[9] 그러나 행위자에게 해악을 실현할 의사가 없다는 것이 명백한 경우에는 협박이 아니다.[10] 행위자가 직접 가할 해악을 고지하는 것뿐만 아니라 제3자에 의한 해악을 고지하는 것도 협박에 포함된다.

2) 해악의 내용

고지되는 해악의 내용에는 제한이 없다. 생명・신체・자유・명예・재산・업무・신용・비밀 등에 대한 해악을 포함한다.[11] 해악의 내용이 범죄를 구성하거나 불법일 필요가 없다. 그러므로 해고하거나 언론에 공개하거나 형사고소를 하는 것도 해악에 해당할 수 있다. 그러나 이러한 해악이 정상적인 권리행사로서 사회상규에 반

8) 박상기, 104면; 배종대, 200면; 이재상, 114면.
9) 대법원 2006. 8. 25, 2006도546.
10) 대법원 1972. 8. 29, 72도1565.
11) 김일수/서보학, 120면; 박상기, 104면; 배종대, 201면; 백형구, 381면; 이재상, 114면; 임웅, 134면.

하지 않는 때에는 위법성이 조각될 수 있다. 해악이 상대방에게 공포심을 일으킬 수 있는 정도인가 여부는 상대방의 개인적 사정 등을 종합적으로 고려하여 객관적으로 판단하여야 한다.[12] 해악의 내용은 작위뿐만 아니라 부작위도 포함될 수 있다.[13]

3) 해악고지의 방법

해악고지의 방법에도 제한이 없다. 언어에 의하든 문서에 의하든 거동에 의하든[14] 명시적인 것이든 묵시적인 것이든 상관없다. 직접 고지하는 것은 물론 제3자를 통하여 간접적으로 고지할 수도 있다. 문서에 의하여 고지할 경우에는 허무인 명의이건 익명이건 무방하다. 해악의 고지는 조건부로도 가능하다. 돈을 주지 않으면 불륜관계를 폭로하겠다고 고지하는 경우도 협박이 된다.

(3) 기수시기

본죄의 기수시기는 본죄가 침해범인가 아니면 위험범인가에 따라 상이하다. 침해범설은 해악의 고지로 상대방이 현실적으로 공포심을 느꼈을 때 본죄는 기수가 된다고 한다. 따라서 해악을 고지하였으나 그것이 상대방에게 도달하지 아니하거나 도달하였지만 공포심을 전혀 느끼지 않았다면 협박죄의 미수가 된다고 한다. 반면 위험범설은 상대방이 공포심을 느꼈는지는 불문하고 고지된 해악의 내용을 상대방이 인지할 수 있는 상태에 이르면 기수가 된다고 한다. 상술한 바와 같이 본죄는 위험범이므로 상대방이 해악의 고지를 인지할 수 있는 상태에 있을 때 본죄는 기수가 된다고 해야 한다.[15]

12) 배종대, 201면; 이재상, 114면.
13) 박상기, 105면; 배종대, 201면; 이재상, 114면.
14) 대법원 1975. 7. 24, 74도2727.
15) 대법원 2007. 9. 28, 2007도606.

**판례(대법원2007. 9. 28, 2007도607)**

[다수의견] 협박죄가 성립하려면 고지된 해악의 내용이 행위자와 상대방의 성향, 고지 당시의 주변 상황, 행위자와 상대방 사이의 친숙의 정도 및 지위 등의 상호관계, 제3자에 의한 해악을 고지한 경우에는 그에 포함되거나 암시된 제3자와 행위자 사이의 관계 등 행위 전후의 여러 사정을 종합하여 볼 때에 일반적으로 사람으로 하여금 공포심을 일으키게 하기에 충분한 것이어야 하지만, 상대방이 그에 의하여 현실적으로 공포심을 일으킬 것까지 요구하는 것은 아니며, 그와 같은 정도의 해악을 고지함으로써 상대방이 그 의미를 인식한 이상, 상대방이 현실적으로 공포심을 일으켰는지 여부와 관계없이 그로써 구성요건은 충족되어 협박죄의 기수에 이르는 것으로 해석하여야 한다.

[반대의견] 해악의 고지에 의해 현실적으로 공포심을 일으켰는지 여부나 그 정도는 사람마다 다를 수 있다고 하더라도 이를 판단할 수 없다거나 판단을 위한 객관적인 척도나 기준이 존재하지 않는다고 단정할 것은 아니며, 사람이 현실적으로 공포심을 일으켰는지 여부를 판단할 만한 객관적인 기준 및 개별 사건에서 쌍방의 입증과 그에 의하여 인정되는 구체적인 사정 등을 모두 종합하여, 당해 협박행위로 상대방이 현실적으로 공포심을 일으켰다는 점이 증명된다면 협박죄의 기수에 이르렀다고 인정하고, 이에 대한 증명이 부족하거나 오히려 상대방이 현실적으로 공포심을 일으키지 않았다는 점이 증명된다면 협박죄의 미수에 그친 것으로 인정하면 될 것이다. 기수에 이르렀는지에 대한 의문을 해결하기 어렵다고 하여 모든 경우에 기수범으로 처벌하는 것은 오히려 "의심스러울 때는 피고인의 이익으로"라는 법원칙 등 형사법의 일반원칙과도 부합하지 아니하며 형벌과잉의 우려를 낳을 뿐이다.

## 2. 주관적 구성요건

본죄의 주관적 구성요건으로 고의가 있어야 한다. 여기서 고의는 공포심을 일으킬 수 있는 정도의 해악을 상대방에게 고지한다는 사실에 대한 인식과 의욕을 내용으로 한다. 그러나 고지된 해악을 실제로 실현할 의사가 있어야 하는 것은 아니다.[16)]

16) 대법원 1991. 5. 10, 90도2102, "협박죄에 있어서의 협박이라 함은 일반적으로 보아 사람으로 하여금 공포심을 일으킬 수 있는 정도의 해악을 고지하는 것을 의미하므로 그 주관적 구성요건으로서의 고의는 행위자가 그러한 정도의 해악을 고지한다는 것을 인식, 인용하는 것을 그 내용으로 하고 고지한 해악을 실제로 실현할 의도나 욕구는 필요로 하지 아니하고, 다만 행위자의 언동이

### 3. 위법성

총칙상의 위법성조각사유가 있는 경우에 본죄의 위법성은 조각된다. 그 밖에 해악의 고지가 정상적인 권리행사로서 사회상규에 위배되지 아니할 때에는 본죄가 성립하지 않지만[17] 외견상 권리행사처럼 보이는 경우에도 실제로는 권리남용에 해당한 때에는 본죄가 성립한다.[18] 따라서 채무를 이행하지 않으면 상대방의 생명 · 신체에 위해를 가하겠다고 협박하는 경우에는 협박죄가 된다. 친권자가 자에게 야구방망이로 때릴 듯 한 태도를 취하면서 '죽여 버린다'고 말한 것은 교양권의 행사로 인정되기 어렵기 때문에 협박죄가 성립한다.[19]

형사고소를 고지하는 것이 협박죄를 구성하는가에 대하여 형사고소라는 수단과 이것으로 달성하고자 하는 목적 사이에 내적 연관이 있으면 본죄는 성립하지 않는다고 해야 한다. 따라서 회사의 공금을 횡령한 여직원에게 피해를 배상하지 않으면 고소하겠다고 협박한 때에는 본죄가 성립하지 않으나 성교의 요구에 응하지 않으면 고소하겠다고 한 때에는 본죄가 성립한다.[20] 또 채권자가 채무자에게 채무를 이행하지 않으면 사기죄로 고소하여 구속시키겠다고 협박한 경우도 정당한 권리행사로 볼 수 있어 본죄는 성립하지 않는다.[21]

파업이나 태업과 같은 합법적인 노동쟁의행위는 노동자의 정당한 권리행사로 인정되기 때문에 위법성이 조각된다.

---

단순한 감정적인 욕설 내지 일시적 분노의 표시에 불과하여 주위사정에 비추어 가해의 의사가 없음이 객관적으로 명백한 때에는 협박행위 내지 협박의 의사를 인정할 수 없으나 위와 같은 의미의 협박행위 내지 협박의사가 있었는지의 여부는 행위의 외형뿐만 아니라 그러한 행위에 이르게 된 경위, 피해자와의 관계 등 주위상황을 종합적으로 고려하여 판단해야 할 것이다."

17) 대법원 1984. 6. 26, 84도648.

18) 김일수/서보학, 121면; 박상기, 106면; 배종대, 204면; 이재상, 116면.

19) 대법원 2002. 2. 8, 2001도6468.

20) 김일수/서보학, 122면; 백형구, 382면; 이재상, 116면.

21) 대법원 1984. 6. 26, 84도648.

### 4. 반의사불벌죄

본죄는 피해자의 명시한 의사에 반하여 공소를 제기할 수 없는 반의사불벌죄에 속한다(제283조 제3항). 본죄의 보호법익은 개인의 의사결정의 자유이므로 처벌에 대한 결정을 법익주체인 개인에게 맡기는 것이다. 그러나 폭력행위등처벌에관한법률 제2조 제4항에 의하면 야간 또는 2인 이상이 공동하여 협박죄를 범하거나 동법 위반으로 2회 이상 징역형을 받은 자로서 다시 동법 제2항이 규정하는 협박죄를 범하여 누범으로 처벌할 경우에는 반의사불벌죄가 아니다

## Ⅲ. 존속협박죄(제283조 제2항)

본죄는 자기 또는 배우자의 직계존속을 협박함으로써 성립하는 범죄이다. 협박죄에 대하여 신분관계로 책임이 가중되는 가중구성요건이다.[22] 본죄도 반의사불벌죄에 속한다. 존속의 개념은 존속살해죄에서, 협박의 개념은 협박죄에서 설명한 것과 동일하다.

## Ⅳ. 특수협박죄(제284조)

본죄는 단체 또는 다중의 위력을 보이거나 위험한 물건을 휴대하여 협박죄 또는 존속협박죄를 범함으로써 성립하는 범죄이다. 협박죄와 존속협박죄에 비하여 위험한 행위방법 때문에 불법이 가중되는 가중구성요건이다. 단체 또는 다중의 위력을 보이거나 위험한 물건을 휴대한다는 의미는 특수폭행죄에서 설명한 것과 같다. 본죄의 미수범도 처벌한다(제286조).

---

22) 불법이 가중된다는 견해로는 권오걸, 115면; 김일수/서보학, 118면.

## Ⅴ. 상습협박죄(제285조)

상습협박죄는 상습으로 협박죄, 존속협박죄 또는 특수협박죄를 범함으로써 성립하는 범죄이다. 본죄의 미수범도 처벌한다(제286조). 행위자의 상습성으로 인하여 책임이 가중되는 가중구성요건이다. 상습성의 의미는 상습상해죄에서 설명한 것과 동일하다.

폭력행위등처벌에관한법률 제2조 제1항은 상습협박죄를 3년 이상의 유기징역에 처하고, 동조 제2항은 2인 이상이 공동하여 협박죄를 범한 때에는 정한 형의 2분의1까지 가중한다. 또 상습으로 단체나 다중의 위력으로써 또는 단체나 집단을 가장하여 위력을 보임으로써 협박죄를 범하거나 흉기 기타 위험한 물건을 휴대하여 그 죄를 범한 자는 무기 또는 7년 이상의 징역에 처해진다(동법 제3조 제3항).

# 제2절 강요의 죄

## Ⅰ. 서설

### 1. 의의

강요죄란 폭행 또는 협박으로 사람의 권리행사를 방해하거나 의무 없는 일을 하게 함으로써 성립하는 범죄를 말한다. 본죄의 보호법익은 의사결정의 자유와 의사활동의 자유이므로 본죄는 의사결정의 자유를 보호법익으로 하는 협박죄와 구별된다. 본죄는 침해범에 속한다.

### 2. 구성요건 체계

강요의 죄는 강요죄(제324조)를 기본적 구성요건으로 하고, 그 가중구성요건에는 중강요죄(제326조), 인질강요죄(제324조의2), 인질상해·치상죄(제324조의3), 인질살해·치사죄(제324조의 4)가 있다. 미수범도 처벌한다. 형법은 인질강요죄 또는 인질상해·치상죄를 범한 자가 인질을 안전장소에 풀어 준 경우는 그 형을 감경하는 규정(제324조의6)을 두고 있다.

폭력행위등처벌에관한법률은 상습으로 본죄를 범하거나 2인 이상이 공동하여 본죄를 범한 때(제2조), 단체·다중의 위력으로써 또는 흉기 기타 위험한 물건을 휴대하여 본죄를 범한 때(제3조) 가중하여 처벌한다.

## Ⅱ. 강요죄(제324조)

### 1. 객관적 구성요건

폭행 또는 협박으로 사람의 권리행사를 방해하거나 의무 없는 일을 하게 하여야 한다.

#### (1) 행위객체

본죄의 객체는 사람이며 자연인인 타인이다. 여기서 사람은 권리행사 또는 의무 있는 일을 할 수 있어야 하므로 의사를 결정할 수 있는 자유를 가진 자에 제한된다. 따라서 의사결정능력이 없는 영아·정신병자·수면자·명정자 등은 본죄의 객체가 될 수 없다.[23] 폭행 또는 협박의 상대방과 본죄의 객체는 반드시 일치할 필요는 없다.

#### (2) 구성요건적 행위

폭행 또는 협박으로 사람의 권리행사를 방해하거나 의무 없는 일을 하게 하는 것이다. 강요의 수단은 폭행 또는 협박이다.

---

23) 배종대, 210면; 임웅, 140면.

1) 폭행 또는 협박

폭행이란 원래 사람에 대한 유형력의 행사를 말한다. 본죄에 있어서의 폭행은 광의의 폭행개념을 의미한다. 따라서 물건에 대해 유형력을 행사하는 것과 같이 사람에 대한 간접적인 유형력의 행사도 폭행에 해당한다. 예를 들면 맹인의 지팡이를 빼앗거나 임차인으로부터 가옥을 명도 받기 위해 문을 폐쇄하거나 전기・수도・가스의 공급을 끊는 것도 폭행이 된다.[24] 본죄의 폭행은 절대적 폭력(vis absoluta)과 심리적 폭력(vis compulsiva)을 포함한다. 절대적 폭력은 상대방의 의사결정 또는 활동이 불가능하게 하는 것이다. 예컨대 마취하거나 체포하거나 감금하는 것이 여기에 해당한다. 반면 심리적 폭력은 상대방의 의사형성이나 활동을 일정한 방향으로 유도하는 것이다. 심리적 폭력은 의사의 결정이나 활동이 불가능하게 하지 않는다는 점에서 절대적 폭력과 구별된다. 물건이나 제3자에 대한 유형력의 행사가 여기에 속한다.

협박이란 상대방에게 해악을 고지하여 공포심을 일으키는 것을 말한다. 협박죄에 있어서의 협박과 동일한 개념이다. 고지되는 해악의 내용에는 제한이 없으며 적법이든 불법이든 상관없다.

폭행・협박의 정도는 상대방의 반항을 불가능하게 하거나 현저히 곤란하게 할 정도일 필요는 없지만 상대방에게 공포심을 일으켜서 의사결정과 활동에 영향을 미칠 수 있는 정도에 이를 것을 요한다.[25] 대법원은 골프시설의 운영자가 골프회원에게 불리하게 변경된 내용의 회칙에 대하여 동의한다는 내용의 등록신청서를 제출하지 아니하면 회원으로 대우하지 아니하겠다고 통지한 것은 협박에 의한 강요죄에 해당한다고 판시한다.[26]

2) 권리행사의 방해 및 의무 없는 일의 강요

권리행사의 방해란 행사할 수 있는 권리를 행사하지 못하게 하는 것을 말한다. 권

---

24) 배종대, 210면; 이재상, 148면.
25) 김일수/서보학, 125면; 배종대, 211면; 이재상, 149면.
26) 대법원 2003. 9. 26, 2003도763.

리는 법령에 근거할 것을 요하지 않으며 재산적 권리는 물론 비재산적 권리도 포함한다. 강요행위는 작위이든 부작위이든, 법률행위이든 사실행위이든 불문한다. 예를 들면 피해자를 협박하여 여권을 교부하게 하여 이를 강제로 회수한 경우,[27] 고소권자의 고소제기를 방해하는 경우[28]가 그것이다.

의무 없는 일을 하게 한다 함은 의무가 없는 자에게 작위・부작위・인용을 강요하는 것을 의미한다. 여기서 의무는 도덕상의 의무가 아니라 법률상의 의무를 가리킨다. 예컨대, 상사 계급의 피고인이 그의 잦은 폭력으로 신체에 위해를 느끼고 겁을 먹은 상태에 있던 부대원들에게 청소 불량 등을 이유로 40분 내지 50분간 머리박아(속칭 원산폭격)를 시키거나 양손을 깍지 낀 상태에서 약 2시간 동안 팔굽혀펴기를 50-60회 정도 하게 한 경우,[29] 피해자를 협박하여 법률상 의무 없는 진술서를 작성하게 한 경우,[30] 폭행 또는 협박으로 계약을 포기하게 하는 경우[31]가 여기에 해당한다.

본죄의 기수시기는 폭행 또는 협박에 의하여 권리행사를 방해하거나 의무 없는 일을 하게 한 때이다. 폭행・협박과 권리행사의 방해 또는 의무 없는 일을 하게 하는 결과 사이에는 인과관계가 있어야 한다. 인과관계가 없거나 폭행・협박을 하였지만 권리행사를 방해하지 않은 때에는 본죄의 미수에 불과하다.

본죄의 미수범은 처벌한다(제324조의5). 본죄의 착수시기는 강요죄의 고의로 폭행 또는 협박에 착수한 때이다. 따라서 폭행 또는 협박을 하였으나 권리행사를 방해하지 못하였거나 의무 없는 일을 하게 하지 못한 경우, 인과관계가 없는 경우, 폭행 또는 협박에 착수하였으나 본죄의 폭행 또는 협박의 정도에 이르지 못한 경우에는 본죄의 미수가 된다.

---

27) 대법원 1993. 7. 27, 93도901.
28) 김일수/서보학, 126면.
29) 대법원 2006. 4. 27, 2003도4151.
30) 대법원 1974. 5. 14, 73도2578.
31) 대법원 1962. 1. 25, 4293형상233.

## 2. 주관적 구성요건

본죄의 주관적 구성요건은 고의이다. 여기서의 고의는 폭행·협박에 대한 인식과 타인의 권리행사를 방해하거나 의무 없는 일을 하게 한다는 인식을 의미한다. 미필적 고의도 포함된다.

## 3. 위법성

본죄의 위법성을 판단함에 있어서는 목적, 수단 및 목적과 수단의 내적 관계를 기준으로 하여야 한다. 목적이나 수단이 정당하고 그 수단이 목적을 달성하기 위해 적합하고 필요한 것인 경우에 본죄는 위법성이 조각된다. 따라서 정당한 목적을 달성하기 위하여 폭행·협박을 하는 것은 원칙적으로 위법하다고 할 수 없다. 예를 들면 음주운전을 방지하기 위하여 폭행을 하는 경우, 자살을 못하게 하기 위하여 폭행하는 경우, 채권자가 채무자에 대하여 채무변제를 강요하는 경우, 근로자의 정당한 노동쟁의행위의 수단으로 폭행 또는 협박을 하는 경우에 본죄는 성립하지 않는다. 물론 정당한 목적의 달성을 위한 것이라도 사회통념상 일반적으로 용인될 수 없는 정도의 폭행 또는 협박의 방법을 사용한 경우에는 위법하다고 해야 한다.[32] 따라서 음주운전을 막기 위하여 사람을 살해하는 것은 허용되지 않는다. 또 목적과 수단이 모두 정당하더라도 양자 사이에 내적 연관이 없는 경우에는 위법성이 인정된다. 예를 들면 교통규칙을 지키지 않고 운전하는 운전자를 교육시키기 위하여 차선을 가로막는 행위가 여기에 해당한다.[33] 그러나 이러한 내적 연관이 인정되는 경우에도 수단이 목적 달성에 상당하지 않은 경우에는 위법성을 인정해야 한다.[34]

32) 대법원 1985. 6. 25, 84도2083.
33) 박상기, 113면.
34) 이재상, 151면.

### 4. 죄수

본죄는 자유에 대한 죄 중 기본적인 범죄이므로 특별구성요건에 해당하는 체포·감금죄, 약취·유인죄, 강간·강제추행죄가 성립하면 법조경합에 의하여 본죄는 배제된다. 강요의 수단인 폭행죄와 협박죄는 본죄와 특별관계에 있기 때문에 별도로 성립하지 않는다. 강요죄는 강도죄 또는 공갈죄의 수단이 되므로 이 경우 강도죄 또는 공갈죄만 성립하고 본죄는 배제된다(보충관계 의한 법조경합).

**판례(대법원 1985. 6. 25, 84도2083)**

피고인이 투자금의 회수를 위해 피해자를 강요하여 물품대금을 횡령하였다는 자인서를 받아낸 뒤 이를 근거로 돈을 갈취한 경우, 피고인의 주된 범의가 피해자로부터 돈을 갈취하는 데에 있었던 것이라면 피고인은 단일한 공갈의 범의 하에 갈취의 방법으로 일단 자인서를 작성케 한 후 이를 근거로 계속하여 갈취행위를 한 것으로 보아야 할 것이므로 위 행위는 포함하여 공갈죄 일죄만을 구성한다고 보아야 한다.

## Ⅲ. 중강요죄(제326조)

본죄는 강요죄(제324조)를 범하여 사람의 생명에 대한 위험을 발생하게 함으로써 성립하는 범죄이고 생명의 위험발생을 객관적 구성요건으로 하는 구체적 위험범이다. 본죄는 진정결과적 가중범이라는 견해[35]가 있으나 중한 결과인 생명의 위험이 과실뿐만 아니라 고의에 의해서도 발생하는 부진정결과적 가중범이라고 해야 한다.[36]

35) 박상기, 114면; 배종대, 218면; 이재상, 151면; 이정원 163면.
36) 김일수/서보학, 127면; 임웅, 144면.

## Ⅳ. 인질강요죄(제324조의2)

### 1. 의의 및 보호법익

인질강요죄는 사람을 체포·감금·약취 또는 유인하여 이를 인질로 삼아 제3자에 대하여 권리행사를 방해하거나 의무 없는 일을 하게 함으로써 성립하는 범죄이다. 본죄는 체포·감금죄 또는 약취·유인죄와 강요죄의 결합범이고, 피강요자의 의사결정의 자유와 인질의 자유 및 생명·신체의 안전을 보호법익으로 한다.[37] 본죄는 침해범이다.[38]

### 2. 구성요건

#### (1) 행위객체

본죄의 행위객체는 인질과 제3자인 피강요자이다. 인질은 누구든 상관없으나 피강요자는 의사결정능력을 지닌 사람으로서 자연인뿐만 아니라 법인, 법인격이 없는 단체 또는 국가기관도 포함한다.[39] 따라서 영아, 정신병자, 명정자, 수면자 등은 본죄의 제3자(피강요자)가 될 수 없다.

#### (2) 구성요건적 행위

본죄의 구성요건적 행위는 체포·감금 또는 약취·유인하여 이를 인질로 삼아 제3자에 대하여 권리행사를 방해하거나 의무 없는 일을 하게 하는 것이다.

행위수단은 체포·감금·약취 또는 유인이다. 체포·감금·약취·유인의 수단을 사용하지 않고 강요한 경우에는 본죄가 아니라 강요죄가 성립할 뿐이다. 체포·감금·약취·유인의 개념은 체포·감금죄와 약취·유인죄에서 설명한 것과 같다.

---

37) 박상기, 115면; 배종대, 215면; 이재상, 153면.
38) 박상기, 115면; 배종대, 215면; 임웅, 136면.
39) 이재상, 153면.

인질로 삼는다는 것은 체포 ·감금·약취·유인된 자의 생명·신체의 안전에 관한 제3자의 우려를 이용하여 석방이나 생명·신체에 대한 안전을 보장하는 대가로 제3자를 강요하기 위하여 자유를 구속하는 것을 말한다.[40] 예컨대, 인질석방의 대가로 교도소에 수감되어 있는 동료를 석방하게 하거나 항공기나 또는 선박을 납치하여 그 승객을 인질로 삼아 정부에 대하여 보상을 요구하는 것이 여기에 해당한다. 인질로 삼을 때 장소적 이전은 요구되지 않는다.[41] 형법은 제3자를 피강요자로 규정하고 있으므로 인질에 대한 강요는 인질강요죄에 해당하지 않는다.

본죄의 미수범은 처벌한다(제324조의5). 실행의 착수시기에 대해서는 강요행위를 개시한 때라고 하는 견해[42]와 강요의 의사로 체포·감금·약취·유인행위를 개시한 때라고 하는 견해[43]가 대립한다. 생각건대 후자의 견해가 타당하다. 인질강요의 의사로 인질을 삼기 위하여 체포·감금·약취·유인행위를 개시하였으나 강요행위를 하기 전에 체포된 경우에 단순히 체포·감금죄 또는 약취·유인죄로 처벌하는 것은 타당하지 않기 때문이다.

본죄의 기수시기에 대해서는 인질범이 제3자에 대하여 일정한 행위를 하거나 하지 못하도록 시도한 시점을 기수시기로 보는 견해[44]가 있으나 권리행사를 방해하거나 의무 없는 일을 하게 한 때에 기수가 된다는 견해가 타당하다.[45] 강요죄의 기수시기와 다르게 할 이유가 없기 때문이다.

### 3. 형의 감경

본죄를 범한 자 및 그 미수범이 인질을 안전한 장소로 풀어 준 경우에는 그 형을 감

---

40) 이재상, 153면.
41) 박상기, 118면.
42) 백형구, 272면; 배종대, 215면; 이재상, 153면.
43) 권오걸, 130면; 김일수/서보학, 129면; 박상기, 120면; 이정원, 165면; 임웅, 137면.
44) 권오걸, 131면; 박상기, 120면.
45) 김일수/서보학, 129면; 배종대, 215면; 이재상, 153면; 임웅, 146면.

경할 수 있다(제324조의6). 본 규정은 인질강요죄가 기수에 이른 경우에도 행위자에게 인질을 석방할 기회를 줌으로써 인질의 안전을 보호하려는 형사정책적 목적 때문에 신설된 것이다.[46] 본 규정은 인질을 안전한 장소로 풀어주면 적용되므로 자의성을 요건으로 하지 않는다는 점, 임의적 감경규정이라는 점, 기수가 된 후에 인질을 석방하는 경우에도 적용된다는 점에서 중지미수와 구별된다.

### 4. 죄수

인질강요죄는 그 수단인 체포·감금죄 또는 약취·유인죄와 보충관계에 있으므로(법조경합) 본죄만이 성립하고 다른 죄의 적용은 배제된다. 수인을 인질로 삼고 하나의 강요행위를 한 경우에는 상상적 경합으로서 수개의 인질강요죄가 성립한다. 하나의 행위로 일신전속적 법익인 자유가 수개 침해되었기 때문이다.

## V. 인질상해·치상죄(제324조의3)

본죄는 인질강요죄를 범한 자가 인질을 상해하거나 상해에 이르게 함으로써 성립하는 범죄이다. 인질상해죄는 인질강요죄와 상해죄의 결합범이고, 인질치상죄는 인질강요죄의 결과적 가중범이다. 본죄의 미수범은 처벌한다(제324조의5). 이는 형법이 인질치상죄의 미수를 처벌함으로써 결과적 가중범의 미수를 인정하는 것으로 볼 수 있다.[47] 따라서 강요죄가 미수에 그쳤으나 과실로 상해의 결과 발생한 경우에는 인질치상죄의 미수가 된다. 이에 대하여 본죄의 미수는 고의범인 인질상해죄의 미수를 의미한다고 보는 견해[48]도 있다. 고의범인 인질상해죄의 경우에는 기본범죄인 인질강요의 기수·미수에 상관없이 상해의 기수·미수 여부로 미수범을 결정하는 데

46) 이재상, 153면.
47) 배종대, 217면; 임웅, 147면; 이정원, 168면.
48) 김일수/서보학, 131면; 박상기, 122면.

비해, 과실범의 경우에는 상해의 결과가 발생했음에도 불구하고 기본범죄가 미수인 경우를 미수로 정의하는 것은 설득력이 없기 때문이라고 한다. 그러나 기본범죄가 미수에 그쳤는데도 불구하고 중한 결과의 발생 때문에 결과적 가중범으로 중하게 처벌하는 것은 옳다고 할 수 없다. 따라서 형법은 결과적 가중범의 미수를 인정하고 있다고 해야 한다. 인질상해죄의 미수는 상해의 기수・미수뿐 아니라 인질강요행위의 기수・미수에 의하여 결정되어야 한다.[49]

인질을 안전한 장소로 풀어 준 경우에는 형을 감경할 수 있다(제324조의6).

## Ⅵ. 인질살해・치사죄(제324조의4)

본죄는 인질강요죄를 범한 자가 인질을 살해하거나 사망에 이르게 한 때에 성립하는 범죄이다. 본죄의 미수범도 처벌한다. 인질살해죄는 인질강요죄와 살인죄의 결합이고 인질치사죄는 인질강요죄의 결과적 가중범이다. 인질석방에 대한 감경규정이 적용되지 않는다.

49) 이정원, 168면.

# 제3절 체포와 감금의 죄

## Ⅰ. 서설

### 1. 의의 및 보호법익

본죄는 사람을 불법하게 체포 또는 감금하여 사람의 신체적 활동의 자유를 침해하는 것을 내용으로 하는 범죄를 의미한다. 본죄의 보호법익은 사람의 신체적 활동의 자유, 그 중에서도 장소선택의 자유이다. 장소선택의 자유란 자신이 머물고 있는 장소를 떠나 거처를 변경할 수 있는 자유를 말한다. 따라서 단순히 일정한 장소에 들어오지 못하게 막는 것은 본죄에 해당하지 않는다. 이러한 자유는 현실적인 신체적 활동의 자유가 아니라 잠재적인 신체적 활동의 자유를 의미한다. 따라서 피해자가 현재 장소를 떠날 의사를 가지고 있었는가가 중요한 것이 아니라 원하면 언제든지 현재의 장소를 떠날 수 있는가가 기준이 된다. 결국 본죄는 사람의 잠재적 장소선택의 자유를 보호법익으로 한다고 할 수 있다.[50)]

### 2. 구성요건체계

본죄의 기본적 구성요건은 체포·감금죄(제276조 제1항)이다. 이에 대한 가중적 구성요건으로는 존속체포·감금죄(제276조 제2항), 중체포·감금죄(제277조), 특수체포·감금죄(제278조), 상습체포·감금죄(제279조), 체포·감금치사상죄(제281조)가 있다. 폭력행위등처벌에관한법률은 체포·감금죄를 가중하여 처벌하고 있다(제2조, 제3조).

---

50) 김일수/서보학, 132면; 박상기, 123면; 배종대, 221면; 이재상, 119면; 임웅, 117면.

## Ⅱ. 체포 · 감금죄(제276조 제1항)

### 1. 객관적 구성요건

본죄가 성립하기 위해서는 사람을 체포 또는 감금하여야 한다.

#### (1) 행위객체

본죄의 행위객체는 사람이며, 자연인인 타인이다. 여기서 본죄의 객체인 자연인이 신체활동의 자유를 가진 자이어야 하는가가 문제된다.

최광의설은 신체활동의 자유를 가졌는가와 상관없이 모든 자연인이 본죄의 객체가 된다는 견해이다.[51] 이에 의하면 유아, 수면자, 명정자, 정신병자도 본죄의 객체가 된다. 이에 대하여 본죄의 보호법익은 잠재적 신체활동의 자유이므로 신체활동의 자유나 의사가 없는 사람은 본죄의 객체가 될 수 없다고 해야 한다.

광의설[52]은 잠재적 신체활동의 의사를 가질 수 있는 자연인은 본죄의 객체가 될 수 있다는 견해이다. 따라서 명정자 · 수면자 · 정신병자는 본죄의 객체가 되지만 신체활동의 의사를 가지지 못한 유아는 여기서 제외된다고 한다. 대법원도 정신병자를 감금죄의 객체로 인정한다.[53]

협의설[54]은 신체활동의 의사가 없으면 신체활동의 자유도 없으므로 그러한 의사가 없는 자는 본죄의 객체가 될 수 없다는 견해이다. 이에 의하면 유아 · 명정자 · 수면자는 본죄의 객체가 될 수 없다. 그러나 이 견해는 본죄의 보호법익이 사람의 잠재적 신체활동의 자유라는 것을 간과하였다는 비판을 받는다.

본죄의 보호법익에 비추어 볼 때 통설인 광의설이 타당하다고 본다. 본죄의 객체에서 제외된 유아에 대한 감금행위는 미성년자 약취죄(제287조)로 처벌할 수 있다.

---

51) 오영근, 143면.
52) 박상기, 125면; 배종대, 220면; 백형구, 285면; 이재상, 121면; 임웅, 125면; 정성근/박광민, 109면.
53) 대법원 2002. 10. 11, 2002도4315.
54) 김일수/서보학, 134면.

### (2) 구성요건적 행위

체포 또는 감금하는 것이다.

#### 1) 체포

체포란 사람의 신체에 대하여 직접적이고 현실적인 구속을 가하여 행동의 자유를 침해하는 행위를 말한다. 체포의 수단·방법에는 제한이 없다. 예를 들면 손에 수갑을 채우거나 손발을 포승으로 묶거나 몸을 잡는 것과 같은 유형적 방법은 물론, 경찰관을 사칭하거나 총으로 협박하여 연행하는 것과 같은 무형적 방법도 사용할 수 있다.[55] 또 작위뿐만 아니라 부작위에 의해서도 가능하다. 그 밖에 체포는 간접정범에 의해서도 행해질 수 있다.[56] 예를 들면 경찰관으로 하여금 피해자를 현행범으로 속이고 체포하게 하는 경우가 그것이다. 체포는 신체에 대한 현실적인 구속을 의미하므로 사람을 협박으로 일정한 장소에 출석하게 하는 것은 체포가 아니라 강요죄에 해당한다.[57]

#### 2) 감금

감금이란 사람이 일정한 장소에서 벗어나는 것을 불가능하게 하거나 현저히 곤란하게 하여 사람의 행동의 자유를 장소적으로 제한하는 것을 말한다. 행동의 자유가 장소적으로 제한된다는 점에서 신체 자체를 구속하는 체포와 구별된다. 감금의 수단과 방법은 묻지 않는다. 단체나 다중의 위력으로 출입구를 봉쇄하거나[58] 문을 잠그는 것이 일반적이지만 유형적인 것이든 무형적인 것이든 상관없다. 따라서 감금된 특정한 구역 범위 안에서 일정한 생활의 자유가 허용되어 있었다고 하더라도 유형적이거나 무형적인 수단과 방법에 의하여 사람이 특정한 구역에서 벗어나는 것을 불가능하게 하거나 매우 곤란하게 한 경우에도 감금죄는 성립한다.[59] 예를 들면 피해자

---

55) 김일수/서보학, 135면; 배종대, 203면; 이재상, 121면.
56) 대법원 2006. 5. 25, 2003도3945.
57) 김일수/서보학, 135면; 배종대, 203면; 이재상, 121면.
58) 대법원 1983. 9. 13, 80도277.

가 여관 등에서 8일간 있는 동안 그의 처와 만났으며 피고인 등과 같이 술을 마신 일이 있는 등 특정지역 내에서 일정한 생활의 자유가 허용되더라도 피고인 일행이 밤마다 폭행하고 괴롭히기 때문에 여관 밖으로 나갈 수 없는 경우도 감금에 해당한다.[60] 탈출이 가능하더라도 피해자가 출구를 모르거나 피해자가 인식하기 어려운 상태에 있었다면 감금이라고 해야 한다.[61] 폭행과 협박으로 야기된 공포심으로 그 장소 밖으로 나가지 못하였다면 그 장소에 시정장치 등 물리적인 장애사유가 없더라도 감금죄가 성립한다.[62] 피해자가 출구를 알고 있었던 경우에도 탈출하는 것이 생명 또는 신체에 대한 위험을 동반하거나 수치심으로 인하여 현재의 장소를 떠날 수 없는 때에도 감금이 된다. 예를 들면 피해자를 강제로 자동차에 태우고 피해자의 하차 요구를 묵살한 채 하차할 수 없는 상태로 운행한 경우[63] 또는 목욕 중인 여자의 옷을 가져가거나 숨겨서 밖으로 나가지 못하게 하는 경우가 여기에 해당한다.

**판례(대법원 1991. 8. 27, 91도1604)**

피해자가 만약 도피하는 경우에는 생명・신체에 심한 해를 당할지 모른다는 공포감에서 도피하기를 단념하고 있는 상태에서 그를 호텔로 데리고 가서 함께 유숙한 후 그와 함께 항공기로 국외에 나간행위는 감금행위에 해당한다.

감금은 작위뿐 아니라 부작위에 의해서도 가능하다. 실수로 사람이 있는 방의 문을 잠근 후에 그 사실을 알았음에도 문을 열어주지 않는 때에는 부작위에 의한 감금이 인정된다. 기망에 의하거나 간접정범에 의한 감금도 가능하다. 예컨대, 잠기지 않은 문이 잠겼다고 속여 피해자가 밖으로 나가는 것을 포기하게 하거나 수사기관으로

---

59) 대법원 1998. 5. 26, 98도1036.
60) 대법원 1984. 5. 15, 84도655.
61) 이재상, 122면.
62) 대법원 1985. 6. 25, 84도2083.
63) 대법원 1984. 8. 21, 84도1550.

하여금 죄 없는 사람을 구속하게 한 경우가 그것이다.

### 2. 주관적 구성요건

본죄의 주관적 구성요건은 고의이다. 여기에서 고의는 잠재적 행동의 자유를 가지는 사람을 체포 또는 감금한다는 것에 대한 인식과 의욕을 의미한다.

### 3. 기수시기

본죄는 위법한 상태가 일정한 기간 계속되어야 하는 계속범이다. 따라서 본죄의 기수가 인정되기 위해서는 체포 또는 감금행위가 시간적으로 어느 정도 계속될 것을 요한다. 본죄의 미수범은 처벌한다(제280조). 따라서 손에 수갑을 채웠다가 바로 풀어 준 경우와 같이 일시적 체포·감금은 미수에 지나지 않는다.

본죄가 기수에 이르기 위해서는 피해자가 자신의 자유박탈을 인식하고 있어야 한다는 견해[64]가 있다. 피해자가 인식하지 못한 자유박탈은 그에게 어떤 결과불법도 될 수 없기 때문이라고 한다. 그러나 본죄의 보호법익을 잠재적 신체활동의 자유라고 한다면 피해자가 자유박탈을 인식할 필요 없이 본죄는 기수에 이른다고 하는 견해[65]가 타당하다. 본죄는 사람을 체포 또는 감금하면 기수에 이른다고 해야 한다.

### 4. 위법성

본죄는 일반적 위법성조각사유의 존재로 위법성이 조각될 수 있다. 특히 법령에 의한 체포·감금행위는 정당행위로서 위법성이 배제된다. 예를 들면 형사소송법상의 현행범체포(제212조), 긴급체포(제200조의3), 영장에 의한 체포(제200조의 2), 친권자의 징계행위는 형법 제20조에 의하여 위법성이 조각된다. 대법원은 수용시설

---

64) 김일수/서보학, 137면; 배종대, 223면; 이정원, 176면.
65) 박상기, 126면; 이재상, 123면; 정성근/박광민, 110면.

에 수용중인 부랑인들이 야간에 도주하는 것을 방지하기 위하여 취침시간 동안 출입문을 안에서 잠근 행위를 형법 제20조의 정당행위로 보고 있다.[66)]

### 5. 죄수

체포와 감금은 사람의 신체활동의 자유를 보호법익으로 하는 같은 유형의 범죄이다. 그러므로 피해자를 체포하고 감금한 때에는 포괄적으로 하나의 감금죄가 성립한다. 체포 또는 감금의 수단으로 사용된 폭행 또는 협박은 불가벌적 수반행위로서 체포・감금죄에 흡수되어 별도로 폭행죄 또는 협박죄를 구성하지 않는다.[67)] 그러나 수단의 범위를 초과하는 폭행 또는 협박은 본죄와 실체적 경합에 있다고 본다. 감금 중에 범한 살인・상해・강간・강도의 죄는 본죄와 별도로 성립한다.[68)] 대법원도 감금행위가 강도상해죄의 수단이 되는데 그치지 않고 강도상해의 행위가 끝난 후에도 계속된 경우,[69)] 미성년자를 유인한 자가 계속하여 미성년자를 불법하게 감금한 경우[70)]에 감금죄는 별도로 성립한다고 한다. 그러나 감금행위가 강간죄의 수단이 된 때에는 감금죄는 강간죄와 상상적 경합관계에 있게 된다.[71)]

## Ⅲ. 존속체포 · 감금죄(제276조 제2항)

본죄는 자기 또는 배우자의 직계존속에 대하여 단순체포・감금죄를 범함으로써 성립하는 범죄이다. 본죄의 미수범은 처벌한다(제280조). 행위객체가 자기 또는 배우자의 직계존속이라는 신분관계로 책임과 형이 가중되는 가중구성요건이다. 직계

---

66) 대법원 1988. 11. 8, 88도1580.
67) 대법원 1982. 6. 22, 82도705.
68) 박상기, 127면; 배종대, 225면; 이재상, 124면.
69) 대법원 2003. 1. 10, 2002도4380.
70) 대법원 1998. 5. 26, 98도1036.
71) 대법원 1983. 4. 26, 83도323.

존속의 개념은 존속살해죄의 그것과 같다.

## Ⅳ. 중체포 · 감금죄, 존속중체포 · 감금죄(제277조)

중체포・감금죄는 사람을 체포・감금하여 가혹행위를 함으로써 성립한다. 존속중체포・감금죄는 자기 또는 배우자의 직계존속에 대하여 중체포・감금행위를 함으로써 성립하는 범죄이다. 가혹행위란 사람에게 정신적・육체적으로 고통을 주는 일체의 행위를 말한다.[72]

예를 들면 폭행 또는 협박, 성적 수치심을 유발하는 성추행행위, 일상생활에 필요한 의식주를 주지 않는 행위, 필요한 휴식・수면을 허용하지 않는 행위 등도 여기에 속한다.[73] 그러나 단순히 체포・감금의 수단에 불과한 폭행 또는 협박은 이러한 의미의 가혹행위라고 할 수 없다.[74]

본죄의 미수범은 처벌한다(제280조). 체포・감금하여 가혹행위를 하려고 하였으나 체포・감금하지 못한 경우, 체포・감금을 하였으나 가혹한 행위를 하지 못한 경우와 가혹행위를 하였으나 기수에 이르지 못한 경우에 본죄의 미수범이 성립한다.[75]

## Ⅴ. 특수체포 · 감금죄(제278조)

본죄는 단체 또는 다중의 위력을 보이거나 위험한 물건을 휴대하여 단순체포・감금죄, 존속체포・감금죄, 중체포・감금죄, 존속중체포・감금죄를 범함으로써 성립하는 범죄이다. 미수범도 처벌한다(제280조). 행위방법과 수단의 위험성 때문에 불

72) 박상기, 128면; 배종대, 226면; 이재상, 125면.
73) 박상기, 128면; 배종대, 226면; 이재상, 125면.
74) 김일수/서보학, 139면; 박상기, 128면; 배종대, 226면; 백형구, 290면; 이재상, 125면.
75) 배종대, 227면; 이재상, 125면; 임웅 129면.

법이 가중되는 가중구성요건이다. 그러나 단체나 다중의 위력 또는 위험한 물건을 수단으로 체포・감금죄(제276조 제1항)를 범한 때에는 폭력행위등처벌에관한법률 제3조 제1항이 적용된다. 단체 또는 다중, 위험한 물건의 휴대는 특수폭행죄의 그것과 같은 개념이다.

## Ⅵ. 상습체포・감금죄(제279조)

본죄는 상습으로 단순체포・감금죄, 존속체포・감금죄, 중체포・감금죄, 존속중체포・감금죄를 범함으로써 성립하는 범죄이다. 상습으로 체포・감금죄(제276조 제1항)를 범한 때에는 폭력행위등처벌에관한법률 제2조 제1항에 의하여 3년 이상의 유기징역으로 처벌된다. 또 상습으로 특수체포・감금죄를 범한 자도 폭력행위등처벌에관한법률 제3조 3항에 의하여 무기 또는 7년 이상의 유기징역으로 처벌된다.

## Ⅶ. 체포・감금치사상죄, 존속체포・감금치사상죄(제281조)

체포・감금치사상죄는 체포・감금의 죄(제276조 내지 제280조)를 범하여 사람을 사상에 이르게 함으로써 성립하는 결과적 가중범이다. 존속체포・감금치사상죄는 자기 또는 배우자의 직계존속에 대하여 체포・감금의 죄를 범하여 사상에 이르게 함으로써 성립하는 결과적 가중범이다(제281조 제2항). 사상이라는 결과는 체포・감금행위에 의하여 발생하여야 한다. 기본범죄가 미수에 그친 경우에도 본죄가 성립한다는 견해[76]가 있으나 결과적 가중범의 미수로 보아야 한다. 사상의 결과는 반드시 체포・감금의 직접적인 결과일 것을 요하지 않고 체포・감금 시에 일어난 것이면 충

---

76) 이재상, 127면.

분하다.[77] 사상의 결과에 대하여 고의가 있는 때에는 체포·감금죄와 살인죄 또는 상해죄는 실체적 경합범이 된다.

**판례(대법원 1991. 10. 25, 91도2085)**

피고인이 아파트 안방 문에 못질을 하여 동거하던 피해자가 술집에 나갈 수 없게 감금하고, 피해자를 때리고 옷을 벗기는 등 가혹한 행위를 하여 피해자가 이를 피하기 위하여 창문을 통해 밖으로 뛰어 내리려 하자 피고인이 이를 제지한 후 거실로 나오는 사이에 갑자기 안방 창문을 통하여 알몸으로 아파트 잔디밭에 뛰어 내리다가 발성실질장기파열상으로 사망한 경우에 피고인의 중감금행위와 피해자의 사망 사이에 인과관계가 있어 피고인에게 중감금치사죄의 죄책을 진다.

# 제4절 약취와 유인의 죄

## Ⅰ. 서설

### 1. 의의 및 보호법익

약취와 유인의 죄란 사람을 약취·유인하여 자기 또는 제3자의 실력적 지배하에 둠으로써 개인의 자유를 침해하는 범죄를 말한다. 약취와 유인의 죄는 체포·감금죄와 마찬가지로 사람의 장소선택의 자유를 보호하지만 장소적 제한을 요건으로 하지 않는다는 점에서 체포·감금죄와 구별된다.

약취와 유인의 죄는 개인의 자유를 보호법익으로 한다. 그러나 미성년자 약취·유인죄의 보호법익은 미성년자의 자유권 이외에 보호자의 감독권도 포함한다고 해야 한다.[78] 그러므로 유인에 의하여 미성년자가 스스로 가출한 경우에 미성년자의 동의

77) 김일수/서보학, 140면; 박상기, 130면; 배종대, 228면; 이재상, 127면.
78) 김일수/서보학, 141면; 박상기, 131면; 배종대, 230면; 이재상, 129면.

가 있어도 보호자의 동의가 없는 경우에는 본죄에 해당한다.79)

### 2. 구성요건체계

약취와 유인의 죄는 미성년자 약취·유인죄(제287조)를 기본적 구성요건으로 한다. 가중적 구성요건으로는 추행·간음·영리목적 약취·유인죄(제288조 제1항), 부녀매매죄(동조 제2항), 국외이송목적 약취·유인죄(제289조 제1항)가 있다. 결혼목적 약취·유인죄(제291조)는 감경적 구성요건이다. 약취·유인·매매·이송된 자의 수수·은닉죄(제292조)는 방조범을 특별히 규정한 독립적 구성요건이고, 추행·간음·영리목적 약취·유인·매매·이송된 자의 수수·은닉죄(제293조 제2항)는 불법이 가중되는 가중구성요건이다. 상습약취·유인·매매·이송죄(제293조)는 상습성 때문에 책임이 가중되는 가중구성요건이다.

약취·유인죄의 미수범도 처벌한다(제294조). 또 국외이송목적 약취·유인·매매죄에 있어서는 예비·음모(제290조)도 처벌한다.

## Ⅱ. 미성년자 약취·유인죄(제287조)

### 1. 객관적 구성요건

본죄는 미성년자를 약취·유인함으로써 성립한다.

#### (1) 행위주체

본죄의 행위주체는 미성년자 본인 이외의 자연인이다. 친부모도 본죄의 행위주체가 될 수 있다.80) 부모 중 일방이 타방이 보호하고 있는 미성년자인 자녀를 약취·유

79) 대법원 2002. 2. 11, 2002도7115; 1982. 4. 27, 82도186.
80) 박상기, 132면; 이재상, 131면; 임웅, 142면.

인할 때에는 본죄가 성립한다.[81] 미성년자도 다른 미성년자를 약취·유인할 수 있다.

### (2) 행위객체

본죄의 행위객체는 미성년자이다. 여기서 미성년자란 민법에 따라 20세 미만인 자를 말한다. 민법은 혼인한 미성년자를 성년자로 보고 있기 때문에 혼인한 미성년자가 본죄의 행위객체에 포함되는가에 대하여 긍정설[82]과 부정설[83]이 대립한다. 긍정설은 민법상의 성년의제는 부부의 혼인생활의 독립의 요청에서 비롯된 것이기 때문에 입법취지상 민법 이외의 다른 법률에서 성년의제를 인정하는 것은 옳지 않다고 한다. 그러나 보호자가 필요 없는 민법상의 성년자를 본죄의 행위객체인 미성년자로 보는 것은 타당하지 않다. 따라서 혼인한 미성년자는 본죄의 객체가 될 수 없다고 해야 한다.

### (3) 구성요건적 행위

본죄의 구성요건적 행위는 약취 또는 유인하는 것이다.

#### 1) 약취와 유인

약취와 유인이라 함은 사람을 자유로운 생활관계 또는 보호관계로부터 자기 또는 제3자의 실력적 지배하에 옮기는 것을 말한다.[84] 약취는 폭행 또는 협박을 수단으로 하는 데 반하여 유인은 기망과 유혹을 수단으로 한다. 기망이란 허위의 사실로 상대방을 착오에 빠지게 하는 것을 말하고, 유혹이란 반드시 허위일 필요가 없는 감언으로 상대방을 현혹시켜 판단을 흐리게 하는 것을 말한다. 약취에서의 폭행 또는 협박

81) 대법원 2008. 1. 31, 2007도8011, "외조부가 맡아서 양육해 오던 미성년인 자를 자의 의사에 반하여 사실상 자신의 지배하에 옮긴 친권자에 대하여 미성년자 약취·유인죄가 인정된다."

82) 김일수/서보학, 143면; 박상기, 134면; 배종대, 232면; 백형구, 297면; 오영근, 163면; 이정원, 186면; 임웅, 150면; 정성근/박광민, 140면.

83) 이재상, 132면.

84) 박상기, 132면; 배종대, 233면.

은 미성년자를 실력적 지배하에 둘 수 있을 정도면 충분하고 상대방의 반항을 억압할 정도일 필요는 없다.[85] 따라서 의사능력이 없는 유아를 데려가는 것도 약취에 해당한다고 본다. 그 밖에 약취에는 수면제 또는 마취제를 사용하거나 심신상실이나 항거불능상태를 이용하는 것도 포함된다.[86] 약취 또는 유인의 수단인 폭행・협박・기망・유혹은 피인취자 본인에 대해서는 물론 보호자에 대해서도 가능하다.

약취 또는 유인이 되기 위해서는 폭행・협박・기망・유혹으로 미성년자를 자기 또는 제3자의 사실적 지배하에 둘 것을 요한다. 그러므로 단지 미성년자를 달아나게 하는 것은 자기 또는 제3자의 사실적 지배하에 두는 것이 아니므로 본죄에 해당하지 않는다.[87] 미성년자가 자발적으로 가출한 경우에도 행위자가 보호자의 감독권을 침해한 때에는 본죄가 성립한다.[88]

2) 사실적 지배

피인취자의 장소적 이전이 필요한지의 여부에 대하여 본죄는 장소적 이전을 본질적 요소로 한다는 견해[89]와 피인취자의 장소적 이전 없이도 자기 또는 제3자의 실력적 지배하에 둘 수 있으므로 장소적 이전은 요건이 아니라는 견해[90]가 대립한다. 폭행・협박・기망・유혹으로 보호자를 떠나게 하여 피인취자를 자기 또는 제3자의 실력적 지배하에 둘 수 있기 때문에 부정설이 타당하다. 본죄는 부작위에 의해서도 성립할 수 있다. 그러므로 지배관계를 스스로 떠난 피인취자를 그대로 두는 것도 본죄에 해당한다.[91]

본죄는 계속범이라고 해야 한다. 여기에서 사실적 지배는 어느 정도의 시간적 계

85) 대법원 1991. 8. 13, 91도1184; 1990. 2. 13, 89도2558.
86) 배종대, 233면.
87) 배종대, 233면; 이재상, 133면.
88) 대법원 1982. 4. 27, 82도186.
89) 황산덕, 213면.
90) 김일수/서보학, 147면; 박상기, 133면; 배종대, 235면; 이재상, 133면; 임웅, 151면; 정성근/박광민, 140면; 대법원 2008. 1. 17, 2007도8485.
91) 대법원 1974. 5. 28, 74도840.

속을 필요로 하기 때문이다. 따라서 본죄는 피인취자가 실력적 지배하에서 벗어날 때 종료하고 이 시점으로부터 공소시효는 진행한다. 피인취자를 계속 감금한 때에는 본죄 이외에 감금죄가 성립하지만 이에 대하여 특정범죄가중처벌등에관한법률이 적용된다(제5조의2 제2항 3호).

### 2. 주관적 구성요건

본죄의 주관적 구성요건으로는 고의가 있어야 한다. 여기서 고의는 미성년자를 약취 또는 유인한다는 사실에 대한 인식과 의욕을 의미한다. 미필적 고의도 포함된다. 약취 또는 유인의 동기는 불문하므로 보호 또는 양육의 목적으로 미성년자를 약취 또는 유인하는 때에도 본죄가 성립한다.[92] 추행 · 간음 · 영리 · 결혼 · 국외이송의 목적으로 미성년자를 약취 또는 유인하는 때에는 본죄가 아니라 제288조, 제289조 및 제291조가 성립한다.

특정범죄가중처벌등에관한법률 제5조의 2는 미성년자 약취 · 유인죄를 가중 처벌하고 있다.

**판례(대법원 2008. 1. 17, 2007도8485)**

미성년자 혼자 머무는 주거에 침입하여 강도 범행을 하는 과정에서 미성년자와 그 부모에게 폭행·협박을 가하여 일시적으로 부모와의 보호관계가 사실상 침해·배제되었더라도, 미성년자가 기존의 생활관계로부터 완전히 이탈되었다거나 새로운 생활관계가 형성되었다고 볼 수 없고 범인의 의도도 위와 같은 생활관계의 이탈이 아니라 단지 금품 강취를 위한 반항 억압에 있었으므로, 형법 제287조의 미성년자약취죄가 성립하지 않는다.

---

92) 박상기, 134면; 배종대, 236면; 이재상, 134면.

### 3. 위법성

본죄는 정당방위, 긴급피난 또는 정당행위에 의하여 위법성이 조각될 수 있다. 피해자의 승낙은 본죄의 위법성을 조각할 수 없다.[93] 본죄의 보호법익은 피해자의 자유권뿐만 아니라 보호자의 감독권도 포함하기 때문이다. 본죄의 위법성이 조각되기 위해서는 피인취자의 승낙과 보호자의 승낙이 있어야 하고 피인취자의 승낙에 하자가 없어야 하며 보호자의 승낙이 권리남용이 되거나 공서약속에 위배되지 않아야 한다. 그러나 승낙과 양해를 구별하는 견해는 이 경우에 구성요건해당성이 조각된다고 한다.

### 4. 죄수

본죄는 인질강요죄 또는 인질강도죄와 상상적 경합관계에 있다.[94] 체포죄나 강요죄가 본죄의 수단이 된 때에는 법조경합으로서 본죄만 성립할 뿐이다.

## Ⅲ. 추행 · 간음 · 영리목적 약취 · 유인죄(제288조 제1항)

### 1. 의의

본죄는 추행 · 간음 · 영리목적으로 사람을 약취 · 유인함으로써 성립하는 범죄이다.

### 2. 객관적 구성요건

#### (1) 행위객체

본죄의 행위객체는 자연인이며 성년자 · 미성년자, 남자 · 여자를 구별하지 않는다. 그러므로 추행 · 간음 · 영리목적으로 미성년자를 약취 또는 유인한 때에는 미성

93) 대법원 2001. 7. 13, 2001도2595.
94) 박상기, 135면.

년자 약취 · 유인죄(제287조)가 되는 것이 아니라 본죄가 성립한다.

(2) 구성요건적 행위

약취 또는 유인하는 것이다. 약취와 유인의 의미는 미성년자 약취 · 유인죄에서 설명한 것과 같다.

### 3. 주관적 구성요건

본죄의 주관적 구성요건으로는 고의 이외에 추행, 간음 또는 영리의 목적이 있어야 한다. 추행목적은 피인취자를 추행행위의 주체 또는 객체로 삼을 목적을 말한다. 추행이란 객관적으로 일반인에게 성적 수취심이나 혐오감을 느끼게 하는 일체의 행위를 말한다. 간음의 목적이란 결혼이 아닌 성교행위를 할 목적을 의미한다. 영리목적이란 자기 또는 제3자가 재산상의 이익을 취득할 목적을 말한다. 이때 계속적 · 반복적인 이익취득을 요하지 않는다. 또 합법적인 이익이든 불법적인 이익이든 상관없다. 피인취자를 일정한 업무에 종사하게 하여 이익을 얻는 때에도 영리목적은 인정된다.

석방의 대가로 재물을 취득하기 위하여 약취 또는 유인한 경우에 본죄가 성립하는지에 대하여 인질강도죄만 성립한다는 견해[95]와 본죄가 성립한다는 견해[96]가 대립한다. 인질강도죄는 재물을 요구할 때 성립하므로 석방의 대가로 재물을 취득하기 위하여 약취 또는 유인하는 때에는 본죄가 성립한다는 견해가 타당하다. 다만 행위객체가 미성년자인 경우에는 특정범죄가중처벌등에관한법률 제5조의2가 적용된다.

### 4. 기수시기

본죄는 이러한 목적으로 사람을 약취 또는 유인한 때에 기수에 도달한다. 그 목적

95) 임웅, 132면.
96) 김일수/서보학, 149면; 배종대, 238면; 백형구, 300면; 이재상, 137면.

을 달성할 필요는 없다. 미성년자를 약취 또는 유인한 경우에 본죄의 목적을 가진 자는 본죄로, 그러한 목적이 없는 자는 미성년자 약취·유인죄로 처벌된다.

본죄 중 추행·간음목적 약취·유인죄와 그 미수범(제296조)은 친고죄이다.

## Ⅳ. 부녀매매죄(제288조 제2항)

### 1. 의의

본죄는 추업에 사용할 목적으로 부녀를 매매함으로써 성립하는 범죄이다. 상습범은 특정범죄가중처벌등에관한법률 제5조의2 제5항에 의해 2분의 1까지 가중 처벌된다.

### 2. 객관적 구성요건

부녀를 매매하는 것이다.

#### (1) 행위주체

누구라도 본죄의 행위주체가 될 수 있다. 따라서 보호자도 본죄를 범할 수 있다. 본죄는 매도인은 물론 매수인도 처벌하는 필요적 공범이다.

#### (2) 행위객체

본죄의 행위객체는 부녀이고 부녀인 이상 성년·미성년·기혼·미혼을 불문한다.[97]

97) 대법원 1992. 1. 21, 91도1402.

### (3) 구성요건적 행위

본죄의 구성요건적 행위는 매매하는 것이다. 본죄에서 매매라 함은 부녀의 신체를 유상으로 상대방에게 인도하고 상대방은 그 부녀를 자신의 실력적 지배에 두는 것을 의미한다. 물건을 대상으로 하는 민법상의 매매개념과는 다르다. 부녀의 신체에 대한 실력적 지배를 이전해야 기수가 되므로 단순한 계약의 체결은 미수에 지나지 않는다. 여기서 실력적 지배란 부녀자의 의사결정의 자유가 제한되는 상태를 말한다.[98] 따라서 계속된 협박이나 명시적 혹은 묵시적 폭행의 위협 등의 험악한 분위기로 인하여 보통의 부녀자라면 법질서에 호소하기를 단념할 정도의 상태에서 신체에 대한 인수인계가 이루어졌다면 부녀에 대한 매매가 인정된다.[99] 본죄에서의 매매는 교환을 포함하므로 대가지급여부와 상관없이 본죄는 성립한다.[100]

### 3. 주관적 구성요건

본죄의 주관적 구성요건으로 고의 이외에 추업에 사용할 목적이 요구된다. 본죄에서 추업이란 술집접대부나 매춘부 등이 종사하는 업무를 말한다. 추업에 사용할 목적으로 부녀를 매매하면 본죄는 기수에 도달한다.

## V. 국외이송목적 약취 · 유인 · 매매죄(제289조 제1항)

### 1. 의의

본죄는 국외에 이송할 목적으로 사람을 약취 · 유인 또는 매매함으로써 성립하는 범죄이다.

---

98) 박상기, 139면.
99) 대법원 1992. 1. 21, 91도1402.
100) 김일수/서보학, 150면; 박상기, 140면; 이재상, 139면; 정성근/박광민, 148면.

### 2. 구성요건

본죄의 행위객체는 사람이다. 사람인 이상 성년・미성년, 기혼・미혼, 남녀를 가리지 않는다. 여기서 약취・유인의 의미는 미성년자 약취・유인죄에서, 매매의 의미는 부녀매매죄에서 설명한 바와 같다. 국외는 대한민국 영역 외를 의미한다.[101] 외국에서 대한민국으로 또는 외국에서 외국으로 이송할 목적인 경우에는 본죄가 성립하지 않는다. 이송동기는 상관없다. 따라서 영리・간음・추업・결혼이 국외이송의 목적인 경우에는 본죄가 성립한다.

본죄의 미수범은 처벌한다(제294조).

## Ⅵ. 피약취・유인・매매자 국외이송죄(제289조 제2항)

### 1. 의의

본죄는 약취・유인 또는 매매된 자를 국외로 이송함으로써 성립하는 범죄이다.

### 2. 구성요건

본죄의 행위객체는 약취・유인・매매된 자이고 성년・미성년, 기혼・미혼, 남녀를 불문한다. 피약취・유인・매매자를 대한민국 영역 외로 이송하면 본죄는 기수가 된다. 국외이송의 목적으로 약취・유인・매매한 자를 국외에 이송하는 경우에 본죄만 성립한다는 견해,[102] 양 죄는 상상적 경합관계에 있다는 견해,[103] 양죄가 모두 성립한다는 견해[104]가 대립한다. 그러나 국외이송 약취・유인・매매죄는 피약취・유

---

101) 박상기, 141면; 배종대, 239면; 이재상, 140면; 임웅, 148면; 정성근/박광민, 149면.
102) 유기천(상), 117면.
103) 배종대, 239면; 이재상, 141면.
104) 박상기, 142면; 백형구, 306면; 임웅, 148면; 정성근/박광민, 151면.

인・매매자 국외이송죄의 사전행위에 해당하고 양 죄의 보호법익이 같으므로 본죄만 성립한다는 견해가 타당하다.

본죄의 미수범은 처벌한다(제294조).

## Ⅶ. 결혼목적 약취・유인죄(제291조)

### 1. 의의

본죄는 결혼할 목적으로 사람을 약취・유인함으로써 성립하는 범죄이다.

### 2. 객관적 구성요건

본죄의 행위객체는 사람으로서 성년・미성년, 기혼・미혼, 남자・여자를 포함한다. 이러한 목적으로 미성년자를 약취・유인한 때에는 미성년자 약취・유인죄가 아니라 본죄가 성립한다. 본죄의 구성요건적 행위는 약취・유인하는 것이다. 약취・유인의 의미는 미성년자 약취・유인죄에서 살펴본 바와 같다.

### 3. 주관적 구성요건

본죄는 고의범이면서 동시에 결혼할 목적이 있어야 하는 목적범이다. 결혼에 대해서는 사실혼과 법률혼을 포함한다는 견해,[105] 사실혼만을 의미한다는 견해,[106] 법률혼만을 의미한다는 견해[107]가 대립한다. 결혼은 사실혼뿐만 아니라 법률혼도 포함한다는 견해가 타당하다. 결혼하기 위하여 사람을 약취・유인한 자는 대체로 혼인신고를 하지 않을 것이기 때문이다. 행위자가 피인취자와 결혼할 목적이 있는 경우는

---

105) 김일수/서보학, 154면; 박상기, 143면; 배종대, 240면; 백형구, 302면; 임웅, 157면.
106) 유기천(상), 116면; 이재상, 142면.
107) 황산덕, 212면.

물론 제3자와 결혼하게 할 목적이 있는 경우에도 여기에 해당한다.[108)]

본죄는 친고죄에 속한다(제296조). 결혼목적으로 약취 · 유인된 자가 혼인한 경우에 고소기간은 혼인무효 · 취소재판이 확정된 때부터 진행된다(형사소송법 제230조 제2항). 본죄의 미수범은 처벌한다(제294조).

## Ⅷ. 피약취 · 유인 · 매매 · 국외이송자 수수 · 은닉죄(제292조 제1항, 제2항)

본죄는 추행 · 간음 · 영리목적으로 약취 · 유인된 자, 추업에 사용할 목적으로 매매된 부녀, 국외에 이송할 목적으로 약취 · 유인 · 매매된 자 또는 국외에 이송된 자를 수수 · 은닉하거나, 약취 · 유인된 미성년자 또는 결혼할 목적으로 약취 · 유인된 자를 수수 · 은닉함으로써 성립하는 범죄이다. 본죄는 친고죄이다(제296조). 본죄는 총칙상의 종범에 해당하지만 각칙에 독립된 범죄로 규정되어 있기 때문에 총칙상의 종범규정(제32조)은 여기에 적용되지 않는다.

본죄의 구성요건 행위는 수수 또는 은닉하는 것이다. 수수란 유상 또는 무상으로 피인취자를 자기의 실력적 지배하에 두는 것을 말하고, 은닉이란 피인취자의 발견을 곤란하게 하는 일체의 행위를 말한다.[109)]

## Ⅸ. 추행 · 간음 · 영리목적 피약취 · 유인 · 매매 · 국외이송자 수수 · 은닉죄(제293조 제2항)

본죄는 추행 · 간음 · 영리목적으로 약취 · 유인된 자, 추업에 사용할 목적으로 매매된 부녀, 국외에 이송할 목적으로 약취 · 유인 · 매매된 자 또는 국외에 이송된 자

108) 이재상, 142면.
109) 김일수/서보학, 153면; 박상기, 144면; 이재상, 144면.

를 수수 · 은닉하거나, 약취 · 유인된 미성년자 또는 결혼할 목적으로 약취 · 유인된 자를 추행 · 간음 · 영리목적으로 수수 · 은닉함으로써 성립하는 범죄이다. 본죄는 목적범으로서 목적으로 인하여 불법이 가중되는 가중구성요건이다. 본죄의 미수범은 처벌한다(제294조).

## X. 상습범(제283조 제3항, 제289조 제3항, 제293조 제1항)

본죄는 상습으로 추행 · 간음 · 영리목적 약취 · 유인죄(제288조 제1항), 부녀매매죄(동조 제2항), 국외이송목적 약취 · 유인 · 매매죄(제289조 제1항), 피약취 · 유인 · 매매자 국외이송죄(동조 제2항), 피약취 · 유인 · 매매 · 국외이송자 수수 · 은닉죄(제292조)를 범함으로써 성립하는 범죄이다. 상습성 때문에 책임이 가중되는 가중구성요건이다. 본죄의 미수범은 처벌한다(제294조).

## XI. 형의 감경(제295조의2)

약취와 유인의 죄(제287조 내지 제294조)를 범한 자가 약취 · 유인 · 매매 또는 이송된 자를 안전한 장소로 풀어 준 때에는 그 형을 감경할 수 있다. 기수 후에도 중지가 가능하다는 점과 자의성을 요하지 않는다는 점에서 총칙상의 중지미수(제26조)와 구별된다.

# 제5절 강간과 추행의 죄

## Ⅰ. 서설

### 1. 의의 및 보호법익

강간과 추행의 죄는 개인의 성적 자기결정의 자유를 침해하는 범죄이다. 본죄의 보호법익은 성적 자기결정의 자유이다. 성적 자기결정의 자유는 성행위를 할 적극적 자유가 아니라 원하지 않는 성행위를 하지 않을 수 있는 소극적 자유를 의미한다. 본죄는 침해범이다.

### 2. 구성요건체계

강간과 추행의 죄의 기본적 구성요건은 강제추행죄(제298조)이다.[110] 강제추행죄는 성적 자기결정의 자유를 침해하는 기본형태의 범죄이기 때문이다. 강간죄는 부녀를 강간하기 때문에 불법이 가중되는 가중구성요건이다. 이에 대하여 강간죄와 강제추행죄를 기본적 구성요건으로 보는 견해[111]도 있다. 형법이 "강간과 추행의 죄"란 표제를 사용함으로써 본장의 죄를 이원적으로 규정하고 있기 때문이라고 한다. 그러나 강간죄와 강제추행죄는 똑같이 성적 자기결정의 자유를 보호법익으로 하기 때문에 양 죄를 독립적 구성요건으로 볼 수 없다.

준강간・강제추행죄(제299조) 및 의제강간・강제추행죄(제305조)는 강간죄・강제추행죄에 준하여 처벌하고 있다. 강간죄・강제추행죄의 가중구성요건으로는 결과적 가중범인 강간・강제추행치사상죄(제301조)가 있다.

그 밖에 미성년자간음죄(제302조), 업무상 위력 등에 의한 간음죄(제303조) 및 혼인빙자간음죄(제304조)는 성적 자기결정의 자유를 보호하지만 그 객체와 행위방법

110) 이재상, 156면.
111) 김일수/서보학, 155면; 박상기, 147면.

이 다르고 별도의 부차적인 보호법익을 가지고 있으므로 독립적 구성요건이다.[112) 강간죄, 강제추행죄, 준강간・강제추행죄의 미수범은 처벌한다(제300조). 강간상해・치상죄, 강간살인・치사죄 이외에 본장의 죄는 친고죄이다(제306조).

본장의 죄는 성폭력범죄의 처벌 및 피해자보호등에 관한 법률 및 청소년성보호에 관한 법률에 의하여 가중 처벌된다.

## Ⅱ. 강간죄(제297조)

### 1. 의의

본죄는 폭행 또는 협박으로 부녀를 강간함으로써 성립하는 범죄이다. 본죄의 보호법익은 부녀의 성적 자기결정의 자유이다. 강제추행죄에 대하여 불법이 가중되는 가중구성요건이다. 가중처벌의 근거는 강간으로 인하여 성적 자기결정의 자유가 현저히 침해되었다는 데 있다.[113)]

### 2. 객관적 구성요건

#### (1) 행위주체

본죄의 행위주체는 특정되지 않는다. 남자뿐만 아니라 여자도 본죄를 범할 수 있다. 다만 간음행위는 남자에게만 가능하므로 여자는 간접정범의 형태로 또는 남자와 공동으로 본죄를 범할 수 있다. 즉 본죄는 신분범도 자수범도 아니기 때문이다.[114)] 그러므로 남자가 피해자를 강간하고 있는 동안 여자가 피해자가 반항하지 못하도록 그의 입을 손으로 틀어막고 주먹으로 얼굴을 2회 때렸다면 본죄의 공동정범이 된

---

112) 이재상, 156면.
113) 이재상, 157면.
114) 김일수/서보학, 158면; 박상기, 149면; 이재상, 157면.

다.[115)]

(2) 행위객체

본죄는 부녀를 행위객체로 한다. 부녀인 이상 성년・미성년, 기혼・미혼을 묻지 않는다. 또한 성교능력이 없는 부녀, 매춘부, 음행의 상습이 있는 부녀 또는 이전에 행위자와 성관계를 가졌던 부녀도 본죄의 객체가 될 수 있다.[116)]

자기의 아내도 본죄의 행위객체가 될 수 있는지에 대해서 긍정설과 부정설이 대립한다. 부부관계의 특수성과 본죄의 법정형을 고려할 때 본죄의 객체가 될 수 없다는 부정설이 통설[117)]과 판례[118)]의 입장이다. 이에 대하여 긍정설[119)]은 민법상의 동거의무가 폭행 또는 협박을 동반한 남편의 강간행위를 수인할 의무까지 포함하는 것은 아니므로 처도 본죄의 객체가 된다고 한다.

생각건대 아내에게도 원치 않는 성행위는 언제든지 거부할 자유가 있으므로 긍정설이 타당하다.

성전환자도 본죄의 행위객체가 될 수 있는지가 문제된다. 대법원은 성전환수술로 여자가 된 남성은 사회통념상 여성으로 볼 수 없으므로 본죄의 행위객체가 될 수 없다는 종래의 입장[120)]을 변경하여 최근 성전환자도 본죄의 객체인 부녀에 해당한다고 판시한다.[121)] 외견상 여성으로서의 체형을 갖추고 있는 자에 대한 강간도 가능하

115) 대법원 1984. 6. 12, 84도780.

116) 김일수/서보학, 158면; 이재상, 158면.

117) 김일수/서보학, 158면; 배종대, 199면; 이재상, 157면; 이정원, 201면; 임웅, 162면; 정성근/박광민, 159면.

118) 대법원 1970. 3. 10, 70도29.

119) 김성천/김형준, 221면; 박상기, 149면; 조국, 아내강간의 성부와 강간죄에서의 폭행협박의 정도에 대한 재검토, 형사정책(2001. 6.), 18면.

120) 대법원 1996. 6. 11, 96도791.

121) 대법원 2009. 9. 10, 2009도3580, "성전환자를 여성으로 인식하여 강간한 사안에서 피해자가 성장기부터 남성에 대한 불일치감과 여성으로의 성귀속감을 나타냈고, 성전환 수술로 인하여 여성으로서의 신체와 외관을 갖추었으며, 수술 이후 30여 년간 개인적·사회적으로 여성으로서의 생활을 영위해 가고 있는 점 등을 고려할 때, 사회통념상 여성으로 평가되는 성전환자로서 강간죄의 객체인 '부녀'에 해당한다."

다는 점과 사회일반인의 성전환자에 대한 평가와 태도도 상당히 변화하고 있다는 점을 고려해 볼 때 이러한 판례는 타당하다.[122]

#### (3) 구성요건적 행위

폭행 또는 협박으로 강간하는 것이다.

##### 1) 폭행 또는 협박

본죄에서의 폭행 또는 협박은 상대방의 반항을 불가능하게 하거나 현저히 곤란하게 할 정도에 이르러야 한다는 것이 통설의 입장이다.[123] 이를 최협의의 폭행・협박 개념이라고 한다. 대법원도 강간죄가 성립하려면 가해자의 폭행, 협박은 피해자의 항거를 불가능하게 하거나 현저히 곤란하게 할 정도의 것이어야 하고, 그 폭행・협박이 피해자의 항거를 불가능하게 하거나 현저히 곤란하게 할 정도의 것이었는지 여부는 그 폭행・협박의 내용과 정도는 물론, 유형력을 행사하게 된 경위, 피해자와의 관계, 성교 당시와 그 후의 정황 등 모든 사정을 종합하여 판단하여야 한다고 판시한다.[124] 여기서 폭행은 상대방의 반항을 불가능하게 하는 절대적 폭력은 물론 그 반항을 포기하게 하는 강압적 폭력도 포함한다.[125] 예를 들면 마취제나 수면제 등과 같은 약물을 사용하거나 최면술을 거는 것도 본죄의 폭행에 해당한다.[126]

##### 2) 강간행위

강간이란 폭행・협박으로 상대방의 반항을 억압하고 부녀를 간음하는 것을 말하다. 간음은 남자의 성기를 여자의 성기에 삽입하는 것을 의미한다. 따라서 구강성교

---

122) 권오걸, 171면; 김성천/김형준, 220면 이하; 김일수/서보학, 158면; 박상기, 150면; 백형구, 312면. 반대견해로는 배종대, 241면; 임웅, 163면.

123) 김일수/서보학, 159면; 박상기, 150면; 배종대, 250면; 백형구, 313면; 오영근, 194면; 이재상, 159면; 이정원, 199면; 임웅, 163면; 정성근/박광민, 160면.

124) 대법원 2004. 6. 25, 2004도2611; 2001. 2. 23, 2000도5395; 1999. 9. 21, 99도2608; 1992. 4. 14, 92도259; 1988. 11. 8, 88도1628.

125) 이재상, 159면.

126) 김일수/서보학, 159면: 이재상, 159면.

또는 항문성교와 같은 유사성행위는 간음이 아니라 추행에 해당할 뿐이다.

폭행·협박과 간음 사이에는 인과관계가 있어야 한다. 따라서 행위자는 직접 폭행 또는 협박이라는 수단을 사용하여 부녀를 간음하여야 한다. 타인이 행한 폭행·협박을 이용하여 부녀를 간음하는 경우에는 본죄가 아니라 준강간죄가 성립할 뿐이다.

### 3. 미수와 기수

본죄의 미수범은 처벌한다(제300조). 본죄의 착수시기는 강간의 고의로 부녀를 폭행하거나 협박할 때가 된다. 따라서 강간할 목적으로 피해자의 집에 침입하여 안방에 들어가 누워 자고 있는 피해자의 가슴과 엉덩이를 만지면서 간음을 기도한 사실만으로는 본죄의 수단인 폭행·협박을 개시하였다고 할 수 없다.[127)]

본죄는 남성의 성기를 여성의 성기에 삽입하는 때 기수가 된다. 성욕의 만족을 얻거나 사정할 필요는 없다.

### 4. 주관적 구성요건

본죄의 주관적 구성요건으로는 고의가 있어야 한다. 고의는 폭행·협박하여 부녀를 간음하는 것에 대한 인식과 의욕을 의미한다. 미필적 고의로도 충분하다. 폭행 또는 협박이 있기 전에 부녀가 간음에 동의한 때에는 본죄의 구성요건은 실현되지 않는다.

### 5. 죄수

본죄와 폭행죄·협박죄는 법조경합의 관계에 있으므로 본죄만 성립한다. 감금행위가 본죄의 수단이 된 때에는 감금죄는 본죄에 흡수되지 아니하고 별도의 죄를 구

---

127) 대법원 1990. 5. 25, 90도607.

성한다.[128] 본죄와 강제추행죄는 법조경합의 관계에 있다. 또 주거에 침입하여 부녀를 강간한 때에는 주거침입죄와 본죄는 경합범이 된다.[129]

## 6. 친고죄

본죄는 피해자의 고소가 있어야 공소를 제기할 수 있는 친고죄이다(제306조). 본죄의 고소가 없거나 취소된 경우에 그 수단인 폭행 또는 협박만을 분리하여 공소를 제기할 수 있는가에 대하여 판례[130]와 다수설[131]은 부정설의 입장에 있다. 이를 긍정하는 것은 피해자의 명예와 사생활을 보호하기 위하여 본죄를 친고죄로 규정한 취지에 반하므로 부정설이 타당하다.

**판례(대법원 2002. 5. 16, 2002도51)**

성폭력범죄의처벌및피해자보호등에관한법률이 시행된 이후에도 여전히 친고죄로 남아 있는 강간죄의 경우, 고소가 없거나 고소가 취소된 경우 또는 강간죄의 고소기간이 경과된 후에 고소가 있는 때에는 강간죄로 공소를 제기할 수 없음은 물론, 나아가 그 강간범행의 수단으로 또는 그에 수반하여 저질러진 폭행・협박의 점 또한 강간죄의 구성요소로서 그에 흡수되는 법조경합의 관계에 있는 만큼 이를 따로 떼어 내어 폭행죄・협박죄 또는 폭력행위등처벌에관한법률위반의 죄로 공소제기할 수 없다고 해야 마땅하고, 이는 만일 이러한 공소제기를 허용한다면, 강간죄를 친고죄로 규정한 취지에 반하기 때문이므로 결국 그와 같은 공소는 공소제기의 절차가 법률에 위반되어 무효인 경우로서 형사소송법 제327조 제2호에 따라 공소기각의 판결을 하여야 한다.

---

128) 대법원 1983. 4. 26, 83도323.
129) 대법원 1988. 12. 13, 88도1807.
130) 대법원 2002. 5. 16, 2002도51.
131) 김일수/서보학, 162면; 배종대, 254면; 백형구, 316면; 오영근, 209면; 이재상, 162면; 이정원, 203면; 임웅, 167면; 정성근/박광민, 162면.

### 7. 특수강간죄

특수강간죄는 성폭력범죄의처벌및피해자보호등에관한법률 제6조 제1항에 의하여 불법과 형이 가중되는 가중구성요건이다. 특수강간죄는 흉기 기타 위험한 물건을 휴대하거나 2인 이상이 합동하여 형법 제297조의 죄를 범함으로써 성립하는 범죄이다. 흉기 기타 위험한 물건을 휴대한다는 것의 의미는 특수폭행죄에서 설명한 바와 같다. 2인 이상이 합동하여 라 함은 시간적 · 장소적 협동을 의미한다.[132)]

**판례(대법원 2004. 8. 20, 2004도2870)**

성폭력범죄의처벌및피해자보호등에관한법률 제6조 제1항의 2인 이상이 합동하여 형법 제297조의 죄를 범함으로써 특수강간죄가 성립하기 위하여는 주관적 요건으로서의 공모와 객관적 요건으로서의 실행행위의 분담이 있어야 하고, 그 실행행위는 시간적으로나 장소적으로 협동관계에 있다고 볼 정도에 이르면 된다.

피고인 등이 비록 특정한 1명씩의 피해자만 강간하거나 강간하려고 하였다 하더라도, 사전의 모의에 따라 강간할 목적으로 심야에 인가에서 멀리 떨어져 있어 쉽게 도망할 수 없는 야산으로 피해자들을 유인한 다음 곧바로 암묵적인 합의에 따라 각자 마음에 드는 피해자들을 데리고 불과 100m 이내의 거리에 있는 곳으로 흩어져 동시 또는 순차적으로 피해자들을 각각 강간하였다면, 그 각 강간의 실행행위도 시간적으로나 장소적으로 협동관계에 있었다고 보아야 할 것이므로, 피해자 3명 모두에 대한 특수강간죄 등이 성립한다.

본죄는 친고죄에 해당하지 않는다. 본죄는 무기 또는 5년 이상의 징역으로 처벌된다(성폭력특별법 제6조 제1항).

---

132) 대법원 1998. 2. 27, 97도1757.

## Ⅲ. 강제추행죄(제298조)

### 1. 의의

본죄는 폭행 또는 협박으로 사람에 대하여 추행함으로써 성립하는 범죄이다. 그 보호법익은 강간죄와 마찬가지로 성적 자기결정의 자유이다. 본죄는 침해범이고 친고죄이며 신분범이나 자수범은 아니다.

### 2. 객관적 구성요건

폭행 또는 협박으로 사람에 대하여 추행하는 것이다.

#### (1) 행위주체

본죄의 행위주체에는 제한이 없다. 남자는 물론 여자도 포함한다. 여자도 본죄를 단독 또는 공동으로 범할 수 있다.

#### (2) 행위객체

본죄의 행위객체는 사람으로서 남자 · 여자, 성년자 · 미성년자, 기혼자 · 미혼자를 포함한다. 행위객체가 13세 미만인 경우에는 성폭력처벌특별법 제8조의2에 의하여 가중 처벌된다. 또 13세 이상 19세 미만의 청소년이 행위객체인 경우에는 청소년의성보호에관한법 제10조 제2항이 가중구성요건으로서 적용된다. 법률상의 처도 본죄의 객체가 될 수 있는가에 대하여 법률상의 처도 성적 자기결정의 자유를 누릴 권리를 가지므로 이를 긍정하여야 한다.

#### (3) 구성요건적 행위

폭행 또는 협박으로 추행하는 것이다.

1) 폭행 또는 협박

본죄의 폭행·협박의 정도에 대하여 견해가 대립하고 있다. 본죄의 폭행·협박은 강간죄의 그것과 같이 상대방의 반항을 불가능하게 하거나 현저히 곤란하게 할 정도에 이르러야 한다는 견해[133]와 강간죄와 폭행죄·협박죄의 그것의 중간정도, 즉 일반인으로 하여금 항거에 곤란을 느끼게 할 정도 또는 상대방의 의사의 임의성을 잃게 할 정도에 이르면 족하다는 견해[134]가 대립한다. 대법원은 본죄의 폭행은 반드시 상대방의 의사를 억압할 정도의 것임을 요하지 않고 상대방의 의사에 반하는 유형력의 행사가 있는 이상 그 힘의 대소강약을 불문한다고 판시한다.[135] 그러나 본죄의 폭행·협박의 정도를 강간죄의 그것과 다르게 볼 이유는 없다. 본죄의 법정형이 강간죄의 그것보다 경한 이유는 폭행·협박의 정도가 다르기 때문이 아니라 추행의 개념이 강간과는 달리 더 넓게 해석될 여지가 있고, 또 간음행위의 불법성이 추행행위의 그것보다 더 크기 때문이다.[136] 따라서 본죄의 폭행·협박도 상대방의 반항을 불가능하게 하거나 현저히 곤란하게 할 정도에 이를 것을 요한다는 견해가 타당하다. 본죄는 상대방에 대하여 폭행·협박을 가하여 항거를 곤란하게 한 뒤에 추행행위를 하는 경우뿐만 아니라 폭행행위 자체가 추행행위라고 인정되는 경우도 포함한다.[137]

2) 추행

추행이란 객관적으로 일반인에게 성적 수치심이나 혐오감을 일으키게 하고 선량한 성적 도덕관념에 반하는 행위로서 피해자의 성적 자기결정의 자유를 침해하는 것을 의미한다.[138] 성욕의 자극이나 만족이라는 주관적 요소는 필요하지 않다. 추행이 성욕을 자극하거나 만족할 의사를 요건으로 한다면 그러한 의사 없이 행해지는 행위

133) 김일수/서보학, 164면; 배종대, 259면; 백형구, 333면; 오영근, 203면; 이재상, 164면; 이정원, 205면; 정성근/박광민, 164면.
134) 박상기, 163면; 임웅, 160면.
135) 대법원 2002. 4. 26, 2001도2417.
136) 김일수/서보학, 164면; 이재상, 164면.
137) 대법원 2002. 4. 26, 2001도2417; 1994. 8. 23, 94도630; 1992. 2. 28, 91도3182.
138) 대법원 2002. 4. 26, 2001도2417; 이재상, 164면.

는 객관적으로 성적 수치심 또는 혐오감을 일으키더라도 추행으로 볼 수 없는 부당한 결과가 되기 때문이다.

추행은 성적 자기결정의 자유를 침해하는 중요한 행위이어야 한다.[139] 추행에 해당하는지 여부는 피해자의 의사 · 성별 · 연령 · 행위자와 피해자의 이전부터의 관계, 그 행위에 이르게 된 경위, 구체적 행위태양, 주위의 객관적 상황과 그 시대의 성적 도덕관념 등을 종합적으로 고려하여 신중히 결정되어야 한다.[140] 대법원은 피해자의 상의를 걷어 올려서 유방을 만지고 하의를 끄집어 내린 행위,[141] 피해자를 팔로 힘껏 껴안고 강제로 두 차례 입을 맞춘 행위,[142] 피해자를 뒤에서 껴안고 춤을 추면서 피해자의 유방을 만진 행위,[143] 직장상사가 피해자의 어깨를 주무른 행위,[144] 교통사고로 경미한 상처를 입고 입원한 여성환자의 바지와 속옷을 내리고 음부 윗부분을 진료를 가장하여 수회 누른 행위,[145] 피해자의 허리를 양손으로 잡아 올리고 발기된 성기를 피해자의 허벅지에 닿게 하고, 두 손으로 피해자의 어깨를 감싸 안고 전화기전달을 빙자하여 오른손으로 피해자의 젖가슴 밑 부분을 닿게 하는 행위,[146] 피해자를 칼로 위협하여 자신의 실력적 지배하에 둔 다음 피해자에게 자위행위 모습을 보여준 행위[147] 등은 본죄에 해당한다고 판시한다. 그 밖에 옷을 벗겨 나체가 되게 하거나 옷 위로 성기부분을 손으로 만지는 행위, 여자의 성기에 손가락을 넣은 행위, 여자의 유방을 만지는 행위, 성기에 이물질을 넣은 행위, 성기와 성기를 접촉시키는 행위 등도 여기에 속한다.[148] 이에 대하여 여자의 손을 잡는 행위, 가벼운 작별키스

139) 박상기, 162면; 이재상, 165면.
140) 대법원 2002. 4. 26, 2001도2417.
141) 대법원 1994. 8. 23, 94도630.
142) 대법원 1983. 6. 28, 83도399.
143) 대법원 2002. 4. 26, 2001도2417.
144) 대법원 2004. 4. 16, 2004도52.
145) 대법원 2005. 7. 14, 2003도7107.
146) 대법원 1998. 1. 23, 97도2506.
147) 대법원 2010. 2. 25, 2009도13716.
148) 김일수/서보학, 163면; 박상기, 161면 이하; 이재상, 164면.

나 포옹, 옷을 입고 있는 여자의 옷 위로 가슴을 만지는 행위나 어린아이의 허벅지를 만지는 행위 등은 강제추행에 해당하지 않는다.[149]

### 3. 미수와 기수

본죄의 미수범은 처벌한다(제300조). 실행의 착수시기는 추행의 고의로 폭행・협박을 가할 때이고, 추행함으로써 본죄는 기수가 된다.

### 4. 주관적 구성요건

본죄의 주관적 구성요건으로는 폭행 또는 협박으로 사람에 대하여 추행한다는 인식과 의욕을 내용으로 하는 고의가 있어야 한다. 고의에 미필적 고의도 포함된다.

### 5. 특수강제추행죄

성폭력범죄의처벌및피해자보호등에관한법률 제6조 제2항은 흉기 기타 위험한 물건을 휴대하거나 2인 이상이 합동하여 강제추행죄(형법 제298조)를 범한 때에는 가중하여 처벌하고 있다. 본죄는 강제추행죄와는 달리 친고죄가 아니다.

## Ⅳ. 준강간・준강제추행죄(제299조)

### 1. 의의

본죄는 사람의 심신상실 또는 항거불능의 상태를 이용하여 간음 또는 추행을 함으로써 성립하는 범죄이고, 친고죄이다. 본죄는 자수범에 해당하는가에 대하여 긍정설[150]과 부정설[151]이 대립하고 있다. 부정설은 A가 정신병자인 B녀를 설득해 놓은

---

149) 김일수/서보학, 162면; 박상기, 162면; 이재상, 165면.

다음 B녀가 정신질환자인 줄 모르는 C로 하여금 간음한 경우에 A를 준강간죄의 간접정범으로 처벌할 수 없게 된다는 것을 이유로 들고 있다.[152] 그러나 강간죄와 강제추행죄와는 달리 준강간·준강제추행죄를 자수범으로 볼 이유가 있는지 의문이다. 본죄는 친고죄이므로 고소가 있어야 공소를 제기할 수 있다(제306조).

## 2. 객관적 구성요건

### (1) 행위객체

본죄의 행위객체는 심신상실 또는 항거불응의 상태에 있는 자이다. 준강간죄의 행위객체는 부녀에 제한된다. 준강제추행죄의 행위객체는 사람이며 남녀를 불문한다.

본죄의 심신상실은 형법 제10조 제2항의 심신미약도 포함하는가에 대하여 긍정설[153]과 부정설[154]이 대립한다. 긍정설은 본죄의 심신상실은 사물을 변별하거나 의사를 결정할 능력이 없는 경우에 제한되지 않고 간음 또는 추행을 당함에 있어서 그 뜻을 정확히 이해하지 못하고 동의하였는지 반항하였는지 명백히 알 수 없는 상태도 포함한다고 한다. 반면 부정설은 본죄의 구성요건 상 심신상실로 한정되어 있고 심신미약에 대한 간음·추행은 형법에 별도로 규정되어 있기 때문이라고 한다. 판례는 부정설의 입장에 있는 것으로 보인다.[155] 부정설이 타당하다고 본다.

항거불능이란 심신상실 이외의 원인 때문에 심리적·육체적으로 반항이 절대적으로 불가능하거나 현저히 곤란한 경우를 말한다. 심리적 항거불능의 경우에는 의사가 자기를 신뢰한 환자를 치료를 가장하여 간음 또는 추행하는 경우가 있고, 육체적

---

150) 이재상, 166면.
151) 김일수/서보학, 166면; 박상기, 159면; 배종대, 262면; 백형구, 317면; 이정원 208면; 임웅, 173면.
152) 박상기, 158면.
153) 이재상, 167면.
154) 김일수/서보학, 167면; 박상기, 158면; 배종대, 239면; 백형구, 318면; 이정원 210면; 임웅, 174면; 정성근/박광민, 167면.
155) 대법원 2000. 5. 26, 98도3257.

항거불능의 경우는 이미 결박되어 있는 부녀를 간음 또는 추행하는 것을 포함한다.[156] 예를 들면 교회노회장이 교회여신도들을 간음·추행한 경우 교회 여신도들은 종교적 믿음에 대한 충격 등 정신적 혼란으로 인한 항거불능항태에 있었다고 본다.[157] 그러나 행위자가 간음 또는 추행할 의사로 항거불능의 상태를 야기하고 간음 또는 추행한 때에는 본죄가 아니라 강간죄·강제추행죄가 성립한다.

**판례(대법원 2000. 5. 26, 98도3257)**

형법 제299조는 사람의 심신상실 또는 항거불능의 상태를 이용하여 간음 또는 추행을 한 자를 같은 법 제297조, 제298조의 강간 또는 강제추행의 죄와 같이 처벌하도록 규정하고 있다. 이 죄가 정신적 또는 신체적 사정으로 인하여 성적인 자기방어를 할 수 없는 사람에게 성적 자기결정권을 보호해 주는 것을 보호법익으로 하고 있고, 같은 법 제302조에서 미성년자 또는 심신미약자에 대하여 위계 또는 위력으로써 간음 또는 추행을 한 자의 처벌에 관하여 따로 규정하고 있는 점 등에 비추어 보면 형법 제299조에서의 항거불능의 상태라 함은 위 제297조, 제298조와의 균형상 심신상실 이외의 원인 때문에 심리적 또는 물리적으로 반항이 절대적으로 불가능하거나 현저히 곤란한 경우를 의미한다고 보아야 할 것이다.

### (2) 구성요건적 행위

심신상실 또는 항거불능의 상태를 이용하여 간음 또는 추행하는 것이다. 간음과 추행은 강간죄와 강제추행죄의 그것과 같은 의미이다. 심신상실 또는 항거불능의 상태를 이용한다는 것은 간음 또는 추행하기 위하여 폭행이나 협박을 사용하지 않는다는 것을 의미한다.

156) 김일수/서보학, 168면; 이재상, 167면.
157) 대법원 2009. 4. 23, 2009도2001.

### 3. 주관적 구성요건

본죄의 주관적 구성요건으로 사람의 심신상태 또는 항거불능의 상태를 이용하여 간음 또는 추행한다는 사실에 대한 고의가 있어야 한다.

### 4. 특수준강간 · 준강제추행죄

성폭력처벌특별법 제6조 제3항은 흉기 기타 위험한 물건을 휴대하거나 2인 이상이 합동하여 형법 제299조의 죄를 범한 자는 준강간죄의 경우에는 무기 또는 5년 이상의 징역, 준강제추행죄는 3년 이상의 유기징역에 처한다. 본죄는 비친고죄에 속한다.

## Ⅴ. 미성년자 의제강간 · 강제추행죄(제305조)

### 1. 의의

본죄는 13세 미만의 부녀를 간음하거나 13세 미만의 사람에게 추행을 함으로써 성립하는 범죄이다. 13세 미만의 부녀 또는 사람은 동의능력이 없다고 보고 동의한 경우에도 강간죄 또는 강제추행죄로 처벌하겠다는 것이 본 규정의 취지이다.

### 2. 객관적 구성요건

본죄의 행위객체는 간음의 경우에는 13세 미만의 부녀이고, 추행의 경우에는 13세 미만의 사람으로서 여자는 물론 남자도 포함한다. 폭행 또는 협박의 수단을 사용할 필요가 없다.[158] 폭행 또는 협박으로 간음하거나 추행한다면 강간죄 또는 강제추행죄가 된다. 본죄는 피해자가 간음 또는 추행에 동의한 때에 적용되는 구성요건이라고 할 수 있다.

---

158) 대법원 1975. 5. 13, 75도856.

### 3. 주관적 구성요건

본죄의 주관적 구성요건으로는 13세 미만의 부녀를 간음하거나 13세 미만의 사람에게 추행을 한다는 사실에 대한 인식과 의욕이 있을 것을 요한다. 미필적 고의도 포함된다. 13세 미만의 부녀를 그 이상의 부녀로 착오한 때에는 구성요건착오(제15조)가 되어 고의가 조각되고, 13세 이상인 부녀를 그 이하의 부녀로 오인한 때에는 불능범으로서 본죄로 처벌되지 않는다.

### 4. 미수범

본죄의 미수범을 처벌하는 명시적 규정은 없다. 그러나 형법 제305조가 제297조와 제298조의 예에 의한다고 규정하고 있고 강간죄와 강제추행죄의 미수범이 처벌되고 있기 때문에 본죄의 미수범도 처벌된다는 것이 통설[159]과 판례[160]의 일치된 견해이다.

본죄는 친고죄이므로 피해자의 고소가 있어야 공소를 제기할 수 있다(제306조). 그러나 13세 미만의 자에게 추행을 하여 상해의 결과를 야기한 때에는 제301조의 강제추행치상죄로 처벌되므로 고소와 상관없이 공소를 제기할 수 있다.[161]

성폭력처벌특별법 제8조의2는 13세 미만의 부녀에 대한 간음은 5년 이상의 징역, 13세 미만의 자에 대한 추행은 1년 이상의 징역 또는 5백만 원 이상 2천만 원 이하의 벌금으로 가중하여 처벌한다.

159) 김일수/서보학, 170면; 배종대, 264면; 이재상, 168면; 정성근/박광민, 169면.
160) 대법원 2007. 3. 15, 2006도9453.
161) 대법원 2007. 3. 15, 2006도9453; 1990. 4. 10, 90도335.

## Ⅵ. 강간 등 상해 · 치상죄(제301조)

### 1. 의의

본죄는 강간죄, 강제추행죄, 준강간 · 강제추행죄, 미성년자의제강간 · 강제추행죄 및 그 미수범을 범하여 사람을 상해하거나 상해에 이르게 함으로써 성립하는 범죄이다. 강간 등 치상죄만이 결과적 가중범에 해당한다. 기본범죄인 강간 또는 강제추행이 미수(중지미수도 포함)에 그친 경우에도 강간치상죄 또는 강제추행치상죄가 성립한다는 것이 판례의 입장이다.[162] 본죄는 친고죄에 해당하지 않는다.

### 2. 구성요건

강간죄 등을 범하여 사람을 상해하거나 상해에 이르게 하는 것이다. 강간 등 상해죄는 행위자가 고의로 상해를 야기하는 경우에, 강간 등 치상죄는 과실로 상해를 발생시키는 경우에 성립한다. 여기서 상해의 의미는 상해죄에서 살펴본 바와 같다. 그러므로 상해라 함은 생리적 기능의 훼손, 즉 신체적 · 정신적 병적 상태를 야기하거나 증가시키는 것을 말한다. 판례에 의하여 인정된 상해는 처녀막파열,[163] 보행불능 · 수면장애 · 식욕감퇴 등의 기능장애,[164] 0.1센티미터의 회음부찰과상,[165] 10일간의 치료를 요하는 히스테리증상의 야기,[166] 전치 1주일 정도의 좌둔부찰과상,[167] 음부가 찢어진 경우,[168] 폭행으로 인하여 코피가 나고 콧등이 부어 오른 경우,[169] 반항할 때 생긴 무릎찰과상[170] 등이다.

---

162) 대법원 2003. 5. 30, 2003도1256; 1988. 11. 8, 88도1628; 1988. 8. 23, 88도1212.
163) 대법원 1957. 5. 3, 4290형상90.
164) 대법원 1969. 3. 11, 69도161.
165) 대법원 1983. 7. 12, 83도1258.
166) 대법원 1970. 2. 10, 69도2231.
167) 대법원 1984. 7. 24, 84도1209.
168) 대법원 1989. 12. 22, 89도1079.
169) 대법원 1991. 10. 22, 91도1832.

그러나 지극히 경미한 상처로서 치료를 요하지 않는 경우에는 상해가 되지 않는다. 예를 들면 강간 도중에 입으로 피해자의 어깨와 목을 빨아서 반상 출혈상을 입힌 경우,[171] 강간미수에 그친 과정에서 손바닥에 2센티미터 긁힌 상처가 생긴 경우,[172] 3 내지 4일 간의 치료를 요하는 외음부충혈,[173] 음모 일부를 면도기로 깎은 경우[174] 등은 본죄의 상해에 해당하지 않는다.

강간치상죄가 성립하기 위해서는 강간 등의 행위와 상해 사이에 인과관계와 예견가능성이 있어야 한다. 상해의 결과는 강간의 수단인 폭행에 의하여 발생하거나 간음행위에 의하여 발생하거나 강간행위와 밀접한 연관이 있는 행위에 의하여 발생하여야 한다.[175] 따라서 강간피해자가 수치심 때문에 자살을 기도하여 상해를 입은 경우,[176] 강간을 피하기 위하여 4층에서 뛰어 내려 상해를 입은 경우,[177] 피해자가 강간을 모면하기 위하여 3층에서 창문을 넘어 탈출하다가 상해를 입은 경우[178]에는 인과관계가 인정되지 않는다.

### 3. 특별형법

성폭력처벌특별법은 강간 등 상해・치상죄를 가중 처벌하고 있다(제9조). 또 특정범죄가중처벌등에관한법률도 강간 등 상해・치상죄를 특정강력범죄로 가중처벌하고 있다(제2조 제1항 제3호). 그러므로 강간죄로 상해 또는 사망의 중한 결과가 발생

---

170) 대법원 2005. 5. 26, 2005도1039.
171) 대법원 1991. 11. 8, 91도2188.
172) 대법원 1987. 10. 26, 87도1880.
173) 대법원 1989. 1. 31, 88도831.
174) 대법원 2000. 3. 23, 99도3099.
175) 배종대, 265면.
176) 대법원 1982. 11. 23, 82도1446.
177) 대법원 1993. 4. 27, 92도3229. 그러나 대법원은 피해자가 강간을 피하기 위하여 7층 객실창문을 통해 탈출하려다 추락하여 상해를 입은 경우에 상당인과관계를 인정하여 강간치상죄가 성립한다고 판시하고 있다(1995. 5. 12, 95도425).
178) 대법원 1985. 10. 8, 85도1537.

한 때에는 형법상의 강간치사상죄가 아니라 특정범죄가중처벌등에관한법률 제2조 제1항 제3호의 특정강력범죄가 성립한다.[179)]

## Ⅶ. 강간 등 살인 · 치사죄(제301조의2)

### 1. 의의

본죄는 강간죄, 강제추행죄, 준강간 · 강제추행죄, 미성년자의제강간 · 강제추행죄 및 그 미수범을 범하여 사람을 살해하거나 사망에 이르게 함으로써 성립하는 범죄이다.

### 2. 구성요건

강간죄, 강제추행죄, 준강간 · 강제추행죄, 미성년자의제강간 · 강제추행죄 및 그 미수범을 범한 자가 이러한 범죄의 객체를 살해하거나 사망에 이르게 하는 것이다. 강간 등 살인죄의 경우에는 고의로 사망의 결과를 발생시켜야 하고, 강간 등 치사죄는 사망의 결과가 과실로 발생하는 결과적 가중범이다.

### 3. 특별형법

성폭력처벌특별법 제10조는 강간 등 살인 · 치상죄를 가중처벌하고 있다. 특수강도강간 등(제5조), 특수강간 등(제6조), 친족관계에 의한 강간 등(제7조), 장애인에 대한 강간(제8조)의 죄 및 특수강도강간 등, 특수강간 등의 미수범 또는 강간죄(형법 제297조) 내지 준강간 · 강제추행죄(형법 제299조)의 죄를 범한 자 및 이의 미수범(형법 제300조)이 사람을 살해한 때에는 사형, 무기징역에 처한다(제1항). 제6조 내

179) 대법원 1996. 9. 20, 96도1893.

지 제8조 및 이의 미수범의 죄를 범한 자가 사람을 사망에 이르게 한 때에는 무기 또는 10년 이상의 징역에 처한다(제2항). 본죄의 미수범은 처벌한다(제12조).

형법상의 강간 등 살인치사죄(제301조의2)는 강간죄(제297조) 내지 준강간 · 강제추행죄(제299조)의 죄를 범한 자가 사람을 사망에 이르게 한 때 및 그 미수범이 사람을 살해하거나 사망에 이르게 한 때에만 적용된다.

## Ⅷ. 위계 · 위력에 의한 미성년자 · 심신미약자 간음 · 추행죄(제302조)

### 1. 의의

본죄는 미성년자 또는 심신미약자에 대하여 위계 또는 위력으로 간음 또는 추행함으로써 성립하는 범죄이다.

### 2. 구성요건

미성년자 또는 심신미약자에 대하여 위계 또는 위력으로 간음 또는 추행하는 것이다.

본죄의 행위객체는 미성년자 또는 심신미약자이다. 제305조가 13세 미만의 미성년자를 행위객체로 하고 있기 때문에 여기서 미성년자는 13세 이상 20세 미만의 자를 의미한다. 혼인한 미성년자는 성년으로 의제되므로 여기에서 제외된다. 심신미약자라 함은 연령과 상관없이 정신기능의 장애로 판단능력이 떨어지는 자를 말한다.

위계란 기망 또는 유혹으로 상대방을 착오에 빠지게 하여 정상적으로 판단할 수 없게 하는 것을 말한다. 위계의 경우에 미성년자의 동의 여부는 중요하지 않다. 위력이란 사람의 의사를 제압할 수 있는 힘을 말하며, 폭행 · 협박 · 지위 또는 권세 등이 여기에 해당한다. 그러나 폭행 또는 협박이 상대방의 반항을 불가능하게 할 정도의 것이면 본죄가 아니라 강간죄 또는 강제추행죄가 성립한다.[180)]

---

180) 대법원 1965. 3. 30, 65도45.

본죄의 미수범은 처벌한다(제305조). 본죄가 강간죄・강제추행죄의 예로 처벌되므로 그 미수범(제300조)도 본죄에 대하여 적용된다고 보아야 한다.

## Ⅸ. 업무상 위력 등에 의한 간음죄(제303조 제1항)

### 1. 의의

본죄는 업무・고용 기타 관계로 인하여 자기의 보호 또는 감독을 받는 부녀를 위계 또는 위력에 의하여 간음함으로써 성립하는 범죄이다. 그 보호법익은 업무・고용 기타 관계로 인하여 보호 또는 감독을 받는 부녀의 성적 자기결정의 자유이다.

### 2. 구성요건

업무・고용 기타 관계로 인하여 자기의 보호・감독을 받는 부녀에 대하여 위계 또는 위력으로 간음하는 것이다. 본죄는 진정신분범이며, 친고죄이다.

본죄의 행위객체는 업무・고용 기타 관계로 인하여 자기의 보호・감독을 받는 20세 이상의 부녀이다. 13세 이상의 미성년자인 부녀도 본죄의 객체가 된다는 견해[181]가 있으나 이 경우에는 위계・위력에 의한 미성년자 강간죄(제302조)가 된다고 해야 한다.[182] 13세 미만의 부녀인 경우에는 미성년자의제강간죄(제305조)가 된다.

업무란 사적 업무는 물론 공적 업무를 포함하며, 고용이란 사용자와 근로자의 관계를 말한다. 기타 관계에는 사실상의 보호감독을 받는 관계가 포함된다. 대법원은 처가 운영하는 미장원에 고용된 부녀는 사실상의 보호감독을 받는 상황에 있는 부녀에 해당한다고 한다.[183]

---

181) 박상기, 168면; 임웅, 174면.
182) 배종대, 270면; 백형구, 328면; 이재상, 175면.
183) 대법원 1976. 2. 10, 74도1519.

### 3. 특별형법

성폭력처벌특별법은 업무·고용 기타 관계로 인하여 자기의 보호감독을 받는 사람에 대하여 위계 또는 위력으로서 추행한 자를 2년 이하의 징역 또는 5백만 원 이하의 벌금으로 처벌한다(제15조). 본죄는 부녀가 아니라 사람을 행위객체로 한다는 점, 구성요건적 행위는 간음 이외에 추행을 포함한다는 점에서 형법상의 업무상 위력 등에 의한 간음죄와 다르다.

## X. 피구금부녀간음죄(제303조 제2항)

### 1. 의의

본죄는 법률에 의하여 구금된 부녀를 감호하는 자가 그 부녀를 간음함으로써 성립하는 범죄이다. 본죄는 친고죄이다(제306조).

### 2. 구성요건

본죄의 행위주체는 구금된 부녀를 감호하는 자이므로 진정신분범이고 자수범이다.[184] 본죄의 행위객체는 법률에 의하여 구금된 부녀이다. 법률에 의하여 구금된 부녀란 형사소송법에 의하여 구금된 부녀를 말하며, 구속된 피의자·피고인, 수형자, 노역장유치자, 보안처분집행 중인 자 등이 여기에 해당한다. 불법적으로 구금된 자는 여기에서 제외된다.

본죄는 구금된 부녀를 간음한 때에 성립한다. 폭행, 협박 또는 위력의 수단을 사용할 것을 요하지 않는다. 피해자의 동의여부는 본죄의 성립에 영향을 주지 않는다. 감호자는 구금된 부녀의 심리적 위축상태를 이용하여 간음하기 때문이다.

---

184) 박상기, 169면; 배종대, 270면.

### 3. 특별형법

성폭력처벌특별법은 피구금부녀추행죄를 3년 이하의 징역 또는 1천 5백만 원 이하의 벌금으로 처벌한다(제11조 제2항). 본죄는 친고죄이다(제15조). 본죄는 부녀만을 행위객체로 하지 않는다는 점과 간음이 아니라 추행을 구성요건적 행위로 한다는 점에서 형법상의 피구금부녀간음죄와 구별된다.

# 제3장 명예와 신용에 대한 죄

## 제1절 명예에 대한 죄

### Ⅰ. 서설

#### 1. 의의

명예에 대한 죄란 공연히 사실을 적시하여 사람의 명예를 훼손하거나 사람을 모욕함으로써 성립하는 범죄를 말한다. 본죄는 사람의 인격적 가치를 침해하는 범죄로서 명예를 보호법익으로 한다. 명예란 사람이 사회적 관계에서 상호 간에 존중받아야 할 인격적 가치를 말한다.

#### 2. 명예의 개념

명예는 내적 명예, 외적 명예 및 명예감정으로 나누어진다.

내적 명예란 사람의 내부적 인격가치 그 자체를 말한다.[1] 사람이라면 누구나 당연히 가지는 이러한 인격가치는 자기 또는 타인의 평가와 상관없이 인간의 인격에 존재하는 절대적 가치이므로 타인에 의하여 훼손될 수 있는 것도 아니다. 유아, 정신병자, 범죄자를 비롯한 모든 사람은 내적 명예의 주체라고 할 수 있다. 내적 명예는 침해될 성질이 아니므로 보호법익이 될 수 없다.

외적 명예란 사람의 인격적 가치 또는 사회적 행위에 대한 사회적 평가를 말한다.[2]

---

1) 배종대, 273면.
2) 배종대, 274면; 이재상, 180면.

사회생활에서 이러한 인격적 가치에 대한 사회적 평가를 저하시키는 행위가 명예훼손죄가 된다. 따라서 외적 명예가 명예훼손죄의 보호법익이 된다.[3)]

명예감정이란 자신의 인격적 가치에 대한 자신의 주관적 평가를 말한다.[4)] 명예감정은 사람마다 다를 뿐만 아니라 명예감정을 갖지 못하는 유아, 정신병자 또는 법인 등은 보호될 수 없기 때문에 명예감정이 명예훼손죄의 보호법익이 되는 것은 불가능하다.

### 3. 보호법익

명예훼손죄뿐만 아니라 모욕죄도 외적 명예를 보호법익으로 한다는 것이 통설[5)]과 판례[6)]의 입장이다. 그 이유로 명예훼손죄와 마찬가지로 모욕죄가 공연성을 구성요건으로 하고 있는 것은 모욕행위로 인하여 외적 명예가 침해되는 것을 방지해야 한다는 점 및 명예감정이 없는 유아, 정신병자 또는 법인에 대한 모욕도 처벌할 필요가 있다는 점을 들 수 있다. 통설이 타당하다고 생각한다.

**판례(대법원 1987. 5. 12, 87도739)**

명예훼손죄와 모욕죄의 보호법익은 다 같이 사람의 가치에 대한 사회적 평가인 이른바 외부적 명예인 점에서는 차이가 없다. 그러나 명예훼손은 사람의 사회적 평가를 저하시킬만한 구체적 사실의 적시를 하여 명예를 침해함을 요하는 것으로서 구체적 사실이 아닌 단순한 추상적 판단이나 경멸적인 감정의 표현으로서 사회적 가치를 저하시키는 모욕죄와 다르다.

---

3) 대법원 1970. 5. 26, 70도704.
4) 이재상, 180면.
5) 박상기, 178면; 배종대, 274면; 이재상, 181면; 임웅, 192면.
6) 대법원 1987. 5. 12, 87도739; 1985. 10. 22, 85도1629.

## 4. 명예의 주체

### (1) 자연인

명예의 주체는 자연인이다. 그러므로 자연인인 유아 또는 정신병자도 명예의 주체가 된다. 자연인이면 누구나 법익의 주체가 되기 때문이다.

형법 제308조는 사자의 명예훼손죄를 규정하고 있기 때문에 사자도 명예의 주체가 될 수 있는가가 논란이 되고 있다. 긍정설은 사람은 사망하더라도 그의 인격적 가치는 남는 것이기 때문에 역사적 가치로서의 사자의 명예를 보호할 필요가 있다고 한다.[7] 반면 부정설은 사망한 사람은 직접 형법의 보호대상이 될 수 없기 때문에 명예의 주체가 될 수 없다고 한다.[8] 그러므로 사자의 명예훼손죄는 사자의 명예가 아니라 유족의 명예 또는 유족이 사자에 대하여 가지는 존경의 감정을 보호법익으로 하고 있다고 한다. 부정설에 의하면 유족이 없는 경우에는 본죄가 성립할 수 없고, 유족이 있는 경우에는 사자의 명예훼손죄를 별도로 규정할 필요가 없게 된다.

생각건대 형법에 사자의 명예훼손죄가 규정되어 있는 한 긍정설이 타당하다고 볼 수밖에 없다. 그러나 사자는 더 이상 사람이 아니므로 명예의 주체가 될 수 없다. 따라서 사자의 명예훼손죄는 폐지되는 것이 바람직하다.

### (2) 법인 기타의 단체

법인도 명예의 주체가 된다는 데에 이견은 없다. 판례도 마찬가지이다.[9] 법인격이 없는 단체도 법이 인정한 사회적 기능을 담당하고 통일된 의사를 형성할 수 있으므로 명예의 주체가 된다. 공법상의 단체이든 사법상의 단체이든 불문한다. 정당, 노동조합, 학회, 병원, 종교단체, 기타 상법상의 회사도 명예의 주체가 될 수 있다. 그러나 사교단체, 친목단체 또는 가족은 통일된 의사를 형성하여 대외적으로 활동하는 단체

---

7) 김성천/김형준, 283면; 김일수/서보학, 187면; 백형구, 353면; 이재상, 182면; 정성근/박광민, 184면.
8) 박상기, 178면; 배종대, 277면; 이정원, 208면.
9) 대법원 2004. 11. 12, 2003다69942; 1960. 11. 26, 4294형상244.

가 아니므로 여기에서 제외된다.

#### (3) 집단명칭에 의한 명예훼손

명예의 주체에 속하지 않는 단체의 구성원도 집단의 명칭으로 명예훼손죄의 피해자가 될 수 있다. 그러기 위해서는 다음과 요건이 구비되어야 한다. ① 집단명칭이 일반인과 구별될 수 있을 정도로 시간적・장소적으로 특정되어야 한다.[10)] 예를 들면 A 경찰서, A 세무서, A 대학교 B학과 교수와 같은 표현이 여기에 해당한다. 그러나 단순히 교수, 경찰관, 검사, 정치인과 같은 명칭만으로는 명예훼손죄가 성립할 수 없다. ② 집단의 구성원을 모두 지칭하여야 한다. ③ 집단의 구성원 1인 또는 수인을 지칭한 것이 구성원 모두의 명예를 훼손하여야 한다. 예를 들면 "모 경찰서소속 경찰관의 일부는 부패했다"라는 식으로 표현하는 때에는 명예훼손죄가 성립할 수 있다.

### 5. 구성요건체계

명예에 대한 죄의 기본적 구성요건은 명예훼손죄(제307조 제1항)와 모욕죄(제311조)이다. 가중구성요건으로는 허위사실에 의한 명예훼손죄(제307조 제2항), 출판물에 의한 명예훼손죄(제309조), 감경구성요건으로는 사자의 명예훼손죄(제308조)가 있다. 형법은 제310조에 제307조에 대한 독자적인 위법성조각사유를 두고 있다. 사자의 명예훼손죄와 모욕죄는 친고죄이고, 명예훼손죄와 출판물에 의한 명예훼손죄는 반의사불벌죄에 속한다.

---

10) 대법원 2000. 10. 10, 99도5407.

## Ⅱ. 명예훼손죄(제307조)

### 1. 의의

본죄는 공연히 사실을 적시하거나 허위의 사실을 적시하여 사람의 명예를 훼손함으로써 성립하는 범죄이고, 반의사불벌죄이다(제312조 제2항).

### 2. 객관적 구성요건

공연히 사실을 적시하거나 허위의 사실을 적시하여 사람의 명예를 훼손하는 것이다.

#### (1) 행위객체

본죄의 행위객체는 타인이다. 자연인, 법인 및 법인격이 없는 단체도 포함된다.

#### (2) 공연성

공연성이란 불특정 또는 다수인이 인식할 수 있는 상태를 말한다.[11] 불특정이란 행위 시에 상대방이 구체적으로 특정되어 있지 않다는 것이 아니라 공개된 장소에서의 통행인과 같이 상대방이 특수한 관계에 의하여 한정된 범위에 속하는 사람이 아니라는 것을 의미한다.[12] 다수인이란 단순히 2인 이상의 사람을 말하는 것이 아니라 개인의 명예가 사회적으로 훼손되었다고 평가될 수 있을 정도로 상당한 다수의 사람을 말한다.[13] 불특정인의 경우에는 수의 다소는 문제되지 않으며, 다수인의 경우에는 특정된 다수인도 포함된다.[14] 본죄는 추상적 위험범이므로 불특정 또는 다수인이 구체적으로 인식할 것이 아니라 인식할 수 상태에 이르면 공연성은 인정된다. 인식

---

11) 김일수/서보학, 187면; 박상기, 180면; 배종대, 281면; 백형구, 346면; 오영근, 243면; 이재상, 184면; 이정원, 231면; 임웅, 193면; 정성근/박광민, 184면.

12) 이재상, 184면.

13) 김일수/서보학, 188면.

14) 대법원 1981. 8. 25, 81도149.

할 수 있는 상태의 의미에 대하여 대법원은 "비록 개별적으로 한 사람에 대하여 사실을 유포하였다 하더라도 그로부터 불특정 또는 다수인에게 전파될 가능성이 있다면 공연성의 요건을 충족하므로 개인 블로그의 비공개 대화방에서 일대일 대화로 대화를 나눈 경우에도 전파가능성이 있다"고 판시한다.[15]

전파가능성이 없어 공연성을 부정한 판례로는 피해자의 친척 한 사람에게 피해자의 불륜사실을 허위로 말한 경우,[16] 피해자의 남편과 단 둘이 있는 장소에서 피해자의 비리를 지적한 경우,[17] 피고인이 타인들에게 알려지는 것을 감추려고 하면서 피해자와 집안간인 사람들 앞에서 사실을 적시한 경우, 피해자가 근무하는 학교법인이 사장 앞으로 명예를 훼손하는 내용의 진정서를 제출한 경우,[18] 이혼소송 계속 중인 처가 남편의 친구에게 서신과 함께 남편의 명예를 훼손하는 문구가 기재된 서신을 동봉한 경우,[19] 기자를 통하여 사실을 적시하는 때에는 기사화되어 보도되어야 적시사실이 외부에 공표된다고 보아야 할 것이므로 기자가 취재한 상태에서 아직 기사화하여 보도하지 아니한 경우[20]가 있다.

(3) 사실의 적시

사실 또는 허위의 사실을 적시하여야 한다. 여기서 사실이란 현실적으로 발생하고 증명할 수 있는 과거와 현재의 상태를 말한다. 다만 장래 사실의 적시는 의견표현에 불과하지만, 과거 또는 현재의 사실에 기초하거나 이에 대한 주장을 포함하면 사실이 될 수 있다.[21] 사실은 증거에 의해 증명할 수 있다는 점에서 의견표현인 가치판단과 구별된다. 사회의 일부에 잘 알려진 공지의 사실을 적시하는 때에도 명예훼손죄

---

15) 대법원 2008. 2. 14, 2007도8155; 1985. 12. 10, 84도2380.
16) 대법원 1981. 10. 27, 81도1023.
17) 대법원 1989. 7. 11, 89도886; 1985. 11. 26, 85도2037; 1984. 4. 10, 84도49.
18) 대법원 1984. 2. 28, 83도891.
19) 대법원 2000. 2. 11, 99도4579.
20) 대법원 2000. 5. 16, 99도5622.
21) 대법원 2003. 5. 13, 2002도7420.

가 성립한다.

**판례(대법원 2003. 5. 13, 2002도7420)**

[1] 명예훼손죄가 성립하기 위하여는 사실의 적시가 있어야 하는데, 여기에서 적시의 대상이 되는 사실이란 현실적으로 발생하고 증명할 수 있는 과거 또는 현재의 사실을 말하며, 장래의 일을 적시하더라도 그것이 과거 또는 현재의 사실을 기초로 하거나 이에 대한 주장을 포함하는 경우에는 명예훼손죄가 성립한다고 할 것이고, 장래의 일을 적시하는 것이 과거 또는 현재의 사실을 기초로 하거나 이에 대한 주장을 포함하는지 여부는 그 적시된 표현 자체는 물론 전체적인 취지나 내용, 적시에 이르게 된 경위 및 전후 상황, 기타 제반 사정을 종합적으로 참작하여 판단하여야 한다.

[2] 피고인이 경찰관을 상대로 진정한 사건이 혐의 인정되지 않아 내사종결 처리되었음에도 불구하고 공연히 "사건을 조사한 경찰관이 내일부로 검찰청에서 구속영장이 떨어진다"고 말한 것은 현재의 사실을 기초로 하거나 이에 대한 주장을 포함하여 장래의 일을 적시한 것으로 볼 수 있어 명예훼손죄에 있어서의 사실의 적시에 해당한다.

적시란 사람의 명예를 훼손할 수 있는 내용의 사실을 지적하는 것을 말한다. 사실은 사람의 명예를 훼손하는 데 적합하여야 한다. 적시의 방법에는 제한이 없다. 언어, 문서, 사진, 도화 등에 의한 적시도 가능하다. 다만 비방할 목적으로 출판물에 의하여 사실을 적시하는 것은 본죄가 아니라 출판물명예훼손죄(제309조)가 된다.

사실의 적시는 상대방의 사회적 가치나 평가를 저하시킬 수 있을 정도로 구체적인 것이어야 한다. 그러므로 "개 같은 잡년, 자식도 못 낳는 창녀 같은 년"이라고 큰소리친 경우와 같은 단순히 추상적인 판단이나 경멸적인 감정을 표현한 경우에는 본죄가 성립하지 않는다.[22] 또 사실의 적시는 피해자가 특정되어야 한다는 것을 의미한다. 그 이름을 명시할 필요는 없고 특정인이 누구인지를 알 수 있는 것으로 족하다. 또 사

22) 대법원 1985. 10. 22, 85도1629. 또 대법원은 "애꾸눈, 병신"이라는 욕설(1994. 10. 25, 94도1770), "아무것도 아닌 똥꼬다리 같은 놈이 들어와서 잘 운영되어가고 있는 어촌계를 파괴하려 한다"는 말은(1989. 3. 14, 88도1397) 사실의 적시가 아니라고 판시한다.

실을 직접적으로 표현한 경우에 한정될 것은 아니고, 간접적이고 우회적인 표현에 의하더라도 그 표현의 전 취지에 비추어 그와 같은 사실의 존재를 암시하고, 또 이로써 특정인의 사회적 가치 내지 평가가 침해될 가능성이 있을 정도의 구체성이 있으면 족한 것이다.[23] 그러나 질문에 대한 단순한 확인대답은 사실의 적시가 아니다.[24]

### 3. 주관적 구성요건

본죄의 주관적 구성요건으로는 공연히 사실을 적시하여 타인의 명예를 훼손한다는 고의가 있어야 한다. 미필적 고의로도 족하다. 명예훼손의 동기나 비방의 목적은 불필요하다.

### 4. 기수시기

본죄는 공연히 명예를 훼손할 수 있는 사실을 적시한 때에 기수가 된다. 본죄는 추상적 위험범이므로 명예가 침해될 것을 요하지 않는다. 불특정 또는 다수인이 적시된 사실을 인식할 수 있는 상태에 이르면 본죄는 성립한다.

### 5. 위법성

본죄에는 일반적 위법성조각사유와 제310조의 위법성조각사유가 적용된다. 전자에는 정당행위 또는 피해자의 승낙이 있고, 후자는 제310조를 의미한다.

#### (1) 정당행위

형사재판에서 피고인과 변호인의 방어권행사, 검사의 기소요지의 진술, 증인의 증언 및 교사의 징계행위는 법령에 의한 행위로서 위법성이 조각된다. 그러나 정당행

23) 대법원 1991. 5. 14, 91도420; 2009. 2. 26, 2008다77771.
24) 대법원 1983. 8. 23, 83도1017.

위가 사회상규에 위배되는 때에는 본죄는 위법성이 조각되지 않는다.

### (2) 형법 제310조의 위법성조각사유

1) 의의

제307조 제1항의 행위가 진실한 사실로서 오로지 공공의 이익에 관한 때에는 처벌하지 아니한다(제310조). 형법 제310조는 헌법 제21조 제4항에 의한 개인의 명예의 보호와 헌법 제21조 제1항에 의한 정당한 표현의 자유의 보장이라는 상충되는 두 법익의 조화를 위한 것이다.[25] 즉 진실한 사실의 적시가 객관적으로 공공의 이익을 위한 것이라면 비록 개인의 명예가 훼손될지라도 명예훼손죄의 위법성이 조각된다는 것이 본 규정의 취지이다.

2) 성립요건

형법 제310조가 적용되기 위해서는 제307조 제1항의 행위가 진실한 사실로서 오로지 공공의 이익에 관한 것이어야 한다.

진실한 사실이란 그 내용 전체의 취지를 살펴볼 때 중요한 부분이 객관적 사실과 합치되는 사실을 의미하므로 일부 자세한 부분이 진실과 약간 차이가 나거나 다소 과장된 표현이 있다고 하더라도 무방하다.[26]

공공의 이익이란 국가·사회 기타 일반 다수인의 이익에 관한 것뿐 아니라 특정한 사회집단이나 그 구성원의 관심과 이익에 관한 것도 포함한다.[27] 적시된 사실이 공공의 이익을 위한 것인지 여부는 적시된 사실의 구체적 내용, 사실의 공표가 이루어진 상대방의 범위, 그 표현의 방법 등에 관한 제반적 사정을 감안함과 동시에, 그 표현에 의하여 훼손되거나 훼손될 수 있는 명예의 성격과 침해의 정도 등을 고려하여 객관적으로 판단하여야 한다.[28] 개인의 사적 신상에 관한 사실도 그의 사회적 활동

25) 대법원 1993. 6. 22, 92도3160.
26) 대법원 2002. 9. 24, 2002도3570.
27) 대법원 2002. 9. 24, 2002도3570.
28) 대법원 2005. 4. 29, 2003도2137; 2003. 11. 13, 2003도3606.

에 대한 비판 또는 평가의 한 자료가 될 수 있는 것이므로 공공의 이익이 될 수 있다.[29)]

사실적시의 주요한 목적이나 동기는 공공의 이익을 위한 것이어야 한다. 그러나 이러한 목적을 유일한 동기로 할 필요는 없다. 행위자의 주요한 동기 또는 목적이 공공의 이익을 위한 것인 이상 부수적으로 다른 개인적 목적이나 동기가 내포되어 있더라도 무방하다.[30)] 적시한 사실이 공공의 이익에 관한 것인 경우에는 특별한 사정이 없는 한 제309조 제1항의 비방할 목적은 부인된다.[31)]

제310조는 진실한 사실을 공공의 이익을 위하여 적시하는 경우에만 적용되므로 허위의 사실을 적시하는 제307조 제2항이나 비방할 목적이 있어야 성립하는 제309조 제1항에는 그 적용이 배제된다.

3) 효과

제310조의 실체법적 효과는 명예훼손죄의 위법성을 조각하는 것이다. 즉 본 규정은 명예훼손죄에만 적용되는 특별한 위법성조각사유이다.

소송법적으로 볼 때 본 규정은 사실의 진실성과 공익관련성에 대한 거증책임을 행위자에게 지우는 거증책임의 전환에 관한 규정이라는 견해가 있다. 판례도 같은 입장에 있다.[32)] 그러나 제310조는 위법성조각사유에 관한 규정이고 위법성조각사유의 부존재에 대한 거증책임은 검사에게 있다.[33)] 따라서 적시된 사실의 진실성과 적시행위의 공공성이 없다는 것은 검사가 증명해야 한다.

---

29) 대법원 1996. 4. 12, 94도3309.

30) 대법원 2005. 4. 29, 2003도2137; 2003. 11. 13, 2003도3606; 1998. 10. 9, 97도158.

31) 대법원 2005. 4. 29, 2003도2137.

32) 대법원 2004. 5. 28, 2004도1497.

33) 권오걸, 251면; 김성천/김형준, 221면; 김일수/서보학, 196면; 박상기, 187면; 배종대, 293면; 백형구, 361면; 이재상, 195면; 오영근, 248면; 이정원, 243면; 임웅, 188면; 정성근/박광민, 190면.

#### 4) 착오

허위의 사실을 진실한 사실로 오인하여 적시함으로써 타인의 명예를 훼손한 경우에 형법 제15조 제1항에 의해 중한 범죄인 제307조 제2항을 실현하는 것이 아니라 제307조 제1항이 적용된다.[34] 반대로 진실한 사실을 허위의 사실로 오인하여 적시한 때에는 허위의 사실에 대한 고의는 진실한 사실에 대한 고의를 포함하므로 제307조 제1항이 적용된다고 해야 한다. 대법원은 적시된 사실이 진실한 것이라는 증명이 없다 하더라도 행위자가 그 사실을 진실한 것으로 믿었고 그렇게 믿을 만한 상당한 이유가 있는 경우에는 위법성이 없다고 판시한다.[35] 그러나 이 경우는 고의가 조각되는 사실의 착오(제15조 제1항)에 해당하므로 상당한 이유가 있는지 여부를 검토할 필요가 없다.

공공의 이익에 대한 착오는 위법성조각사유의 전제사실에 대한 착오에 해당한다. 따라서 이러한 착오문제의 해결방법으로는 엄격책임설, 제한책임설의 구성요건착오 유추적용설 또는 제한책임설의 법효과 책임설 등이 있다.

## Ⅲ. 사자명예훼손죄(제308조)

### 1. 의의

본죄는 공연히 허위의 사실을 적시하여 사자의 명예를 훼손함으로써 성립하는 범죄이다. 이는 사람이 아닌 죽은 자를 행위객체로 하는 예외적인 처벌규정이다. 따라서 본죄는 허위의 사실을 적시한 때에만 성립한다.

---

34) 대법원 1994. 10. 28, 94도2186.
35) 대법원 1996. 8. 23, 94도3191; 1988. 10. 11, 85다카29.

### 2. 구성요건

허위의 사실을 적시하여 사자의 명예를 훼손하는 것이다. 본죄의 행위객체는 사자이다. 본죄의 보호법익은 사자에 대한 사회적·역사적 평가이다.[36)]

본죄의 주관적 구성요건으로는 허위의 사실을 적시한다는 확실한 고의가 있어야 한다. 따라서 미필적 고의로는 족하지 않다. 살아 있는 사람을 사자로 오인하고 허위의 사실을 적시한 경우에는 제307조 제2항이 아니라 제15조 제1항에 따라 본죄가 성립한다. 사자를 사람으로 오인하고 허위의 사실을 적시한 경우에도 본죄가 된다.

본죄는 친고죄이다. 고소권자는 사자의 친족 또는 자손이다(형사소송법 제227조). 고소권자가 없을 경우에는 이해관계인의 신청에 의하여 검사가 10일 이내에 고소권자를 지정해야 한다(형사소송법 제228조).

## Ⅳ. 출판물 등에 의한 명예훼손죄(제309조)

### 1. 의의

본죄는 비방의 목적으로 신문·잡지 또는 라디오 기타 출판물에 의하여 사실을 적시하거나 허위의 사실을 적시하여 사람의 명예를 훼손함으로써 성립하는 범죄이다. 비방의 목적과 출판물의 높은 전파성, 신뢰성 및 장기간의 보존가능성 때문에 피해자에 대한 법익침해의 정도가 크다는 점에서 불법과 형이 가중되는 구성요건이다. 본죄는 반의사불벌죄이다(제312조 제2항).

36) 대법원 1983. 10. 25, 83도1520.

## 2. 객관적 구성요건

출판물이란 신문, 잡지, 학술지, 간행물 등과 같이 인쇄한 물건을 말한다. 따라서 모조지 위에 사인펜으로 기재한 광고문,[37] 장수가 2장에 불과하고 제본방법도 조잡한 최고서 사본,[38] 가로 25센티미터, 세로 35센티미터 정도 되는 일정한 제호가 표시되었다고 볼 수 없는 낱장의 종이에 단편적인 피고인의 주장을 광고하는 문안이 인쇄되어 있는 인쇄물,[39] 컴퓨터 워드프로세서로 작성되어 프린트된 A4용지 7쪽 분량의 인쇄물[40]은 출판물에 해당하지 않는다.

## 3. 주관적 구성요건

본죄의 주관적 구성요건으로는 고의 이외에 비방의 목적이 있어야 한다. "사람을 비방할 목적"이란 가해의 의사 내지 목적을 말하며, 비방할 목적이 있는지 여부는 당해 적시 사실의 내용과 성질, 당해 사실의 공표가 이루어진 상대방의 범위, 그 표현의 방법 등 그 표현 자체에 관한 제반 사정을 감안함과 동시에 그 표현에 의하여 훼손하거나 훼손될 수 있는 명예의 침해 정도 등을 비교・고려하여 결정하여야 한다.[41] 적시한 사실이 공공의 이익에 관한 것인 때에는 특별한 사정이 없는 한 비방의 목적은 부인된다.[42]

본죄는 간접정범에 의하여 범하여 질 수 있는데, 예를 들면 타인을 비방할 목적으로 허위의 기사 재료를 그 정을 모르는 기자에게 제공하여 신문 등에 보도되게 한 경우가 그것이다.[43]

---

37) 대법원 1986. 3. 25, 85도1143.
38) 대법원 1997. 8. 26, 97도133.
39) 대법원 1998. 10. 9, 97도158.
40) 대법원 2002. 2. 11, 99도3048.
41) 대법원 2002. 8. 23, 2000도329.
42) 대법원 2000. 2. 25, 98도2188.
43) 대법원 2009. 11. 12, 2009도8949; 2002. 6. 28, 2000도3045.

## V. 모욕죄(제311조)

### 1. 의의

본죄는 공연히 사람을 모욕함으로써 성립하는 범죄이다. 명예훼손죄와 마찬가지로 본죄도 외적 명예를 보호법익으로 한다. 본죄는 모욕으로 사람의 명예를 훼손한다는 점에서 명예훼손죄와 구별된다. 본죄는 친고죄이다(제312조 제1항).

### 2. 객관적 구성요건

공연히 사람을 모욕하는 것이다. 본죄의 행위객체는 사람이다. 자연인, 법인, 법인격이 없는 단체도 여기에 포함된다. 죽은 자는 모욕죄의 대상이 될 수 없다.

모욕이란 사실을 적시하지 아니하고 사람의 사회적 평가를 저하시킬 만한 추상적 판단이나 경멸적 감정을 표현하는 것을 말한다.[44] 모욕의 수단이나 방법에는 제한이 없다. 언어 · 거동 · 문서 · 그림 등에 의한 모욕도 가능하다. 얼굴에 침을 뱉는 행위, 빰을 때리는 행위, 머리가 돌았다고 표시하는 행위는 거동에 의한 모욕에 해당한다. 농담, 불친절 또는 무례 등은 모욕으로 볼 수 없다.[45]

대법원은 "아무것도 아닌 똥꼬다리 같은 놈",[46] "늙은 화냥년의 간나",[47] "야 이 개 같은 잡년, 자식도 못 낳는 창녀 같은 년",[48] "빨갱이 계집년, 만신(무당), 첩년"[49]을 모욕죄에 해당한다고 판시한다. 그러나 "부모가 그런 식이니 자식이 그런 것이다"와 같은 표현은 모욕죄가 되지 않는다.[50]

---

44) 대법원 2003. 11. 28, 2003도3972.
45) 박상기, 197면; 이재상, 199면.
46) 대법원 1989. 3. 14, 88도1397.
47) 대법원 1987. 5. 12, 87도739.
48) 대법원 1985. 10. 22, 85도1629.
49) 대법원 1981. 11. 24, 81도2280.
50) 대법원 2007. 2. 22, 2006도8915.

### 3. 주관적 구성요건

본죄의 주관적 구성요건으로는 공연히 사람을 모욕한다는 인식이 있어야 한다. 미필적 고의로도 족하다.

### 4. 위법성

본죄의 위법성은 총칙상의 일반적 위법성조각사유에 의하여 조각될 수 있다. 형법 제310조는 본죄에 적용되지 않는다.[51] 대법원도 같은 입장이다.[52] 정치, 학문, 예술 분야에서의 비판이나 논평은 어느 정도 경멸적 판단을 포함하는 것이 일반적이며 그것이 공익성을 가질 때에는 제310조에 의하여 위법성이 조각된다는 견해[53]가 있으나 형법은 제310조를 제307조 제1항의 위법성조각사유로 규정하고 있으므로 이 경우는 사회상규에 반하지 않는 행위로서 위법성이 조각된다는 견해[54]가 타당하다.

### 5. 죄수

명예훼손의 행위로 사람을 모욕하는 경우에는 양 죄는 법조경합의 관계로서 명예훼손죄만이 성립한다. 한 개의 모욕행위로 수인의 명예를 훼손하는 경우에는 상상적 경합이 된다.

외국의 원수 또는 외교사절에 대한 모욕은 형법 제107조 제2항 또는 제108조 제2항에 별도로 규정되어 있으므로 본죄는 적용되지 않는다.

---

51) 김일수/서보학, 205면; 박상기, 197면; 배종대, 300면; 이재상, 200면; 임웅, 191면.
52) 대법원 1959. 12. 23, 4291형상539.
53) 이재상, 200면.
54) 김일수/서보학, 205면; 배종대, 300면; 백형구, 360면; 오영근, 271면; 임웅, 213면.

# 제2절 신용·업무와 경매에 관한 죄

## Ⅰ. 서설

신용·업무와 경매에 관한 죄란 사람의 신용을 훼손하거나 업무를 방해하거나 경매·입찰의 공정성을 침해함으로써 성립하는 범죄를 말한다. 형법은 제34장에 신용훼손죄(제313조), 업무방해죄(제314조) 및 경매·입찰방해죄(제315조)를 규정하고 있다.

본죄의 본질에 대하여 통설은 자유에 대한 죄인 동시에 재산죄의 성질을 함께 가진 죄라고 해석한다.[55] 그 이유로는 신용의 훼손이 재산권침해를 의미하는 것은 아니고, 업무방해죄에 있어서의 업무도 반드시 경제적인 업무에 국한되지 않고 사회적 활동으로서의 업무도 포함되며, 경매·입찰방해죄가 재산죄로서의 성질을 가지는 것은 사실이지만 동시에 경매와 입찰이 공정한 자유경쟁 하에서 행하여지는데 부당한 영향을 주는 것을 방지하는 데 본질이 있다는 점을 들고 있다.

생각건대 신용훼손죄·업무방해죄 및 경매·입찰방해죄는 개인의 경제활동의 안전과 자유를 보호하는 범죄이지만 업무방해죄와 경매·입찰방해죄는 재산죄의 성격을 지니고 있으므로 본죄는 자유에 대한 죄인 동시에 재산죄라고 해석하는 견해가 타당하다.

## Ⅱ. 신용훼손죄(제313조)

### 1. 의의

본죄는 허위의 사실을 유포하거나 기타 위계로서 사람의 신용을 훼손함으로써 성립하는 범죄이다. 명예훼손죄가 사람의 인격적 가치에 대한 사회적 평가를 침해하는

55) 김일수/서보학, 205면 이하; 박상기, 201면; 배종대, 302면; 오영근, 272면; 이재상, 202면; 이정원, 241면; 임웅, 214면; 정성근/박광민, 199면.

범죄인 반면, 신용훼손죄는 사람의 경제적 가치에 대한 사회적 평가를 침해하는 범죄이다. 사람의 인격적 가치와 경제적 가치는 반드시 일치하지 않으므로 형법은 양죄를 독립적으로 규정한 것이다.

본죄는 신용을 보호법익으로 한다. 신용이란 사람의 경제적 가치에 대한 사회적 평가, 즉 지불능력 또는 지불의사에 대한 사회적 신뢰를 말한다.[56] 신용의 주체는 자연인은 물론 법인 및 법인격이 없는 단체를 포함한다.

### 2. 객관적 구성요건

허위의 사실을 유포하거나 기타 위계로써 신용을 훼손하는 것이다.

#### (1) 행위방법

허위사실의 유포란 객관적 사실과 다른 과거 또는 현재의 사실을 불특정 또는 다수인에게 전파하는 것을 말하며 미래의 사실일지라도 증거에 의하여 신용훼손의 입증이 가능할 때에는 여기의 사실에 포함된다.[57] 단순한 의견이나 가치판단을 표시하는 것은 여기에 해당하지 않는다. 사실의 전부가 허위이든 그 일부가 허위이든 묻지 않으며 허위의 사실을 날조한 것이든 타인으로부터 전해들은 것이든 상관없다.[58] 유포의 방법에는 제한이 없으므로 언어는 물론 문서로도 유포할 수 있다. 명예훼손죄와는 달리 공연성은 본죄의 성립요건이 아니다. 따라서 특정인에게 말하는 것도 본죄에 해당한다.

위계란 행위자의 행위목적을 달성하기 위하여 상대방에게 오인·착각 또는 부지를 일으키게 하여 이를 이용하는 것을 말하며 기망과 유혹을 포함한다. 피해자에 관한 허위내용을 기재한 편지를 은행에 송부한 행위는 은행의 오인 또는 착각 등을 일

---

56) 이재상, 203면.
57) 대법원 1983. 2. 8, 82도2486.
58) 박상기, 202면; 이재상, 203면.

으켜 피해자의 신용을 훼손한 경우에 해당한다.[59)]

### (2) 신용의 훼손

신용의 훼손이라 함은 사람의 지불능력 또는 지불의사에 대한 사회적 신뢰를 저하시키는 것을 말한다. 본죄는 추상적 위험범이므로 신용의 훼손이라는 결과가 발생하여야 하는 것은 아니다. 즉 신용을 훼손할 가능성이 있는 허위사실의 유포 또는 기타 위계의 행사가 있으면 본죄는 기수에 도달한다.

## 3. 주관적 구성요건

본죄가 성립하기 위해서는 허위의 사실을 유포하거나 기타 위계의 방법으로 사람의 신용을 훼손한다는 고의가 있어야 한다. 미필적 고의로도 충분하다.

## 4. 죄수

공연히 허위의 사실을 유포하여 사람의 명예와 신용을 훼손한 경우에 본죄와 명예훼손죄는 상상적 경합관계에 있다고 보는 견해[60)]가 있으나 특별관계로 인하여 본죄만이 성립한다는 견해가 타당하다.[61)] 왜냐하면 신용은 경제활동에 있어서의 특별한 명예라고 할 수 있기 때문이다. 출판물에 의한 명예훼손죄와 본죄가 동시에 성립하는 경우에도 마찬가지이다.[62)]

---

59) 대법원 2006. 12. 7, 2006도3400.
60) 박상기, 203면; 백형구, 364면; 정성근/박광민, 202면.
61) 김일수/서보학, 208면; 배종대, 304면; 오영근, 277면; 이재상, 204면; 이정원, 251면; 임웅, 216면.
62) 상상적 경합이 된다는 견해로는 이재상, 204면.

## Ⅲ. 업무방해죄(제314조)

### 1. 의의

본죄는 허위의 사실을 유포하거나 위계 또는 위력으로써 사람의 업무를 방해하거나 컴퓨터 등 정보처리장치 또는 전자기록 등 특수매체기록을 손괴하거나 허위의 정보 또는 부정한 명령을 입력하거나 기타 방법으로 정보처리에 장애를 발생하게 하여 사람의 업무를 방해함으로써 성립하는 범죄이다. 여기에서 업무는 경제활동으로의 업무는 물론 사회활동으로서의 모든 업무를 의미한다.

본죄의 보호법익은 사람의 업무이다. 업무란 사람이 사회생활상의 지위에 기하여 계속적으로 종사하는 사무 또는 사업을 말한다.[63] 사회생활상의 지위에 기하여 종사하는 사무이므로 경제적 사무뿐만 아니라 정신적 사무도 포함된다. 따라서 시험문제를 사선에 알려준 행위와 미리 답안쪽지를 작성하여 답안지를 작성한 행위도 본죄의 업무에 해당한다.[64] 보수의 유무나 영리목적의 유무는 중요하지 않으며, 주된 업무는 물론 부수적 업무도 상관없다. 그러나 그 업무는 계속적으로 종사하는 사무이어야 하므로 1회적인 사무는 본죄의 업무에서 제외된다.[65] 따라서 오락을 위한 일시적인 업무는 여기에 해당하지 않는다.

본죄의 업무는 형법상 보호할 가치가 있는 것이어야 한다. 타인이 점유하여 경작하고 있는 토지의 실제 소유자가 적법한 절차에 의하여 점유이전을 받지 못한 상태에서 그 토지를 자경하겠다는 내용의 내용증명 우편을 토지점유자에게 발송한 후 그 토지를 임의로 경작하는 것,[66] 정당한 권한 없이 타인의 점포를 철거하는 것[67]은 정당한 업무수행이라 할 수 없으므로 본죄의 업무에 해당하지 않는다. 그렇다고 그 업

---

63) 대법원 1996. 11. 22, 96도214.
64) 대법원 1991. 11. 12, 91도2211.
65) 대법원 1993. 2. 9, 92도2929; 1989. 9. 12, 88도1752.
66) 대법원 1977. 10. 11, 77도2502.
67) 대법원 1967. 10. 31, 67도1086.

무의 기초가 된 계약이나 행정행위가 반드시 유효하거나 적법할 필요가 없다.[68] 따라서 무효인 임대차계약에 의하여 임차한 농지를 경작하는 것,[69] 대표선출에 관한 규정에 위배하여 개최된 유림회의[70]도 업무에 해당한다. 그러나 어떤 사무의 활동자체가 위법의 정도가 중하여 사회생활상 도저히 용인될 수 없을 정도로 반사회성을 띠는 경우에는 업무방해죄의 보호대상이 되는 업무에 해당한다고 볼 수 없다.[71] 그러므로 법원의 직무집행정지 가처분결정에 의하여 그 직무집행이 정지된 자가 법원의 결정에 반하여 직무를 계속하는 경우에 그 업무는 국법질서와 재판의 존엄성을 무시하는 것으로서 법의 보호를 받을 가치를 상실하였다고 하지 않을 수 없어 업무방해죄에서의 업무에 해당하지 않는다.[72]

업무상과실치사상죄(제268조)와는 달리 본죄의 업무는 사람의 생명・신체에 대한 위험을 초래할 업무에 제한되지 않는다. 업무의 주체는 자연인은 물론 법인 및 법인격이 없는 단체도 포함한다.

본죄의 업무는 공무를 포함하는가에 대하여 긍정설,[73] 부정설[74] 및 원칙적으로 공무는 포함되지 않으나 비공무원에 의한 공무수행이나 비권력적 공무수행 또는 위력에 의한 공무집행방해의 경우에는 공무도 포함된다는 절충설[75]이 대립한다. 형법은 공무를 보호법익으로 하는 공무집행방해죄(제136조, 제137조)를 별도로 규정하고 있고, 공무집행방해죄의 처벌범위가 본죄에 비하여 제한된 것은 그 밖의 공무집행 방해행위를 범죄로 볼 필요가 없다는 것을 의미하며, 본죄는 개인의 경제활동의 자유를 보호하는 범죄이므로 공무는 본죄의 업무에 해당하지 않는다는 부정설이 타

68) 대법원 2008. 3. 14, 2007도11181.
69) 대법원 1980. 11. 25, 79도1956.
70) 대법원 1991. 2. 12, 90도2501.
71) 대법원 2001. 11. 30, 2001도2015.
72) 대법원 2002. 8. 23, 2001도5592.
73) 김일수/서보학, 211면; 이정원, 256면; 임웅, 219면.
74) 권오걸, 286면; 김성천/김형준, 266면; 박상기, 207면; 배종대, 307면; 백형구, 366면; 오영근, 282면; 이재상, 207면.
75) 정성근/박광민, 205면.

당하다.

## 2. 구성요건

허위의 사실을 유포하거나 위계 또는 위력으로써 업무를 방해하는 것이다.

### (1) 행위방법

#### 1) 허위사실의 유포 및 위계

허위사실의 유포와 위계의 의미는 신용훼손죄에서 살펴본 바와 같다. 허위사실의 유포에 의한 업무방해죄에 있어서 행위자에게 행위 당시 유포한 사실이 허위라는 점을 적극적으로 인식할 것을 요한다.[76)]

판례는 대학원신입생전형시험문제를 사전에 응시자에게 알려 준 경우,[77)] 대학총장이 성적 또는 지망학과를 고쳐 사정부를 허위로 작성하여 특정인을 합격시킨 경우,[78)] 주주의 의결권의 대리행사를 타인들에게 나누어 위임하여 주주총회에 참석한 그 의결권 대리인들이 대표이사의 주주총회장에서의 퇴장 요구를 거절하면서 고성과 욕설 등을 사용하여 대표이사의 주주총회의 개최, 진행을 포기하게 만든 경우,[79)] 타인에 의하여 대작된 논문을 석사학위논문으로 제출한 경우,[80)] 타인 명의로 허위의 학력, 경력을 기재한 이력서와 생활기록부 등을 제출하여 채용시험에 합격한 경우,[81)] 노동조합 간부들이 회사와 협의 없이 일방적으로 휴무를 결정한 후 유인물을 배포하여 유급 휴일로 오인한 근로자들이 출근하지 아니하여 공장의 가동을 불능케 한 경우,[82)] 노조원들이 다함께 모여 농성을 하면서 구호를 외치거나 노래를 부르고

---

76) 대법원 1994. 1. 28, 93도1278.
77) 대법원 1991. 11. 12, 91도2211.
78) 대법원 1993. 12. 28, 93도2669.
79) 대법원 2001. 9. 7, 2001도2917.
80) 대법원 1996. 7. 30, 94도2708.
81) 대법원 1992. 6. 9, 91도2221.
82) 대법원 1992. 3. 31, 92도58.

북, 장구, 징, 꽹과리를 두드리며 소란행위를 계속하고, 농성에 가담하지 아니하고 근무하는 직원들에게 "노조원들과 적이 되려 하느냐"는 등의 야유와 협박을 하며 농성 가담을 적극 권유한 경우,[83] 특정 회사가 제공하는 게임 사이트에서 사설 프로그램(한도우미프로그램)을 이용하여 약관상 양도가 금지되는 포커머니를 약속된 상대방에게 이전해 준 경우,[84] 채점업무 담당자들이 피고인의 지시에 따라 점수조작행위를 통하여 응시자들을 필기시험에 합격시킴으로써 면접시험에 응시할 수 있도록 한 경우[85] 에 위계에 의한 업무방해죄가 성립한다고 판시한다.

2) 위력

위력이란 사람의 자유의사를 제압·혼란케 할 만한 일체의 세력을 말한다.[86] 유형적이든 무형적이든 가리지 않는다. 따라서 폭행·협박은 물론 사회적·경제적·정치적 지위와 권세에 의한 압박 등도 여기에 포함된다. 그러나 위력에 의하여 현실적으로 피해자의 자유의사가 제압될 것을 요하지 않는다.[87] 판례는 점포에서 영업을 하지 못하도록 단전조치를 취한 경우,[88] 회의 개최를 집단적인 폭언으로 방해한 경우,[89] 회사경비원들의 출입통제업무를 완력으로 방해한 경우,[90] 공장정문을 봉쇄하고 출입자를 통제하여 밖으로 나가지 못하도록 막은 경우,[91] 광업소출입구를 봉쇄하고 근로자가 탈의실에 들어가지 못하도록 하면서 점거농성을 한 경우,[92] 피고인이 변호사사무실 앞에서 등에 붉은색 페인트로 "무죄라고 약속하고 이백만원에 선임했다"라는 등 허위의 사실을 기재한 흰 가운을 입고 주변을 배회한 경우,[93] 피해자가

---

83) 대법원 1992. 5. 8, 91도3051.
84) 대법원 2009. 10. 15, 2007도9334.
85) 대법원 2010. 3. 25, 2009도8506.
86) 대법원 2005. 5. 27, 2004도8447.
87) 대법원 1987. 4. 28, 87도453.
88) 대법원 1983. 11. 8, 83도1798.
89) 대법원 1991. 2. 12, 90도2501.
90) 대법원 1991. 9. 10, 91도1666.
91) 대법원 1992. 2. 11, 91도1834.
92) 대법원 1990. 7. 10, 90도755.

대표이사인 회사의 소방사업본부장이 소속 직원들에게 허위의 사실을 유포하는 등의 방법을 사용하여 직원들로부터 사표를 제출받은 경우,[94] 신고한 옥외집회에서 고성능 확성기 등을 사용하여 소음을 발생시킨 경우,[95] 피고인이 자신의 명의로 등록되어 있는 피해자 운영의 학원에 대하여 피해자의 승낙을 받지 않고 폐원신고를 한 경우,[96] 대부업체 직원이 대출금을 회수하기 위하여 채무자의 휴대전화로 수백 회에 이르는 전화공세를 한 경우[97]가 위력에 의한 업무방해죄에 해당한다고 판시한다. 그러나 욕설을 한 행위만으로는 본죄의 위력을 행사하였다고 볼 수 없다.[98]

(2) 업무방해

본죄는 추상적 위험범이다. 따라서 실제로 업무의 방해의 결과가 발생할 것을 요하지 않고, 단지 업무방해의 결과를 초래할 위험이 있으면 충분하다.[99] 여기서의 업무는 업무집행 자체를 방해하는 경우뿐만 아니라 업무의 경영을 저해하는 경우도 포함한다.[100] 주한외국영사관에 비자발급을 신청함에 있어 신청인이 제출한 허위의 자료 등에 대하여 업무담당자가 충분히 심사하였으나 신청사유 및 소명자료가 허위임을 발견하지 못하여 그 신청을 수리하게 된 경우에 위계에 의한 업무방해죄가 성립한다.[101]

---

93) 대법원 1991. 8. 27, 91도1344.
94) 대법원 2002. 3. 29, 2000도3231.
95) 대법원 2004. 10. 15, 2004도4467.
96) 대법원 2005. 3. 25, 2003도5004.
97) 대법원 2005. 5. 27, 2004도8447.
98) 대법원 1983. 10. 11, 82도2584.
99) 대법원 1997. 3. 11, 96도2801.
100) 대법원 2005. 4. 15, 2004도8701; 2002. 3. 29, 2000도3231.
101) 대법원 2004. 3. 26, 2003도7927.

### 3. 위법성

본죄의 위법성은 정당행위, 피해자의 승낙, 자구행위에 의하여 조각될 수 있다. 정당한 권리의 행사라고 할지라도 그것이 사회상규에 위배되는 때에는 위법성이 조각되지 않는다. 예를 들면 건물의 전차인이 임대인의 승낙 없이 전차하였다고 하더라도 전차인이 불법침탈 등의 방법에 의하여 위 건물의 점유를 개시한 것이 아니고 그동안 평온하게 음식점등 영업을 하면서 점유를 계속하여 온 이상 위 전차인의 업무는 업무방해죄의 업무에 해당하므로 피해자 소유의 의자, 탁자 등을 들어내게 한 행위는 사회상규에 위배되지 않는 정당행위이거나 자구행위에 해당하지 않는다.[102) 적법절차를 거친 노동쟁의행위도 정당행위로써 위법성이 조각된다.[103)

## Ⅳ. 컴퓨터 업무방해죄(제314조 제2항)

### 1. 의의

본죄는 컴퓨터 등 정보처리장치 또는 전자기록 등 특수매체기록을 손괴하거나 정보처리장치에 허위의 정보 또는 부정한 명령을 입력하거나 기타 방법으로 정보처리에 장애를 발생케 하여 사람의 업무를 방해함으로써 성립하는 범죄이다. 컴퓨터에 대한 가해행위에 의한 업무방해행위를 가중하여 처벌하는 구성요건이다. 본죄의 보호법익은 업무방해죄와 마찬가지로 업무이다.

---

102) 대법원 1986. 12. 23, 86도1372.
103) 대법원 1996. 2. 27, 95도2970.

## 2. 객관적 구성요건

### (1) 행위객체

본죄의 행위객체는 컴퓨터 등 정보처리장치 또는 전자기록 등 특수매체기록이다. 컴퓨터 등 정보처리장치란 자동적으로 계산이나 데이터처리를 할 수 있는 전자장치로서 하드웨어와 소프트웨어를 포함한다.[104] 전자기록 등 특수매체기록은 전기적, 자기적 방식으로 저장된 기록, 광기술을 이용한 기록 등을 의미한다. 전기적 기록으로는 컴퓨터의 하드디스크, 램, IC카드 속의 기록 등이 있고, 자기적 기록으로는 플로피디스크, 자기테이프, 신용카드, 전화카드, 정기권, 정액권 등이 있으며, 전자기록 이외의 특수매체기록으로는 레이저와 같은 광기술을 이용한 CD 등이 있다.[105] 그러므로 녹음테이프, 녹화용 필름, 마이크로필름 등은 본죄의 행위객체가 되지 않는다. 정보처리장치와 특수매체기록의 소유권의 귀속은 묻지 않으므로 그것이 행위자의 소유인 경우에도 본죄는 성립한다.[106]

### (2) 구성요건적 행위

본죄의 구성요건적 행위는 컴퓨터 등 정보처리장치 또는 전자기록 등 특수매체기록을 손괴하거나 정보처리장치에 허위의 정보 또는 부정한 명령을 입력하거나 기타 방법으로 정보처리장치에 장애를 발생케 하는 것이다.

손괴란 컴퓨터 등 정보처리장치를 물리적으로 파괴·멸실하거나 기록을 삭제하거나 소거하는 것을 말한다. 허위의 정보 또는 부정한 명령의 입력이란 진실에 반하는 정보나 주어서는 안 되는 정보의 입력을 말한다. 예를 들면 관리자의 비밀번호를 무단으로 변경하는 행위,[107] 컴퓨터바이러스와 해킹과 같이 기기의 기능을 마비시

---

104) 대법원 2004. 7. 9, 2002도631.
105) 배종대, 315면.
106) 이재상, 212면.
107) 대법원 2007. 3. 16, 2006도6663.

키는 프로그램 등을 입력하는 행위[108]가 여기에 해당한다. 기타 방법은 컴퓨터의 정보처리에 장애를 초래하는 가해수단으로서 컴퓨터 작동에 직접・간접으로 영향을 미치는 일체의 행위를 말한다.[109] 예컨대, 전원을 차단하거나 통신회선을 절단하거나 입출력장치를 손괴하는 행위 등이 그것이다.[110] 그러나 단순히 메인컴퓨터의 비밀번호를 후임자에게 알려주지 않은 시스템관리자의 행위는 본죄에 해당하지 않는다.[111]

#### (3) 업무방해

본죄가 성립하기 위해서는 컴퓨터 등에 대한 가해행위로 정보처리에 장애를 발생하게 하여야 한다. 정보처리의 장애란 정보처리장치가 그 사용목적에 부합하는 기능을 하지 못하거나 사용목적과 다른 기능을 하는 것을 말한다. 정보처리의 장애가 현실적으로 발생하면 본죄는 기수에 이른다. 그러나 정보처리의 장애로 업무방해가 현실적으로 발생할 것을 요하지 않는다. 본죄는 추상적 위험범이기 때문이다.

### 3. 주관적 구성요건

본죄의 주관적 구성요건으로는 객관적 구성요건에 대한 고의가 있어야 한다. 미필적 고의로도 충분하다.

### 4. 죄수

본죄는 업무방해죄와 특별관계에 있으므로 본죄만 성립한다. 컴퓨터를 손괴하는 때에 본죄와 손괴죄는 상상적 경합관계 있다는 견해[112]가 있으나 법조경합으로서

---

108) 배종대, 316면.
109) 대법원 2004. 7. 9, 2002도631.
110) 박상기, 214면; 배종대, 316면; 이재상, 212면.
111) 대법원 2004. 7. 9, 2002도631.
112) 이재상, 213면.

손괴죄는 본죄에 흡수된다고 해야 한다.113)

## Ⅴ. 경매 · 입찰방해죄(제315조)

### 1. 의의

본죄는 위계 또는 위력 기타의 방법으로 경매 또는 입찰의 공정을 해함으로써 성립하는 범죄이다. 본죄는 경매 또는 입찰의 공정을 보호법익으로 한다. 본죄는 추상적 위험범이므로 현실적으로 경매 또는 입찰의 공정을 해치는 결과가 발생할 것을 요하지 않고 경매 또는 입찰의 공정을 해할 수 있는 행위를 하는 것으로 족하다.

### 2. 구성요건

위계 또는 위력 기타의 방법으로 경매 또는 입찰의 공정을 해하는 것이다. 위계 및 위력의 개념은 신용훼손죄와 업무방해죄에서 살펴본 바와 같다.

경매란 매도인이 다수의 매수인으로부터 구두로 청약을 받고 그 중에서 최고가의 청약자에게 승낙함으로써 성립하는 매매를 말하다. 입찰이란 경쟁계약에 있어서 경쟁에 참가한 다수인에 대하여 문서로 계약의 내용을 표시하게 하여 가장 유리한 청약자를 상대방으로 하여 계약을 성립시키는 것을 말한다. 국가 또는 공공단체에 의한 경매 · 입찰이든 사인에 의한 경매 · 입찰이든 불문한다. 판례에 의하면 입찰 장소의 주변을 에워싸고 사람들의 출입을 막는 등 위력을 사용하여 입찰에 참가하려는 사람을 참석하지 못하게 하는 것은 위력에 의한 입찰방해죄에 해당한다.114) 경매 또는 입찰의 공정을 해한다는 것은 적정한 가격을 형성하는 공정한 자유경쟁이 방해될 염려가 있는 상태를 발생시키는 것을 말하며 가격결정뿐만 아니라 공정한 경쟁방법

---

113) 김일수/서보학, 219면; 박상기, 215면.
114) 대법원 1993. 2. 23, 92도3395.

을 해하는 행위도 포함한다.[115)]

### 3. 담합행위

담합이란 경매・입찰에 참가하는 사람들이 서로 통모하여 특정한 자를 낙찰자 또는 경락자로 하기 위하여 기타의 자는 일정한 가격 이상 또는 그 이하로 입찰하지 않을 것을 협정하는 것을 말한다.[116)] 실질적으로는 단독입찰을 하면서 경쟁 입찰인 것 같이 가장하였다면 입찰의 공정을 해한 것이다.[117)] 그러나 담합의 목적이 예정가격 안에서 과도한 출혈경쟁을 방지하기 위한 것이고 낙찰가격도 공정성의 범위 안에 있는 경우,[118)] 실제로는 수의계약을 체결하면서 입찰절차를 거쳤다는 증빙을 남기기 위하여 입찰을 전혀 시행하지 아니한 채 형식적인 입찰서류만을 작성하여 입찰이 있었던 것처럼 조작한 경우[119)]에는 본죄에 해당하지 않는다. 본죄는 추상적 위험범이므로 담합이 이루어지면 기수에 이른다. 그러므로 입찰자 일부와 담합이 있었으나 다른 입찰자와는 담합이 이루어지지 않은 경우에 본죄가 성립하지 않는다.[120)]

115) 대법원 2003. 9. 26, 2002도3924.
116) 배종대, 318면; 이재상, 214면.
117) 대법원 1994. 11. 8, 94도2142; 1988. 3. 8, 87도2646.
118) 대법원 1994. 12. 2, 94다41454.
119) 대법원 2001. 2. 9, 2000도4700.
120) 대법원 1983. 1. 18, 81도824.

# 제4장 사생활평온에 대한 죄

## 제1절 비밀침해의 죄

### I. 서설

#### 1. 의의 및 보호법익

비밀침해의 죄란 개인의 사생활을 침해하는 범죄를 말한다. 헌법 제17조는 "모든 국민은 사생활의 비밀과 자유를 침해받지 아니한다"고 규정하고, 제18조는 "모든 국민은 통신의 비밀을 침해받지 아니한다"고 하여 사생활의 자유 및 통신의 비밀을 하나의 기본권으로서 보장하고 있다. 형법은 제35장에 비밀침해의 죄를 규정하여 헌법상의 기본권인 사생활의 자유와 통신의 비밀을 보호하고 있다.

본죄의 보호법익은 개인의 비밀이다. 비밀의 주체는 자연인 이외에 법인 또는 법인격이 없는 단체를 포함한다. 국가의 비밀도 본죄의 보호법익이 될 수 있는가에 대하여 부정설은 본죄는 친고죄로 되어 있고, 이 규정의 법률적 체계위치가 개인적 법익과 관련을 맺고 있다는 점 때문에 이를 부정한다.[1] 그러나 개인과 정부기관 사이의 편지교류도 보호할 필요가 있기 때문에 긍정설이 타당하다.[2]

#### 2. 구성요건체계

형법 제35장의 비밀침해의 죄는 비밀침해죄(제316조)와 업무상 비밀누설죄(제

---

1) 배종대, 321면.
2) 김일수/서보학, 226면; 박상기, 220면; 이재상, 220면; 정성근/박광민, 218면.

317조)로 구성되어 있다. 비밀침해죄는 비밀의 탐지를 처벌하는 반면, 업무상비밀누설죄는 비밀의 누설을 금지한다.

## Ⅱ. 비밀침해죄(제316조)

### 1. 의의

본죄는 봉함 기타 비밀장치한 타인의 편지·문서 또는 도화를 개봉하거나, 봉함 기타 비밀장치한 사람의 편지·문서·도화 또는 전자기록 등 특수매체기록을 기술적 수단을 이용하여 그 내용을 알아냄으로써 성립하는 범죄이다.

### 2. 객관적 구성요건

#### (1) 행위객체

본죄의 행위객체는 봉함 기타 비밀장치한 타인의 편지·문서·도화 또는 전자기록 등 특수매체기록이다.

##### 1) 편지·문서·도화

편지란 사람의 의사를 전달하는 문서를 말한다. 발송여부는 중요하지 않으며 반드시 우편물일 필요는 없다. 문서란 편지 이외의 것으로서 문자 또는 다른 발음부호로 특정인의 의사를 표시한 것을 말한다. 메모, 유언장, 일기 또는 원고가 여기에 해당한다. 도화란 그림으로 의사를 표시한 것을 말한다. 사진이나 도표가 여기에 해당한다. 의사표시를 표시하지 않은 사진 또는 도표는 도화가 아니다.[3] 전자기록 등 특수매체기록이란 전자적 기록이나 광학적 기록을 말한다. 전자적 기록은 전기적 기록과 자기적 기록을 포함하며, 광학적 기록은 레이저기술을 이용한 기록 등을 의미한다.[4]

3) 이재상, 220면.

2) 봉함 기타 비밀장치

편지 · 문서 · 도화는 봉함 기타 비밀장치한 것에 제한된다. 봉함이란 겉포장을 파손하지 않고서는 그 내용을 알 수 없게 하는 것을 말한다. 예를 들면 봉투를 풀로 붙인 것이 그것이다. 비밀장치란 봉함 이외의 방법으로 외포를 만들어 내용을 알 수 없게 한 일체의 장치를 말한다. 그러한 예로는 끈으로 묶은 것, 봉인한 것, 풀로 붙인 것, 책상서랍, 서류가방 또는 금고에 넣어 열쇠로 잠가 둔 것, 패스워드 또는 비밀번호를 걸어 놓은 것, 전자카드 · 지문감식 · 음성 또는 홍체감식 장치의 설치 등을 들 수 있다.[5] 또 2단 서랍의 아랫칸에 잠금장치가 되어 있는 경우도 여기에 포함된다.[6]

편지 등을 비밀장치한 용기 속에 넣어 둔 경우도 비밀장치한 것에 포함되는가에 대하여 본 조가 기타 비밀장치라는 일반조항을 두고 있기 때문에 이러한 경우도 포함된다고 해야 한다.[7]

(2) 구성요건적 행위

본죄의 구성요건적 행위는 개봉하거나 기술적 수단을 이용하여 그 내용을 알아내는 것이다.

개봉이란 봉함 기타 비밀장치를 해체하여 편지 · 문서 또는 도화의 내용을 알 수 있는 상태에 두는 것을 말한다. 개봉의 방법에는 제한이 없다. 본죄는 추상적 위험범이므로 편지 등의 내용을 인식할 필요가 없다.[8] 편지 등의 개봉으로 본죄는 기수에 이른다. 따라서 타인에 의하여 개봉된 편지의 내용을 인식한 사람은 편지를 개봉하지 않았으므로 본죄로 처벌되지 않는다. 본죄는 간접정범에 의해서도 가능하다.

개봉 이외의 기술적 수단을 이용하여 편지 등의 내용을 알아내는 경우도 본죄에

4) 김일수/서보학, 228면; 박상기, 222면.
5) 김일수/서보학, 227면.
6) 대법원 2008. 11. 27, 2008도9071.
7) 김일수/서보학, 228면; 박상기, 222면; 배종대, 323면; 백형구, 296면; 오영근, 304면; 이재상, 221면; 이정원, 266면; 정성근/박광민, 219면.
8) 이재상, 221면; 배종대, 325면.

해당한다. 예를 들면 투시기나 약물을 사용하여 내용을 알아내는 경우, 컴퓨터조작으로 특수매체기록의 내용을 알아내는 경우가 그것이다.[9] 본죄는 침해범이므로 편지 등의 내용을 인식하여야 성립한다.

전산망에 의하여 처리・보관・전송되는 타인의 정보를 훼손하거나 비밀을 침해・도용・누설하는 행위는 정보통신망이용촉진및정보보호등에관한법률에 의하여 처벌되므로 이 행위에 대해서 형법의 적용은 배제된다.

### 3. 주관적 구성요건

본죄가 성립하기 위해서는 봉함 기타 비밀장치한 편지・문서・도화 또는 전자기록 등 특수매체기록을 개봉하거나 기술적 수단을 이용하여 그 내용을 알아낸다는 고의가 있어야 한다. 미필적 고의로도 충분하다. 행위자가 자기에 온 편지인 것으로 오인하고 편지를 개봉한 경우에는 사실의 착오로서 고의가 조각된다. 타인에게 온 편지를 알면서 개봉할 권한이 있다고 오인하고 개봉한 경우에는 법률의 착오로서 정당한 이유가 있을 때 책임이 조각된다.

### 4. 위법성

법령에 의하여 편지 등을 개봉할 권한이 있는 경우에는 본죄의 위법성은 조각된다. 예를 들면 형사소송법 제107조와 제120조(피고인의 우편물 또는 전신에 대한 압수 또는 제출명령), 행형법 제18조의2 제3항(교도소장의 서신검열), 우편법 제28조 제2항(법위반우편물의 개피)과 제5항(환부가 불가능한 우편물의 개피)이 그것이다. 친권자가 친권의 행사로서 미성년인 자녀에게 온 편지를 개봉하는 것도 위법성이 조각된다.[10]

9) 배종대, 327면.
10) 이재상, 222면.

#### 5. 친고죄

본죄는 친고죄이다(제318조). 이와 관련하여 발송인과 수신인 중 누가 고소권자가 되는지가 문제된다. 발송인이 언제나 피해자가 된다는 데에 학설은 일치한다. 그러나 수신인에 대해서는 발신 후에 피해자가 된다는 견해,[11] 도착 후에 피해자가 된다는 견해[12] 및 수신인도 언제나 피해자가 된다는 견해[13]가 대립한다. 편지 등의 비밀은 발송인과 수신인에게 공통되는 것이므로 발송인과 함께 수신인도 언제나 고소권자가 된다는 견해가 타당하다.

## Ⅲ. 업무상비밀누설죄(제317조)

#### 1. 의의

본죄는 의사·한의사·치과의사·약제사·약종상·조산사·변호사·변리사·공인회계사·공증인·대서업자나 그 직무상 보조자 또는 그러한 직업에 종사하던 자, 종교의 직에 있는 자 또는 있던 자가 업무처리 중 또는 직무상 지득한 타인의 비밀을 누설함으로써 성립하는 범죄이다. 이러한 직업에 종사하는 자는 타인의 비밀을 지득할 수밖에 없기 때문에 그 비밀의 누설을 방지할 필요가 있는 것이다.

본죄는 개인의 비밀을 보호법익으로 한다. 그 보호의 정도는 추상적 위험범이다.

#### 2. 객관적 구성요건

의사·한의사·치과의사·약제사·약종상·조산사·변호사·변리사·공인회

---

11) 황산덕, 244면.
12) 이정원, 271면.
13) 김일수/서보학, 231면; 박상기, 225면; 배종대, 327면; 백형구, 399면; 오영근, 308면; 이재상, 223면; 임웅, 231면; 정성근/박광민, 221면.

계사·공증인·대서업자나 그 직무상 보조자 또는 그러한 직업에 종사하던 자, 종교의 직에 있는 자 또는 있던 자가 업무처리 중 또는 직무상 지득한 타인의 비밀을 누설하는 것이다.

(1) 행위주체

본죄의 행위주체는 의사·한의사·치과의사·약제사·약종상·조산사·변호사·변리사·공인회계사·공증인·대서업자나 그 직무상 보조자 또는 그러한 직업에 종사하던 자, 종교의 직에 있는 자 또는 있던 자에 제한된다. 따라서 본죄는 자수범이고 진정신분범이다. 비신분자는 본죄의 정범이 될 수 없으므로 본죄의 간접정범은 생각할 여지가 없다. 공무원 또는 공무원이었던 자가 법령에 의한 직무상 비밀을 누설하는 경우에는 공무상비밀누설죄(제127조)가 성립하고, 외교상의 기밀을 누설하는 때에는 외교상기밀누설죄(제113조)가 적용된다.

(2) 행위객체

본죄의 행위객체는 업무처리 중 또는 직무상 지득한 타인의 비밀이다.

비밀이란 한정된 범위의 사람에게만 알려져 있는 사실로서 타인에게 알려지지 않는 것이 본인에게 이익이 되는 것을 말한다. 공지의 사실은 여기에 해당하지 않는다. 비밀의 주체에는 자연인은 물론 법인 및 법인격이 없는 단체도 포함된다. 본죄의 객체는 개인의 비밀에 제한되므로 국가나 공공단체는 비밀의 주체가 될 수 없다. 그리고 비밀의 내용은 묻지 않는다. 따라서 사생활에 관한 비밀뿐만 아니라 공적 생활에 관한 비밀도 여기에 포함된다. 이미 일부사람에게 알려졌다 할지라도 모르는 사람에 대해서는 비밀이 된다.[14]

비밀이 되기 위한 요건에 대해서 학설이 대립하고 있으나 본인이 비밀로 하길 원하고 객관적으로 비밀로 할 이익이 있어야 한다는 다수설이 타당하다.[15] 본죄의 처

---

14) 배종대, 330면; 이재상, 224면.
15) 김일수/서보학, 233면; 박상기, 228면; 배종대, 330면; 백형구, 401면; 오영근, 311면; 이재상, 225

벌범위가 무제한 확대되는 것을 막고 본인이 비밀로 하길 원하지 않는 것을 보호할 필요가 없기 때문이다.

비밀은 업무처리 중 또는 직무상 지득한 것이어야 한다. 본인 또는 제3자로부터 알게 된 것이든 행위자가 직접 알아낸 것이든 묻지 않는다.

### (3) 구성요건적 행위

본죄의 행위는 비밀을 누설하는 것이다. 누설이란 비밀인 사실을 아직 이를 알지 못하는 사람에게 알리는 것을 말한다. 누설의 방법에는 제한이 없으므로 구두로 전하는 것뿐만 아니라 서면을 열람시키는 것도 여기에 해당한다. 또 작위 또는 부작위에 의해서도 가능하다. 상대방이 한 사람이더라도 상관없다. 비밀을 공연히 누설하여 타인의 명예를 훼손하는 때에는 본죄와 명예훼손죄가 상상적 경합관계에 있다.

## 3. 주관적 구성요건

본죄의 주관적 구성요건으로는 신분자로서 업무처리 중 또는 직무상 지득한 비밀을 누설한다는 고의가 있어야 한다. 타인의 비밀을 비밀이 아니라고 오인하고 누설한 경우에는 사실의 착오로서 고의가 조각된다. 자기에게 타인의 비밀을 누설할 권한이 있다고 믿고 누설한 경우에는 법률의 착오가 되어 정당한 이유가 있는 때에 책임을 조각한다.

## 4. 위법성

비밀누설에 대해 피해자의 승낙이 있으면 구성요건해당성이 조각된다. 본죄의 위법성은 정당행위와 긴급피난에 의해서 조각될 수 있다. 법령에 따라 전염병을 고지하는 행위(전염병예방법 제4조), 소송에서의 변호인의 변호행위는 정당행위로서 위

---

면; 임웅, 235면; 정성근/박광민, 223면.

법성을 조각한다. 전염병환자를 치료한 의사가 그 배우자에게 이러한 사실을 알린 경우에는 긴급피난에 의해 위법성이 조각된다.

### 5. 증언거부권

본죄의 주체는 형사소송법 제149조에 의하여 증언거부권을 가지고 있다. 증언거부권을 행사하지 않고 증언하여 타인의 비밀을 누설하는 경우에 위법성이 조각되는지에 대하여 견해가 대립한다. 부정설은 증언거부권을 행사할 수 있음에도 불구하고 증언하면 본죄가 성립한다고 한다.[16] 반면 긍정설은 법질서가 국민에게 서로 모순되는 의무를 과할 수 없는 이상 증언거부권을 행사하지 않으면 증언의무가 있으므로 이때에도 비밀을 지킬 의무로부터 벗어나서 위법성이 조각된다고 한다.[17]

생각건대 증언거부권을 행사할 것인가에 대한 결정은 전적으로 증인에게 맡겨져 있으므로 증인이 증언거부권을 행사하지 않고 증언하면 위법성이 조각된다고 해야 한다.

---

16) 김일수/서보학, 236면; 이형국, 356면.
17) 박상기, 229면; 배종대, 332면; 이재상, 227면; 오영근, 314면; 임웅, 236면; 정성근/박광민, 225면.

# 제2절 주거침입의 죄

## Ⅰ. 서설

### 1. 의의

주거침입의 죄는 사람의 주거 또는 관리하는 건조물, 선박, 항공기 또는 점유하는 방실과 같은 일정한 장소의 평온과 안전을 침해하는 범죄이다. 헌법 제16조는 "모든 국민은 주거의 자유를 침해받지 아니한다"고 규정하여 주거의 자유를 기본권으로 보장하고 있다. 형법은 주거침입죄를 처벌함으로써 헌법상의 주거의 자유를 보호하고 있다.

### 2. 보호법익

본죄의 보호법익이 무엇인가에 대하여 견해가 대립하고 있다. 주거권설, 사실상 평온설 및 복합설이 그것이다.

주거권설은 주거권을 본죄의 보호법익으로 본다. 주거권이란 사람이 주거 내에서 타인의 침입에 의하여 방해받지 않을 권리를 말한다.[18]

사실상 평온설은 본죄의 보호법익으로 주거를 지배하고 있는 공동생활자 모두의 사실상의 평온, 즉 거주권을 들고 있다. 이 견해에 의하면 주거에 대한 사실상의 지배가 있으면 정당한 권원이 없더라도 보호되므로 임대차계약의 소멸 후에 임대인이 임차인의 의사에 반하여 주거에 들어간 것은 주거침입죄에 해당한다.[19] 다수설[20]이며 판례의 입장이다.[21]

---

18) 박상기, 232면; 이재상, 230면.
19) 배종대, 334면.
20) 김성천/김형준, 337면; 김일수/서보학, 238면; 배종대, 335면; 백형구, 394면; 오영근, 306면; 정성근/박광민, 227면.
21) 대법원 1995. 9. 15, 94도3336.

복합설(실질설)은 주거 내지 건물의 종류를 구분하여 개인의 사적 장소(집, 연구실, 호텔방 등) 인 경우에는 주거의 사실상의 평온, 공중이 자유로이 출입할 수 있는 개방된 장소(백화점, 극장, 관공서)인 경우에는 업무상의 평온과 비밀이 보호법익이라고 한다.[22]

생각건대 주거권설이 타당하다. 본죄는 개인적 법익에 대한 죄로서 헌법상의 기본권인 주거의 자유를 보호법익으로 하고, 사실상의 평온을 본죄의 보호법익으로 할 경우에 본죄는 개인적 법익에 대한 범죄에 속한다고 할 수 없기 때문이다.

### 3. 구성요건체계

형법은 주거침입죄(제319조 제1항) 및 퇴거불응죄(제319조 제2항)를 기본적 구성요건으로 하고, 그 가중구성요건으로 특수주거침입죄(제320조)를 규정하고 있다. 그 밖에 신체・주거수색죄(제321조)가 별개의 범죄로 규정되어 있다. 본죄의 미수범은 처벌한다(제322조).

## Ⅱ. 주거침입죄(제319조 제1항)

### 1. 의의

본죄는 사람의 주거, 관리하는 건조물, 선박이나 항공기 또는 점유하는 방실에 침입함으로써 성립하는 범죄이다.

---

22) 임웅, 239면.

## 2. 객관적 구성요건

### (1) 행위객체

본죄의 행위객체는 사람의 주거, 관리하는 건조물, 선박이나 항공기 또는 점유하는 방실이다. 주거란 사람이 일상생활을 위하여 점거한 장소를 말한다.[23] 반드시 침식에 사용하는 장소이어야 한다는 견해가 있으나[24] 침식에 사용하는 장소일 필요가 없다고 생각한다.[25] 형법은 점유하는 방실을 별도로 규정하고 있고 침식에 사용하지 않는 장소 안에서의 주거권도 보호할 필요가 있기 때문이다. 주거의 사용이 영구적일 필요가 없으므로 일시적으로 사용하는 별장도 여기에 속한다. 주거의 설비나 구조도 문제되지 않으므로 천막집, 토굴, 판자집, 비닐하우스 등도 주거에 해당한다.[26] 그러나 여관이나 호텔의 방은 점유하는 방실에 해당한다. 주거에는 가옥 자체는 물론 정원・계단・복도・지하실・차고 등의 부속물 및 위요지가 포함된다.[27] 또한 공동주택의 엘리베이터・공동계단 및 복도도 특별한 사정이 없는 한 사람의 주거에 해당한다.[28] 주거는 부동산일 필요가 없으므로 주거용 차량도 주거가 될 수 있다. 사람의 현존을 요건으로 하지 않으므로 빈집도 주거에 속한다. 건조물 인접의 부속토지라고 하더라도 인적 또는 물적 설비 등에 의한 구획 내지 통제로 외부인의 출입이 제한된다는 사정이 객관적으로 명확하게 드러나지 않는 경우에는 주거에 해당하지 않는다.[29]

---

23) 이재상, 231면.
24) 김일수/서보학, 240면; 박상기, 233면; 백형구, 395면; 오영근, 320면; 임웅, 241면; 정성근/박광민, 228면.
25) 배종대, 336면; 이재상, 231면; 이정원, 280면.
26) 김일수/서보학, 240면; 배종대, 336면; 이재상, 221면.
27) 대법원 2001. 4. 24, 2001도1092.
28) 대법원 2009. 9. 10, 2009도4335.
29) 대법원 2010. 4. 29, 2009도14643.

**판례(1985. 2. 8, 84도2917)**

다방, 당구장, 독서실 등의 영업소가 들어서 있는 건물 중 공용으로 사용되는 계단과 복도는 주・야간을 막론하고 관리자의 명시적 승낙이 없어도 누구나 자유롭게 통행할 수 있는 곳이라 할 것이다. 그러므로 관리자가 1층 출입문을 특별히 시정하지 않는 한 범죄의 목적으로 위 건물에 들어가는 경우 이외에는 그 출입에 관하여 관리자나 소유자의 묵시적 승낙이 있다고 봄이 상당하여 그 출입행위는 주거침입죄를 구성하지 않는다.

관리하는 건조물, 선박, 항공기는 타인의 출입을 막기 위한 인적・물적 설비가 갖추어져 있으나 주거로 사용되지 않는 일체의 건물, 선박 및 항공기를 의미한다. 경비원이나 관리인이 있거나 열쇠로 잠그거나 문에 못질을 한 건물 등이 여기에 해당한다. 그러나 출입금지를 표시한 것만으로는 관리가 될 수 없다.[30] 건조물은 주위벽 또는 기둥과 지붕 또는 천정으로 구성된 구조물로서 사람이 기거하거나 출입할 수 있는 장소이어야 한다. 극장, 공장, 창고, 빈 집, 관공서의 청사, 학교 및 계단, 복도, 정원 등 부속물 및 위요지 등이 여기에 해당한다. 그러나 타워크레인운전실,[31] 개집 또는 토지에 정착되지 않은 천막은 건조물이라 할 수 없다. 선박이나 항공기는 주거에 사용할 수 있을 정도의 크기이어야 한다.

점유하는 방실이란 건물 내에서 사실상 지배・관리하는 장소를 말한다. 사무실, 점포, 호텔이나 여관의 객실, 교수연구실 등이 여기에 속한다. 가옥의 방 가운데 일부의 방을 명도 받은 경우에 그 방을 점유하는 방실로 본다.[32]

### (2) 구성요건적 행위

침입하는 것이다.

---

30) 배종대, 337면; 이재상, 231면.
31) 대법원 2005. 10. 7, 2005도5351.
32) 대법원 1965. 1. 25, 64도587.

1) 침입

침입이란 주거권자의 의사에 반하여 행위자의 신체가 주거 등에 들어가는 것을 말한다. 신체의 전부가 들어가야 하는가에 대하여 이를 긍정하는 견해가 통설[33]이다. 형법이 본죄의 미수범을 처벌하고 있다는 것을 이유로 든다. 그러나 신체의 일부가 들어가는 것도 주거권을 침해하기 때문에 침입이라고 해야 하며 본죄의 미수는 결과의 발생여부를 기준으로 판단해야 하는데 신체의 일부가 들어가는 것도 결과발생을 의미하므로 부정설이 타당하다.[34] 판례도 부정설의 입장에 있다.

**판례(1995. 9. 15, 94도2561)**

주거침입죄는 사실상의 주거의 평온을 보호법익으로 하는 것이므로 반드시 행위자의 신체의 전부가 범행의 목적인 타인의 주거 안으로 들어가야만 성립하는 것이 아니라 신체의 일부만 타인의 주거 안으로 들어갔다 하더라도 거주자가 누리는 사실상의 주거의 평온을 해할 수 있는 정도에 이르렀다면 범죄구성요건을 충족하는 것이라고 보아야 한다. 따라서 주거침입죄의 범의는 반드시 신체의 전부가 타인의 주거 안으로 들어간다는 인식이 있어야만 하는 것이 아니라 신체의 일부라도 타인의 주거 안으로 들어간다는 인식이 있으면 족하다. 그러므로 야간에 타인의 집의 창문을 열고 집안으로 얼굴을 들이미는 등의 행위를 하였다면 피고인이 자신의 신체의 일부가 집안으로 들어간다는 인식 하에 하였더라도 주거침입죄의 범의는 인정된다. 또한 비록 신체의 일부만이 집안으로 들어간다고 하더라도 사실상의 주거의 평온을 해하였다면 단순주거침입죄는 기수에 이르렀다고 할 것이다.

침입의 방법에는 제한이 없다. 어떤 방법이든 주거권자의 의사에 반하여 타인의 주거에 들어가기만 하면 된다. 외부에서 주거 안으로 들어가야 하므로 주거 안에 있는 자는 본죄를 범할 수 없다.[35] 수형자가 교도소 내의 다른 감방에 들어가거나 공무

33) 김일수/서보학, 246면; 박상기, 234면; 배종대, 338면; 백형구, 389면; 이재상, 232면; 정성근/박광민, 232면; 이형국, 364면.

34) 이정원, 289면; 임웅, 246면;

35) 대법원 1984. 2. 14, 83도2897.

원이 승낙 받지 않고 상사나 동료의 방에 들어가는 것은 침입에 해당하지 않는다.

2) 주거권자의 의사

침입은 주거권자의 의사에 반하여 타인의 주거에 들어가는 것이다. 주거권자는 주거에의 출입과 주거 내에서의 체류를 결정할 수 있는 권리를 가진 자이다. 주거권자는 반드시 소유자이거나 직접점유자일 필요가 없다. 주거에 대한 점유는 적법하게 개시되어야 한다. 주거권을 적법하게 취득하여 주거에 사실상 거주하고 있는 이상 계속 거주할 권리가 있는가 여부는 문제되지 않는다.[36] 따라서 임대차기간이 종료된 이후에 임차인이 계속 점유하고 있는 건물에 소유자가 임차인의 의사에 반하여 출입한 때에는 본죄가 성립한다.[37] 그러나 이 경우에 반대로 임차인이 소유자가 폐쇄한 출입구를 뜯고 그 건물에 들어간 경우에는 본죄에 해당하지 않는다.[38] 또한 평소 그 건물에 출입이 허용된 사람이라 하더라도 주거권자의 의사에 반하여 주거에 들어간 경우에는 본죄가 성립한다.[39] 피고인이 피해자가 사용하고 있는 공중화장실의 용변 칸을 노크하여 남편으로 오인한 피해자가 문을 열자 강간할 목적으로 용변 칸에 들어간 때에는 피해자의 승낙이 있었다고 볼 수 없으므로 본죄에 해당한다.[40] 주거권자의 동의는 명시적인 것뿐만 아니라 묵시적인 것도 포함한다.

(i) 하나의 주거에 수인이 거주하는 경우에는 각자가 주거권을 가진다. 복수의 주거권자 중 한 사람의 승낙을 받고 주거에 들어가더라도 다른 거주자가 반대하거나 반대할 것이 예상되는 경우에는 본죄가 성립한다고 해야 한다. 그러므로 남편의 부재 중 간통하기 위해 그 처의 승낙을 얻어 주거에 들어간 경우에 본죄가 성립한다.[41] 주거권자가 주거권의 행사를 다른 사람에게 위탁할 수 있는데, 수탁자의 주거권 행

---

36) 대법원 1987. 11. 10, 87도1760.
37) 대법원 1989. 9. 12, 89도899.
38) 대법원 1985. 3. 26, 85도122.
39) 대법원 1995. 9. 15, 94도3336.
40) 대법원 2003. 5. 30, 2003도1256.
41) 박상기, 237면; 이재상, 234면; 이정원, 263면; 정성근/박광민, 231면; 대법원 1984. 6. 26, 83도685.

사가 위탁의 범위를 넘은 때에는 수탁자의 승낙을 얻어 주거에 들어가더라도 본죄가 성립한다.[42)]

(ii) 기망에 의해 주거권자의 승낙을 얻어 들어간 경우에도 본죄의 침입이 되는가에 대해 긍정설[43)]과 부정설[44)]이 대립한다. 생각건대 기망으로 얻은 승낙은 유효하지 않으므로 긍정설이 타당하다. 판례도 긍정설의 입장이다. 따라서 위조한 입장권을 제시하고 들어가거나 대리시험을 보기 위해 시험장에 들어간 경우,[45)] 음식점에 도청기를 설치하기 위해 손님을 가장하여 이 음식점에 들어간 경우,[46)] 강도,[47)] 절도[48)] 등과 같은 범죄의 목적으로 주거에 들어간 경우에 본죄에 해당한다.

(iii) 기차역, 버스터미널, 백화점, 슈퍼마켓, 식당, 호텔 및 은행 등과 같이 개방된 장소에 범죄의 목적으로 들어간 경우에는 본죄가 성립하지 않는다는 견해가 타당하다.[49)] 다만 개방된 장소라 하더라도 출입이 금지된 시간에 들어가는 경우,[50)] 출입금지구역에 다중이 집단적으로 고함이나 소란을 피우면서 들어가는 경우,[51)] 출입이 허용된 시간이더라도 복면을 하고 흉기를 휴대하고 은행에 들어가는 경우[52)]에는 본죄가 성립한다. 또 대학의 강의실에 일반인이 들어가는 것도 마찬가지이다.[53)]

### 3) 부작위에 의한 침입

형법이 규정하고 있는 퇴거불응죄는 진정부작위범이다. 그러나 주거에 대한 침입은 보증인의 부작위에 의해서도 가능하다. 즉 보증인의무를 진 자가 고의로 제3자의

---

42) 이재상, 235면.
43) 배종대, 341면; 백형구, 398면; 오영근, 313면; 이재상, 236면.
44) 김성천/김형준, 342면; 김일수/서보학, 244면; 박상기, 235면; 이정원, 285면; 임웅, 277면.
45) 대법원 1967. 12. 19, 67도1281.
46) 대법원 1997. 3. 28, 95도2674; 유사한 판례로는 1978. 10. 10, 75도2665.
47) 대법원 1990. 3. 13, 90도173.
48) 대법원 1983. 7. 12, 83도1394.
49) 배종대, 342면; 이재상, 237면.
50) 대법원 1956. 12. 7, 4289형상272.
51) 대법원 1996. 5.10, 96도419; 1983. 3. 8, 82도1363.
52) 대법원 1990. 3. 13, 90도173.
53) 대법원 1992. 9. 25, 92도1520.

침입을 방지하지 않거나 주거권자의 동의 없이 주거에 들어온 것을 알면서 아무런 조치를 취하지 않은 때에는 부작위에 의한 침입이 된다.[54)]

### 3. 주관적 구성요건

본죄가 성립하기 위해서는 주거권자의 의사에 반하여 타인의 주거 등에 들어간다는 고의가 있어야 한다. 주거권자의 동의가 있다고 오인한 경우에는 사실의 착오로서 고의가 조각된다. 주거에 들어갈 권한이 있다고 오인한 경우에는 법률의 착오로서 정당한 이유가 있는 때에 한하여 책임이 조각된다.

### 4. 위법성

주거권자의 동의에 의하여 그의 주거에 들어가는 행위는 처음부터 구성요건에 해당하지 않는다. 따라서 주거권자의 동의는 구성요건해당성을 조각하는 양해로서 위법성을 조각하는 피해자의 승낙과 구별된다. 본죄에 적용될 수 있는 위법성조각사유로는 법령에 의한 정당행위, 긴급피난 및 추정적 승낙을 들 수 있다.

형사소송법상의 체포, 구속, 압수, 수색, 검증을 위한 경우, 민사소송법상의 강제집행을 위한 경우 또는 노동법상의 쟁의행위를 위한 경우에 주거권자의 의사에 반하여 타인의 주거에 들어가는 것은 법령에 의한 정당행위로서 위법성이 조각된다. 그러나 사인이 현행범을 체포하기 위하여 범인의 아버지 집에 들어가거나[55)] 피고인이 동네 부녀자에 대한 욕설을 따지기 위해 동네 부녀자 10명과 함께 야간에 피해자의 집에 들어간 행위[56)]는 법령에 의한 행위가 아니므로 위법성이 조각되지 않는다. 권리자가 자기의 권리를 행사하기 위한 것일지라도 법정절차에 의하지 않고 주거에 들어간 때에는 본죄가 성립한다.[57)]

---

54) 배종대, 342면.
55) 대법원 1965. 12. 21, 65도899.
56) 대법원 1983. 10. 11, 83도2230.

### 5. 죄수

주거에 침입하기 위해 주거권자를 폭행하거나 재물을 손괴한 때에는 본죄와 폭행죄 또는 재물손괴죄는 상상적 경합이 된다. 그러나 절도, 강도, 강간 등의 범죄를 저지르기 위하여 피해자의 주거에 침입한 경우는 물론 주거에 침입하여 그러한 범죄를 저지른 경우에도 양 죄는 경합범이 된다. 야간주거침입죄(제330조) 또는 상습절도·강도(특정범죄가중처벌등에관한법률 제5조의4)가 성립하면 본죄는 성립하지 않는다.[58]

## Ⅲ. 퇴거불응죄(제319조)

### 1. 의의

본죄는 적법하게 타인의 주거, 관리하는 건조물, 선박·항공기·점유하는 방실에 들어갔으나 주거권자의 퇴거요구를 받고 응하지 아니함으로써 성립하는 범죄이다. 본죄는 진정신분범이다.

### 2. 객관적 구성요건

먼저 퇴거요구가 필요하다. 퇴거요구는 1회로도 충분하다. 이 때 퇴거를 요구할 수 있는 자는 주거권자이다. 물론 주거권자는 대리인이나 주거권을 위탁받은 자를 통해서 퇴거를 요구할 수 있다. 또한 퇴거요구는 명시적일 필요가 없고, 법률에 의하여 제한될 수 있다. 따라서 임대차기간이 종료하여 소유자로부터 퇴거요구를 받고 이에 응하지 않더라도 본죄는 성립하지 않지만,[59] 직장폐쇄 후에도 계속된 직장점거는 본

---

57) 대법원 2008. 5. 8, 2007도11322.
58) 대법원 1984. 12. 26, 84도1573.
59) 박상기, 239면.

죄에 해당한다.[60)]

본죄는 퇴거요구에 즉시 응하지 않음으로써 기수에 이른다. 다만 부작위범은 행위가능성을 성립요건으로 하기 때문에 행위자는 퇴거에 응할 수 있어야 한다. 따라서 달리는 차에서 내리라고 하거나 옷을 벗고 있는 사람에게 나가라는 요구에 응하지 않는 것은 본죄에 해당하지 않는다.

### 3. 주관적 구성요건

본죄가 성립하기 위해서는 퇴거요구에 퇴거할 수 있음에도 불구하고 응하지 않는다는 고의가 있어야 한다. 미필적 고의로도 충분하다.

### 4. 미수범

본죄의 미수범은 처벌한다(제322조). 그러나 본죄는 진정부작위범이므로 미수가 성립할 여지는 없다고 해야 한다.[61)]

## Ⅳ. 특수주거침입죄(제320조)

본죄는 단체 또는 다중의 위력을 보이거나 위험한 물건을 휴대하여 주거침입이나 퇴거에 불응함으로써 성립하는 범죄이다. 주거침입죄와 퇴거불응죄에 대하여 행위방법 때문에 불법이 가중되는 가중구성요건이다. 본죄의 특별법으로 폭력행위등처벌에관한법률 제3조가 있다.

---

60) 대법원 1991. 8. 13, 91도1324.

61) 박상기, 239면; 배종대, 347면; 백형구, 401면; 이재상, 240면; 이정원, 288면; 정성근/박광민, 392면. 반대견해로는 김성천/김형준, 349면; 김일수/서보학, 250면; 임웅, 233면.

## Ⅴ. 주거 · 신체수색죄(제321조)

본죄는 사람의 신체 · 주거 · 관리하는 건조물 · 자동차 · 선박이나 항공기 또는 점유하는 방실을 수색함으로써 성립하는 범죄이다. 수색이란 사람 또는 물건을 발견하기 위하여 사람의 신체 또는 일정한 장소를 조사하는 것을 말한다. 그러나 법령에 근거한 수색은 위법성이 조각되고, 피해자의 동의에 의한 수색의 경우에는 구성요건해당성이 조각된다. 주거에 침입하여 수색한 때에는 본죄와 주거침입죄는 경합범이 된다. 절도나 강도를 위하여 수색한 때에는 본죄는 별도로 성립하지 않는다. 본죄의 미수범은 처벌한다(제322조).

# 제5장 재산에 대한 죄

재산에 대한 범죄라 함은 개인의 재산권을 침해하는 범죄를 말한다. 이를 재산죄라고 한다. 재산죄는 절도와 강도의 죄(제38장), 사기와 공갈의 죄(제39장), 횡령과 배임의 죄(제40장), 장물에 관한 죄(제41장), 손괴의 죄(제42장) 및 권리행사방해죄(제37장)로 구성되어 있다. 재산죄를 보호법익, 행위객체 및 침해방법에 따라 구별하면 다음과 같다.

① 보호법익에 따른 구별: 소유권을 보호법익으로 하는 재산죄에는 절도죄, 횡령죄, 손괴죄 등이 있고, 전체로서의 재산을 보호법익으로 하는 재산죄는 강도죄, 사기죄, 공갈죄, 배임죄, 장물죄, 부당이득죄 등이고, 소유권 이외의 물권과 채권을 보호법익으로 하는 재산죄로는 권리행사방해죄, 점유강취죄, 강제집행면탈죄, 자동차 등 불법사용죄 등을 들 수 있다.

② 행위객체에 따른 구별: 재물죄와 이득죄로 나눌수 있다. 절도죄, 횡령죄, 장물죄, 손괴죄는 재물죄이며, 배임죄는 이득죄이다. 강도죄, 사기죄, 공갈죄는 재물죄인 동시에 이득죄이다.

③ 영득의사의 유무에 다른 구별: 불법영득의사를 요하는 영득죄에는 절도죄, 횡령죄, 강도죄, 사기죄, 공갈죄가 있고 불법영득의사가 필요 없는 재산죄에는 손괴죄가 속한다.

④ 침해방법에 따른 구별: 영득죄를 상대방의 의사에 반하여 재물을 취득하는 탈취죄와 상대방의 하자있는 의사에 따라 재물을 취득하는 편취죄로 나눌수 있다. 탈취죄에는 절도죄, 강도죄, 장물죄, 횡령죄가 있는 반면, 편취죄에는 사기죄와 공갈죄가 속한다.

# 제1절 절도죄

## I. 서설

### 1. 의의

본죄는 타인의 재물을 절취함으로써 성립하는 범죄이다. 절도죄는 재물만을 행위객체로 하는 재물죄라는 점에서 재산상의 이익만을 행위객체로 하는 배임죄는 물론 재물과 재산상의 이익을 모두 행위객체로 하는 강도죄, 사기죄, 공갈죄와 구별된다.

### 2. 보호법익

본죄의 보호법익이 무엇인가에 대하여 학설이 대립하고 있다. 소유권이라고 하는 소유권설,[1] 점유라고 하는 점유설 및 소유권 이외에 점유라고 하는 절충설[2]이 그것이다. 생각건대 소유권설이 다당하다. 소유권은 물권의 대표적인 권리이므로 소유권의 보호는 곧 점유의 보호를 의미한다는 것, 절도죄에 있어서의 점유는 사실상의 지배를 의미하는 사실상의 개념으로서 보호할 가치가 있는 점유일 필요가 없다는 것,[3] 절도죄의 주관적 구성요건인 불법영득의사는 소유권을 영득할 의사를 의미한다는 것을 그 이유로 한다. 그러므로 점유를 침해하였으나 소유권의 침해가 없다면 절도죄는 성립하지 않는다.[4]

절도죄의 경우에 피해자는 소유권을 상실하지 않으므로 본죄는 위험범이라는 견해가 있다. 그러나 절도죄는 소유권의 내용인 물건의 사용, 수익, 처분권한을 침해하므로 본죄는 침해범이라고 해야 한다. 법익을 침해하지 않는 행위를 범죄로 하는 것

---

1) 김성천/김형준, 358면; 김일수/서보학, 268면; 박상기, 250면; 배종대, 351면; 이재상, 243면; 이정원, 291면.
2) 이형국, 377면; 임웅, 260면; 정성근/박광민, 259면.
3) 이재상, 244면.
4) 대법원 1977. 6. 7, 77도1069.

은 형벌권의 확대를 의미하므로 위험범은 법익침해의 입증이 곤란하거나 침해된 법익의 원상회복이 불가능한 경우와 같이 예외적인 경우에만 허용되어야 한다.

### 3. 구성요건체계

본죄의 기본구성요건은 절도죄(제329조)이다. 이에 대한 가중구성요건으로는 야간주거침입절도죄(제330조), 특수절도죄(제331조), 상습절도죄(제332조)가 있다. 감경구성요건에는 자동차등불법사용죄(제331조의2)가 속한다. 본죄의 미수범은 처벌한다(제342조). 친족상도례가 적용되고(제344조), 자격정지를 병과할 수 있다(제345조).

## Ⅱ. 절도죄(제329조)

### 1. 객관적 구성요건

#### (1) 행위객체

1) 재물

본죄의 행위객체는 타인이 점유하는 타인의 재물이다. 여기서 재물이란 유체물 및 관리할 수 있는 동력을 의미한다. 이는 민법상의 물건의 개념과 동일한 것이다. 그러나 민법은 제98조에서 “물건이라 함은 유체물 및 전기 기타 관리할 수 있는 자연력”이라고 명시적으로 규정하고 있는 반면, 형법은 “본장에서 관리할 수 있는 동력은 재물로 간주한다”고 규정하는 제346조에 의하여 동력을 재물에 포함시키고 있다. 이와 관련하여 문제되는 것은 형법상 재물은 유체물 이외에 관리할 수 있는 동력도 포함하는가 하는 점이다. 이에 대하여 유체성설과 관리가능성설이 대립한다.

유체성설[5]은 형법상의 재물은 일정한 공간을 차지하는 유체물만을 의미한다는 견해임에 반하여, 관리가능성설[6]은 관리가 가능하면 유체물뿐만 아니라 무체물도 재물이 된다는 견해이다. 유체성설에 의하면 무체물은 제346조에 의하여 비로소 재물이 되므로 제346조는 예외규정이지만, 관리가능성설에 의하면 무체물은 재물에 포함하므로 제346조는 주의규정이 되는 것이다.

생각건대 유체성설이 타당하다. 형법상의 재물개념은 민법상의 물건개념과 다른 형법에 고유한 개념이고, 형법은 제346조를 별도로 규정하여 동력을 재물로 간주하고 있으며, 형법 제346조에서 "간주한다"라는 말은 동력은 재물이 아니지만 예외적으로 재물로 보겠다는 것을 의미하는 것이다.[7]

2) 재물의 개념적 요소

(i) 유체물

유체물은 일정한 공간을 차지하고 있는 물체로서 고체・액체・기체를 포함한다. 현금은 물론 물, 수증기, 가스 등도 유체물이 된다. 그러나 채권 또는 청구권과 같은 권리는 재물이 아니다. 다만 이러한 권리가 화체된 어음・수표・상품 등의 유가증권 또는 예금통장 등의 문서는 유체물에 해당한다. 바닷물, 공기, 별, 해, 달도 유체물이지만 관리할 수 없을 뿐만 아니라 소유권의 대상이 될 수도 없기 때문에 재물이 될 수 없다.[8]

(ii) 관리할 수 있는 동력

관리할 수 있는 동력이란 사실상 또는 법률상 지배할 수 있는 동력을 말한다. 여기서 말하는 관리는 물리적 관리를 의미한다.[9] 따라서 사무적으로 관리할 수 있는 권리는 여기에 포함되지 않는다.[10] 이러한 동력으로는 전기・열・냉기・수력・압력・

---

5) 김일수/서보학, 270면; 박상기, 244면; 배종대, 354면; 이정원, 297면.
6) 김성천/ 김형준, 360면; 이재상, 247면; 임웅, 264면; 정성근/박광민, 243면.
7) 배종대, 355면.
8) 대법원 1964. 6. 23, 64도209.
9) 김일수/서보학, 271면; 배종대, 356면; 이재상, 248면; 임웅, 263면; 정성근/박광민, 244면.
10) 이재상, 248면.

빛 등을 들 수 있다. 관리할 수 있기 위해서는 축전기 등과 같이 일정한 용기에 의해 유체화되거나 인공냉온기, 전력 또는 수력과 같이 통제가 가능해야 한다. 그러므로 물리적 관리가 불가능한 전화통화는 재물이 되지 않는다.[11] 그리고 동력이 자연적 에너지만을 의미하는지 또는 사람이나 우마차의 힘도 포함되는지에 대해서도 견해가 대립하고 있다. 긍정설은 민법은 "전기 기타 관리할 수 있는 자연력"이라고 규정하고 있고, 형법은 제346조가 단지 "관리할 수 있는 동력"이라고 하는 점에 비추어 자연력에 제한해야 할 이유가 없다고 한다.[12] 그러나 부정설[13]은 물리적으로 관리할 수 있는 동력은 유체물과 동일한 정도로 보호해야 할 가치가 있는 자연적 에너지라고 해야 하므로 무제한 확대해서는 안 된다고 한다. 부정설이 타당하다고 생각한다. 그리고 동력이 아닌 정보는 재물에 속하지 않는다. 따라서 타인의 문서를 복사한 뒤 원본은 두고 사본만 가져간 경우[14]나 컴퓨터의 저장된 정보를 출력하여 생성한 문서를 가져간 경우[15]에는 절도죄가 성립하지 않는다. 그러나 컴퓨터에 저장된 정보를 출력하기 위하여 A4용지 2장을 사용한 경우에 2장의 출력용지는 재물이 될 수 있다.

(iii) 경제적 가치

본죄의 행위객체인 재물은 경제적 가치가 있어야 하는가에 대하여 대법원은 반드시 객관적인 금전적 교환가치를 가질 필요는 없고 소유자 또는 점유자가 주관적인 가치를 가지고 있는 것으로 족하다고 한다.[16] 따라서 주민등록증,[17] 주권포기각서,[18] 인감증명서,[19] 폐지로 소각될 도시계획구조변경계획서,[20] 부동산매매계약서

11) 대법원 1998. 6. 23, 98도700.
12) 오영근, 333면; 이재상, 249면.
13) 김일수/서보학, 272면; 배종대, 357면; 정성근/박광민, 244면.
14) 대법원 1998. 8. 23, 95도192.
15) 대법원 2002. 7. 12, 2002도745.
16) 대법원 2007. 8. 23, 2007도595.
17) 대법원 1969. 12. 9, 69도1627.
18) 대법원 1996. 9. 10, 95도2747.
19) 대법원 1986. 9. 23, 85도1775.

사본,[21] 위조된 유가증권,[22] 백지의 자동차출고의뢰용지,[23] 법원으로부터 송달된 심문기일소환장[24] 등은 재물이 된다. 그러나 경제적 가치도 없고 주관적 가치도 없는 물건은 재물이 될 수 없다고 해야 한다.[25]

(iv) 신체 · 사체

사람의 신체는 소유권의 대상이 될 수 없기 때문에 재물이 될 수 없다. 이와는 달리 사람의 신체로부터 분리된 모발 · 혈액 · 치아 · 장기 · 뼈 등은 분리당한 사람의 소유에 속하는 물건으로서 재물이 된다.[26] 의치, 의족, 의안, 가발 등은 신체의 일부로 간주되므로 재물이 아니라고 해야 한다. 수정되기 전의 정자나 난자는 재물로 보아야 한다. 그러나 착상 전의 배아가 재물이 될 수 있는가에 대해서는 학설이 대립한다. 착상 전의 배아는 앞으로 생명체로 발전할 것이므로 재물로 볼 수 없다. 사체는 형법 제161조(사체 등 영득죄)에 의해 특별한 보호를 받기 때문에 재물에 포함되지 않는다.[27] 그러나 사체가 학술적 연구대상(미이라, 해부용 사체)이 된 때에는 재물이 될 수 있다.[28]

(v) 금제품

금제품이란 법적으로 소유 또는 소지가 금지되어 있는 물건을 말한다. 금제품이 소유권의 객체가 될 수 있는가에 대해 견해가 대립한다. 부정설은 금제품은 경제적 이용가능성이 없기 때문에 소유권의 객체가 될 수 없다고 한다.[29] 긍정설은 금제품이라 할지라도 법 절차에 따라 몰수되기까지는 소유와 점유를 보호해야 하고, 금제

---

20) 대법원 1981. 3. 24, 80도2902.
21) 대법원 2007. 8. 23, 2007도2595.
22) 대법원 1998. 11. 24, 98도2967.
23) 대법원 1996. 5. 10, 95도3057.
24) 대법원 2000. 2. 25, 99도5775.
25) 권오걸, 354면; 김일수/서보학, 273면; 배종대, 357면.
26) 김일수/서보학, 274면; 박상기, 247면; 배종대, 357면.
27) 김일수/서보학, 274면; 박상기, 247면; 배종대, 329면; 오영근, 350면; 이재상, 252면; 임웅, 269면.
28) 이재상, 252면.
29) 서일교, 133면.

품은 국가에 귀속하기 때문에 재물이 된다고 한다.[30] 끝으로 절충설은 위조통화 · 아편흡식기와 같이 소유할 수 없는 물건은 재물성이 없지만 불법무기 · 마약처럼 단지 소지만 금지되는 물건의 경우에는 재물성이 인정된다는 견해이다.[31] 판례는 대마취급자가 아닌 자가 절취한 대마를 흡입할 목적으로 소지하는 행위는 절도죄의 보호법익과는 다른 새로운 법익을 침해하는 행위이므로 절도죄의 불가벌적 사후행위로서 절도죄에 포괄 흡수된다고 할 수 없고 절도죄 외에 별개의 죄를 구성한다고 할 것이며, 절도죄와 무허가대마소지죄는 경합범의 관계에 있다고 판시하여 긍정설을 지지하고 있다.[32]

생각건대 물건의 소유 또는 소지를 법적으로 금지하는 것은 물건을 소유권의 객체로 할 수 없다는 것을 의미하는 것은 아니다. 민법은 금제품의 소유권을 부정하는 규정을 두고 있지 않기 때문이다. 따라서 마약의 원료를 재배하여 마약을 제조한 자는 원시취득(민법 제259조)에 의하여 마약의 소유권을 취득하고, 그 마약을 절취하는 때에는 절도죄가 성립한다고 해야 한다. 그러므로 긍정설이 타당하다.

(vi) 무주물

무주물이란 소유자가 없는 물건을 말한다. 무주물은 타인의 재물이 아니므로 절도죄의 객체가 될 수 없다. 야생짐승이나 어류를 잡는 것은 절도죄가 되지 않는다. 그러나 집에서 기르는 가축이나 양어장 안에 있는 어류는 타인의 소유에 속하므로 재물이 된다.

무주물에는 소유자가 합법적으로 소유권을 포기한 물건도 포함된다. 그러므로 소유자가 소유권을 포기하지 않은 분실물은 무주물에 해당하지 않는다.

(vii) 부동산

동산 이외에 부동산도 본죄의 재물에 속하는지가 문제된다. 부정설은 절취의 개념

---

30) 김일수/서보학, 275면; 박상기, 246면.

31) 배종대, 358면; 이정원, 303면; 이재상, 254면; 임웅, 253면; 정성근/박광민, 248면.

32) 대법원 1999. 4. 13, 98도3619; 1998. 11. 24, 98도2967.

은 재물의 장소적 이전을 전제로 하고 있고, 현실적으로 부동산을 점거하는 것은 불가능하며, 부동산경계를 침범하는 것에 대하여 경계침범죄(제370조)가 적용되므로 부동산은 본죄의 재물이 될 수 없다고 한다.[33] 이에 대하여 긍정설은 절취는 재물에 대한 지배의 이전을 요할 뿐, 반드시 장소적 이전을 필요로 하지 않고, 형법상의 재물을 동산에 제한할 이유가 없기 때문에 부동산도 재물에 포함된다고 한다.[34] 부정설이 타당하다. 경계를 침범하거나 타인의 부동산을 점거하는 것은 각각 경계침범죄(제370조)와 주거침입죄(제314조)로 처벌할 수 있기 때문이다.

3) 타인의 재물

본죄의 행위객체는 타인의 재물이다. 여기에서 타인이란 행위자 이외의 자연인·법인·법인격 없는 단체를 포함한다. 이때 물건이 누구의 소유에 속하는가는 민법에 의하여 결정된다. 타인 토지상에 권한 없이 식재한 수목의 소유권은 토지소유자에게 귀속하므로 권원 없이 식재한 감나무에서 감을 수확하는 것은 절도죄에 해당한다.[35] 타인과 공유관계에 있는 재물도 절도죄의 객체가 된다.[36] 그러므로 조합원의 1인이 조합원의 공동점유에 속하는 합유물을 다른 조합원의 승낙 없이 단독으로 취거한 경우에는 물론[37] 동업자의 공동점유에 속하는 동업재산을 다른 동업자의 승낙 없이 그 점유를 배제하고 단독으로 자기의 지배로 옮긴 경우에도 절도죄가 성립한다.[38]

4) 타인의 점유

본죄의 행위객체는 타인이 점유하고 있는 타인의 재물이다. 여기서 점유란 재물에 대한 사실상의 지배를 말한다.[39] 재물에 대해 타인의 점유가 인정되는가 여부는 객

33) 김성천/김형준, 363면; 김일수/서보학, 275면; 박상기, 245면; 배종대, 359면, 백형구, 128면; 이재상, 251면; 이정원, 301면.
34) 오영근, 369면; 임웅, 267면; 정성근/박광민, 247면.
35) 대법원 1998. 4. 24, 97도3425.
36) 대법원 1994. 11. 25, 94도2432; 1979. 10. 30, 79도1995.
37) 대법원 1982. 4. 27, 81도2596.
38) 대법원 1987. 12. 8, 87도1831.
39) 이재상, 254면.

관적인 요소로서의 관리범위 내지 사실적 관리가능성과 주관적인 요소로서의 지배의사를 참작하여 결정하되 궁극적으로는 당해 물건의 형상과 그 밖의 구체적인 사정에 따라 사회통념에 비추어 규범적 관점에서 판단하여야 한다.[40] 형법상의 점유는 사실상의 개념으로서 법률적 개념인 민법상의 점유와 구별된다. 따라서 형법에 있어서는 간접점유(민법 제194조) 또는 상속에 의한 점유의 승계(민법 제193조)는 인정되지 않고, 법인은 점유의 주체가 될 수 없으며 점유보조자(민법 제193조)도 점유자가 된다.

(i) 점유의 개념요소

형법상의 점유는 객관적 · 물리적 요소, 주관적 · 정신적 요소 및 규범적 · 사회적 요소로 구성되어 있다.

(가) 객관적 · 물리적 요소

점유란 재물에 대한 사실상의 지배를 말한다. 사실상의 재물지배는 사람의 재물에 대한 시간적 · 장소적 작용가능성이 있을 때에 인정된다. 다시 말하면 사실상의 재물지배는 재물에 대한 사실상의 처분가능성을 의미한다. 예컨대, 손으로 잡고 있거나 몸에 지닌 물건뿐만 아니라 집, 공장, 점포, 가게 안에 있는 물건에 대해서도 사실상의 지배가 인정된다.[41] 물건에 대한 지배가 적법할 필요가 없으므로 절도범도 절취한 물건에 대하여 점유를 가진다.[42]

(나) 주관적 · 정신적 요소

형법상의 점유가 인정되기 위해서는 재물에 대한 지배의사가 필요하다.[43] 지배의사는 재물을 사실상 처분할 수 있는 의사로서 소유의사 또는 영득의사와 구별된다. 사실상의 처분의사는 법적 처분권이나 행위능력을 필요로 하지 않으므로 정신병자나 어린이도 지배의사를 가질 수 있다.[44] 그러나 법인의 지배의사는 인정되지 않는

---

40) 대법원 2008. 7. 10, 2008도3252.
41) 김일수/서보학, 276면; 배종대, 362면; 이재상, 255면.
42) 대법원 1966. 12. 20, 66도1437.
43) 대법원 1981. 8. 25, 80도509.

다. 지배의사는 특정물에 대한 구체적 의사가 아니라 일반적인 의사로 족하므로 개개의 재물에 대한 인식은 필요하지 않다. 예를 들면 편지통 속에 들어 있는 물건은 주인에게 점유가 인정된다. 지배의사는 현실적 의사일 필요가 없고 잠재적 의사로도 충분하다. 따라서 의식을 잃은 사람도 지배의사를 가질 수 있다.[45] 강간피해자가 현장에 두고 간 손가방은 여전히 피해자의 지배하에 있는 물건이므로 이 가방에서 피해자 소유의 돈을 꺼낸 행위는 절도죄에 해당한다.[46]

(다) 사회적 · 규범적 요소

형법상의 점유는 주관적 · 정신적 및 객관적 · 물리적 요소 이외에 사회적 · 규범적인 요소에 의해서 결정된다. 즉 형법상의 점유는 사실상의 지배나 점유의사에 의해서만 결정되는 것이 아니라 거래계의 경험칙에 따라 결정되어야 한다.[47] 이 사회적 · 규범적 요소는 형법상의 점유개념을 확대하거나 축소하기도 한다. 점유는 사실상의 지배관계에서 벗어나거나 점유가 일시적으로 정지되더라도 없어지지 않으므로 점유의 범위가 확대된다.[48] 예컨대, 여행을 떠나면서 집에 두고 온 물건, 공항주차장에 세워둔 자동차,[49] 논에 두고 온 농기구, 산이나 들에 풀어 놓은 가축 등은 계속 주인의 점유에 속한다. 반대로 사회적 · 규범적 요소에 의해서 점유의 개념이 축소된다. 사실상의 지배나 지배의사가 있는데도 불구하고 점유를 인정할 수 없는 경우가 여기에 해당한다. 예를 들면 음식점에서 손님이 사용하고 있는 그릇, 가정부가 지키고 있는 집안의 물건, 가게의 점원이 파는 물건 등은 주인의 점유에 속한다. 예식장의 축의금 접수대에서 접수인인 것처럼 행세하여 축의금을 교부받은 자에게 그 축의금에 대한 점유가 인정되지 않는다.[50]

---

44) 김일수/서보학, 277면; 박상기, 253면; 배종대, 362면; 이재상, 256면.
45) 대법원 1956. 8. 17, 4289형상170.
46) 대법원 1984. 2. 28, 84도38.
47) 이재상, 257면.
48) 김일수/서보학, 279면; 박상기, 253면; 이재상, 257면.
49) 대법원 1962. 11. 15, 62도149.
50) 대법원 1996. 10. 15, 96도2227.

분실물이 타인의 지배범위 내에 있으면 분실물에 대해서 새로운 점유가 개시된다. 여관, PC방,[51] 당구장,[52] 목욕탕, 도서관 등에 있는 분실물은 주인 또는 관리자의 점유에 속한다.

그러나 대법원은 고속버스 운전자는 승객이 두고 내린 유실물에 대하여 점유를 취득하지 않으며,[53] 승객이 지하철의 전동차 바닥이나 선반 위에 놓고 내린 물건은 지하철 승무원의 점유에 속하지 않는다[54]고 판시한다.

그 밖의 분실물의 경우에는 재물의 점유자가 재물의 소재를 알고 있고, 그것을 찾을 수 있으면 점유는 상실되지 않는다. 그러나 재물의 소재를 알지 못하는 때에 재물은 점유를 이탈한 것으로 보아야 한다.[55]

(ii) 공동점유

공동점유란 다수인이 하나의 재물에 대하여 사실상의 지배를 가지는 것을 말한다. 공동점유는 동등한 공동점유와 상하관계의 공동점유로 구별된다.

(가) 동등한 공동점유

공동점유가 동등한 관계에 있는 경우에 공동점유자 간에 점유의 타인성이 인정되므로 그 중 1인이 다른 공동점유자의 점유를 침해하면 절도죄가 된다. 이러한 공동점유의 예로 동업자,[56] 부부,[57] 조합원[58]의 공동점유를 들 수 있다.

51) 대법원 2007. 3. 15, 2006도9338.
52) 대법원 1988. 4. 25, 88도409.
53) 대법원 1993. 3. 16, 92도3170.
54) 대법원 1999. 11. 26, 99도3693.
55) 김일수/서보학, 279면; 이재상, 258면.
56) 대법원 1995. 10. 12, 94도2076.
57) 대법원 1984. 1. 31, 83도3027.
58) 대법원 1982. 12. 28, 82도2058.

**판례(1984. 1. 31, 83도3027)**

인장이 들어 있는 돈 궤짝을 사실상 별개 가옥에 별거 중인 남편이 그 거주가옥에 보관 중이었다면 처가 그 돈 궤짝의 열쇠를 소지하고 있었다고 하더라도 그 안에 들은 인장은 처의 단독 보관 하에 있는 것이 아니라 남편과 공동보관 하에 있다고 보아야 할 것이므로, 공동보관자 중의 1인인 처가 다른 보관자인 남편의 동의 없이 불법영득의 의사로 인장을 취거한 이상 절도죄를 구성한다.

(나) 상하관계의 공동점유

상점주인과 종업원 간의 관계가 여기에 해당한다. 상점주인은 상위점유자, 종업원은 하위점유자이다. 이 경우에 점원은 상점 안에 있는 물건에 대한 점유자이긴 하지만 상점주인에 대해서는 순수한 보조기능을 가지는데 지나지 않으므로 상위점유자인 상점주인이 단독점유를 가진다고 해야 한다. 따라서 종업원이 상점주인의 점유를 침해하면 절도죄가 성립한다.[59] 대법원도 같은 입장에 있다.

**판례(대법원 1966. 1. 31, 65도1178)**

은행에서 찾은 현금을 운반하기 위하여 소지하게 된 자가 그 금원 중 일부금을 꺼내어 이를 영득한 경우에는 피고인의 운반을 위한 소지는 피고인의 독립적인 점유에 속하는 것이 아니고 피해자의 점유에 종속하는 점유의 기관으로서 소지함에 지나지 않으므로 이를 영득한 행위는 피해자의 점유를 침탈함에 돌아가기 때문에 절도죄가 성립한다.

① 그러나 점원이 상점주인의 위탁받아 사실상 지배한 금고 안의 돈과 오토바이를 영득한 경우에는 점원의 단독점유가 인정되어 횡령죄가 성립한다.[60] 또 은행, 역 또는 백화점에서 금전을 관리하는 출납직원이 자기의 책임 하에 돈을 인출할 수 있는 때에는 그의 단독점유가 인정된다. 그리고 독자적으로 지점을 운영하는 사용인도 그

59) 김일수/서보학, 281면; 박상기, 256면; 배종대, 365면; 이재상, 260면.
60) 대법원 1982. 3. 9, 81도3396.

지점의 금전이나 재물에 대하여 단독점유를 가진다.[61)]

② 화물의 운반이 위탁된 경우에는 위탁자의 감독 또는 통제가 가능하면 화물에 대하여 위탁자와 운반자의 공동점유가 인정되고 그렇지 않은 경우에는 운반자가 단독점유를 가진다고 해야 한다.[62)] 대법원은 은행에 입금지시를 받은 사환이 이를 소비한 경우,[63)] 단독으로 물건운반을 위탁받은 지게꾼이 이를 영득한 경우,[64)] 화물자동차의 운전자가 위탁받은 재물을 영득한 경우[65)]에는 운전자의 단독점유를 인정하여 절도죄가 아니라 횡령죄가 성립한다고 판시한다. 그러나 철도공무원이 운반 중인 화물을 처분한 때에는 절도죄가 성립한다.[66)]

(다) 봉함물 내지 포장물

시정되어 있는 포장물을 보관하는 경우 가방 안에 들어 있는 물건들은 위탁자와 수탁자 중 누구의 점유 하에 있는가가 문제가 된다.

이에 대하여 포장물 전체에 대해서는 수탁자의 점유가 인정되지만 그 내용물에 대해서는 위탁자가 점유자라는 견해,[67)] 내용물과 함께 포장물 전체에 대해 위탁자에게 점유가 있다고 보는 견해,[68)] 내용물을 포함한 포장물 전체가 수탁자의 점유에 속한다는 견해,[69)] 위탁이 실질적인 경우에는 수탁자의 점유에 속하지만, 형식적인 경우에는 위탁자의 점유를 인정한다는 견해[70)] 및 위탁된 용기의 크기와 이에 대한 위탁자 또는 열쇠소지자의 접근가능성을 기준으로 하여 위탁된 용기가 크거나 부동산에 부착되어 있기 때문에 움직일 수 없으면 위탁자의 단독점유가 인정되고, 용기가 독

61) 이재상, 260면.
62) 이재상, 261면; 이정원, 316면; 임웅, 259면.
63) 대법원 1968. 10. 29, 68도1222.
64) 대법원 1982. 12. 23, 82도2394.
65) 대법원 1957. 9. 20, 4290형상281.
66) 대법원 1967. 7. 8, 65도798.
67) 대법원 1956. 1. 27, 4288형상375.
68) 황산덕, 275면.
69) 오영근, 353면; 임웅, 278-279면.
70) 김일수/서보학, 283면; 박상기, 257면; 배종대, 371면; 이정원, 316면; 정성근/박광민, 269면.

자적으로 움직일 수 있으면 원칙적으로 수탁자의 단독점유에 속하지만 그 용기에 대하여 위탁자 또는 열쇠소지자가 자유로이 접근할 수 있으면 위탁자와 수탁자의 공동점유에 속한다는 견해[71]가 대립한다. 생각건대 위탁된 용기의 크기와 이에 대한 위탁자 등의 접근가능성을 기준으로 판단하는 견해가 타당하다.

(iii) 사자의 점유

사자의 점유를 인정할 것인가에 대하여 견해가 대립한다. 부정설은 사람이 사망하면 지배의사를 가질 수 없기 때문에 사자의 점유를 인정할 수 없다고 한다. 이 견해에 의하면 사람을 살해한 후 피해자의 재물을 가져가는 경우에 살인죄와 점유이탈물횡령죄의 경합범이 성립한다. 이와는 달리 긍정설은 형법의 점유는 민법의 점유와 구별되는 현실적 개념이기 때문에 피해자가 사망한 후에도 그 점유는 계속된다고 한다. 다만 이 경우에도 사망 후 상당한 기간이 경과한 때에는 사자의 점유는 인정되지 않는다고 한다. 대법원은 피해자의 생전의 점유는 사망 후에도 여전히 계속된다고 하여 긍정설의 입장이다.[72] 그러나 재물을 강취하기 위하여 사람을 살해한 경우에 부정설도 강도살인죄의 성립을 인정하기 때문에 긍정설과 큰 차이는 없다.[73] 따라서 사람이 사망한 후에는 점유의사가 없으므로 사자의 점유를 부정하는 부정설이 타당하다.

### (2) 구성요건적 행위

본죄의 구성요건적 행위는 타인의 재물을 절취하는 것이다. 여기서 절취란 타인이 점유하고 있는 타인의 재물을 점유자의 의사에 반하여 그 점유를 배제하고 자기 또는 제3자의 점유로 이전하는 것을 말한다. 즉 절취는 타인의 점유배제와 점유의 취득을 의미한다.

---

71) 이재상, 262면.
72) 대법원 1993. 9. 28, 93도2143.
73) 배종대, 360면.

1) 점유의 배제

점유의 배제란 점유자의 사실상의 재물지배를 그의 의사에 반하여 박탈하는 것을 말한다. 그 수단과 방법에는 제한이 없다. 점유배제가 은밀하게 이루어질 필요는 없다. 또 행위자가 직접 절취해야 하는 것도 아니다. 점유자의 의사에 반한 점유배제를 요하므로 점유자의 동의가 있는 때에는 점유배제가 인정되지 않는다. 묵시적인 동의가 있는 경우에도 마찬가지이다.[74] 따라서 약정에 기한 인도 등의 청구권이 인정된다 하더라도 취거 당시에 점유 이전에 관한 점유자의 명시적・묵시적 동의가 있었던 것으로 인정되지 않는 한 절취에 해당한다.[75] 그러나 점유자의 동의가 조건부인 경우에는 조건이 충족되면 동의가 있는 것이므로 점유배제에 해당하지 않는다. 금방에서 마치 귀금속을 구입할 것처럼 가장하여 순금목걸이 등을 건네받은 다음 화장실에 갔다 오겠다는 핑계를 대고 도주한 것이라면 피해자의 동의가 없기 때문에 본죄가 성립한다.[76]

본죄의 착수시기는 타인의 점유를 배제하는 행위를 개시한 때이다. 대법원은 절취할 재물에 접근하거나[77] 이를 물색할 때[78] 실행의 착수가 있다고 한다. 예를 들면 소매치기하기 위하여 손을 뻗쳐 호주머니 겉을 더듬는 경우,[79] 자동차 안에 있는 물건을 훔치기 위하여 손잡이를 잡아당길 경우가[80] 여기에 해당한다. 그러나 주간에 아파트 출입문 시정장치를 손괴하다가 발각되어 도주한 경우에는 실행의 착수가 되지 않는다.[81]

---

74) 대법원 1990. 8. 10, 90도1211.
75) 대법원 2010. 2. 25, 2009도5064.
76) 대법원 1994. 8. 12, 94도1487.
77) 대법원 1965. 6. 22, 65도427.
78) 대법원 2003. 6. 24, 2003도1895.
79) 대법원 1984. 12. 11, 84도2524.
80) 대법원 1986. 12. 23, 86도2256.
81) 대법원 2009. 12. 24, 2009도9667.

### 2) 점유의 취득

점유의 취득이란 행위자 또는 제3자가 재물에 대한 사실상의 지배를 가지는 것을 말한다.

점유취득은 영구적일 필요는 없다. 따라서 일시적인 점유취득으로도 족하다. 일반적으로 점유배제와 새로운 점유취득은 동시에 일어난다. 그러나 반드시 그래야 하는 것은 아니다. 달리는 자동차에서 물건을 떨어뜨리고 나중에 가져가는 경우에도 새로운 점유취득에 해당한다.[82)]

본죄의 기수시기에 대해서 견해가 대립한다. 접촉설은 행위자가 재물에 접촉하는 때에 기수에 이른다고 한다. 취득설은 재물을 취득한 때에 기수가 된다고 한다. 이전설은 재물이 피해자의 지배범위로부터 장소적으로 이전되었을 때 기수가 된다고 한다. 은닉설은 재물을 안전한 장소에 감추었을 때에 비로소 기수가 된다고 한다.

통설[83)]은 취득설을 따른다. 그러나 이 견해에 의하더라도 취득시점은 구체적인 경우에 재물의 크기, 성질, 무게 등에 따라 판단되어야 한다. 따라서 작고 가벼워 운반이 용이한 재물은 손에 잡거나 호주머니 또는 가방에 넣음으로써 점유의 취득을 인정할 수 있다. 반면에 쌀가마·자동차·냉장고·가구 등과 같이 크고 무거워 쉽게 운반할 수 없는 재물은 피해자의 지배범위를 벗어난 때에 점유를 취득하게 된다. 판례도 절취목적으로 내리막길에 주차된 자동차의 문을 열고 들어가 핸드브레이크를 풀자 자동차가 10미터 정도 굴러가다가 멈추게 된 때에는 절도죄의 기수에 해당하지 않는다[84)]고 하여 취득설의 입장에 있다.

---

82) 이재상, 264면.

83) 김성천/김형준, 376면; 김일수/서보학, 287면; 박상기, 259면; 배종대, 374면; 백형구, 134면; 이재상, 265면; 이정원, 319면; 임웅, 282면; 정성근/박광민, 272면.

84) 대법원 1994. 9. 9, 94도1522.

## 2. 주관적 구성요건

### (1) 고의

본죄가 성립하기 위해서는 고의가 있어야 한다. 고의는 타인이 점유하고 있는 타인의 재물을 절취한다는 것에 대한 인식과 의욕을 의미한다. 미필적 고의라도 상관없다.

### (2) 불법영득의사

독일 형법과는 달리 우리 형법은 불법영득의사를 명시적으로 규정하고 있지 않다. 따라서 본죄의 주관적 구성요건으로 고의 이외에 불법영득의사가 필요한가가 문제된다. 불법영득의사가 고의에 포함된다는 견해[85]도 있으나 그것은 고의와 구별되는 초과주관적 구성요건요소라고 해야 한다.

#### 1) 필요설과 불요설

필요설[86]은 절도죄의 보호법익을 소유권으로 보는 이상 소유권을 침해한다는 의사로서 불법영득의사가 있어야 하고, 절도죄는 영득의사에 의하여 영득의사를 요하지 않는 사용절도와 구별되며, 절도죄가 손괴죄보다 중하게 처벌되는 이유는 행위자가 불법영득의사로 점유를 침해하였기 때문에 불법영득의사가 있어야 한다고 한다.

불요설[87]은 우리 형법이 불법영득의사에 관한 명문규정을 두고 있지 않고, 불법영득의사 없는 사용절도도 재물의 사용으로 피해자에게 중대한 가치의 감소를 야기한 경우에는 절도죄로 처벌해야 하며, 손괴의 의사로 타인의 점유를 침해하거나 손괴의 의사로 타인의 점유를 침해한 후에 이를 경제적 용법에 따라 사용처분한 때에도 절도죄의 성립을 인정해야 하므로 불법영득의사는 필요하지 않다고 한다.

---

85) 배종대, 375면; 정성근/박광민, 281면.

86) 김성천/김형준, 376면; 김일수/서보학, 290면; 박상기, 260면; 배종대, 378면; 이재상, 267면; 이정원, 324면; 임웅, 285면.

87) 오영근, 절도죄의 불법영득의사와 사용절도, 형사판례연구 2(1994), 175면; 정성근/박광민, 272면.

생각건대, 불법영득의사가 필요하다는 필요설이 타당하다. 소유권범죄 내에서 절도죄는 손괴죄와 구별되어야 하며 불법영득의사가 없는 사용절도를 절도죄에서 제외함으로써 절도죄의 성립범위가 확대되는 것을 방지할 수 있기 때문이다.

2) 영득의사의 내용

불법영득의사란 권리자를 배제하고 타인의 물건을 자기의 소유물과 같이 그 경제적 용법에 따라 이용하고 처분할 의사를 말한다.[88] 불법영득의사는 권리자를 배제한다는 의사(소극적 요소)와 소유자로서 재물을 이용한다는 의사(적극적 요소)를 내용으로 한다. 그러나 절도범은 소유권을 취득하지 못하므로 여기서 영득의사는 소유자처럼 재물을 사용, 처분, 수익한다는 의사를 말한다. 소극적 요소는 영구적이어야 하지만 적극적 요소는 일시적이라도 무방하다. 소극적 요소에 의하여 절도죄는 사용절도와 구별된다. 반환의사로 행하는 사용절도는 권리자를 영원히 배제하는 것이 아니라 일시적으로 타인의 재물을 사용하는 것을 의미한다. 적극적 요소는 절도죄와 손괴죄를 구별하는 기준이 된다. 손괴죄의 손괴의사는 소유자처럼 재물을 이용하겠다는 이용의사가 아니다.

3) 영득의사의 객체

영득의사의 객체가 무엇인가에 대하여 견해가 대립한다.

물체설은 재물 자체를 영득의사의 객체로 보는 견해이다. 가치설은 재물의 가치를 영득의사의 객체로 보는 견해이다. 절충설은 재물과 재물의 가치를 영득의사의 객체에 포함시키는 견해이다.

물체설에 의하면 물건 자체는 소유자에게 두고 그 가치만 취거하거나 일시 사용한 후에 물체를 반환한 때에는 영득의 의사를 인정할 수 없게 된다는 문제가 있다. 예를 들면 예금통장을 훔쳐서 예금을 인출한 후 이를 반환한 경우가 그것이다. 가치설은

88) 대법원 2000. 10. 13, 2000도3655; 1999. 4. 9, 99도519; 1996. 5. 10, 95도3057; 1961. 6. 28, 4294형상179.

경제적 가치가 없는 재물을 절취한 경우에는 영득의사가 없게 되어 절도죄는 재물죄가 아니라 이득죄가 되는 결과를 초래할 수 있다. 그러므로 재물은 물체와 가치로 구성되어 있다고 보는 절충설이 타당하다. 통설[89)]과 판례[90)]도 절충설의 입장에 있다. 다만 가치의 개념을  가치설과 같은 의미로 이해할 때에는 절도죄의 본질이 변질되므로 가치는 일반적인 사용가치가 아니라 재물의 종류와 기능에 따라 개념적으로 결합되어 있는 특수한 기능가치를 의미한다고 해야 한다.[91)]

4) 영득의 불법

불법영득의사는 영득의사가 위법해야 하는 것을 의미한다. 절취한 재물에 대해 반환청구권이 없는 때에 영득은 위법한 것이 된다. 그러나 종류채권의 경우에 채무자에게 채권의 대상을 특정할 권리가 있으므로 특정하기 전에는 채권자가 반환청구권을 가지고 있다 하더라도 채무자의 재물을 절취하면 불법영득의사가 인정된다고 해야 한다.[92)] 그러나 여기서 불법은 영득의 불법이 아니라 절취의 불법을 의미하므로 행위자가 적법한 반환청구권을 가지고 있다 하더라도 절취행위가 위법하면 영득의사도 위법하다고 하는 견해도 있다. 대법원도 피고인에게 타인의 재물에 대한 반환청구권이 있다고 하더라도 피고인이 점유자의 승낙을 받지 않고 그 재물을 가져간 행위는 절도죄에 해당한다고 판시하여 같은 입장을 취하고 있다.[93)]

생각건대 적법한 반환청구권을 가진 채권자가 그 재물을 영득하는 것은 소유권질서와 일치하기 때문에 위법다고 볼 수 없다.[94)]

---

89) 김성천/김형준, 380면; 김일수/서보학, 295면; 박상기, 262면; 배종대, 385면; 백형구, 137면; 이재상, 270면; 이정원, 329면; 임웅, 289면.
90) 대법원 2006. 3. 24, 2005도8081; 1981. 10. 13, 81도2394.
91) 김일수/서보학, 295면; 배종대, 385면; 이재상, 271면.
92) 이재상, 273면.
93) 대법원 1973. 2. 28, 72도2538. 참조판례 대법원 2006. 3. 24, 2005도8081; 2001. 10. 26, 2001도4546.
94) 박상기, 263면; 이재상, 274면.

### 3. 절도죄와 사용절도의 구별

절도죄는 원칙적으로 처벌되지 않는 사용절도와 구별되어야 한다. 사용절도란 타인의 재물을 일시 사용한 후에 권리자에게 반환하는 것을 말한다. 절도죄가 성립하기 위해서는 주관적 구성요건으로 불법영득의사가 있어야 하므로 반환의사를 본질적 내용으로 하는 사용절도는 절도죄에 해당하지 않는다. 즉 사용절도는 소유자를 영구적으로 배제하는 것이 아니므로 절도죄가 되지 않는다. 그러나 재물의 사용으로 인하여 재물의 가치가 소멸되었거나 현저히 감소되었을 때(예를 들면, 자동차의 타이어를 마모시키거나 배터리를 사용할 수 없게 만드는 것), 재물을 사용한 후 이를 반환할 의사 없이 상당기간 보유하고 있거나 원래의 장소와 다른 곳에 유기하는 때에는 이를 일시 사용으로 볼 수 없으므로 영득의사가 있다고 해야 한다.[95] 형법은 자동차, 선박, 항공기 또는 원동기장치 자전거에 대한 사용절도를 처벌하는 규정을 두고 있다(제331조의2).

판례는 길가에 시동을 걸어 놓은 채 세워둔 자동차를 함부로 운전하고 약 200미터 간 경우,[96] 길가에 세워둔 오토바이를 소유자의 동의 없이 타고 가서 용무를 마친 약 1시간 50분 후 본래 있던 곳에서 약 7 내지 8 미터 되는 장소에 방치한 경우[97]에 절도죄의 성립을 인정한다. 반면 판례는 동네 선배로부터 차량을 빌렸다가 반환하지 아니한 보조열쇠를 이용하여 그 후 3차례에 걸쳐 위 차량을 2-3시간 정도 운행한 후 원래 주차된 곳에 갖다 놓아 반환한 경우,[98] 일시 사용목적으로 자전거를 타고 간 경우[99]에는 불법영득의사가 없다고 판시한다.

---

95) 대법원 2002. 9. 6, 2002도346; 1988. 9. 13, 88도917; 1984. 12. 26, 84도392.
96) 대법원 1992. 9. 22, 92도1949.
97) 대법원 1981. 10. 13, 81조2394.
98) 대법원 1992. 4. 24, 92도118.
99) 대법원 1983. 10. 11, 83도2218.

### 4. 죄수

절도죄의 보호법익인 소유권은 비전속적 법익이므로 죄수는 법익주체의 수가 아니라 침해행위의 수에 따라서 결정된다. 그러므로 1개 행위로 수인의 소유에 속하는 재물을 절취한 경우에는 상상적 경합범이 아니라 단순일죄만 성립한다.[100] 그러나 수개의 행위로 수인의 소유에 속하는 재물을 절취한 경우에는 수개의 절도죄가 성립하여 경합범이 되지만 그러한 행위가 시간적・장소적으로 결합되어 있을 때에는 포괄일죄가 된다.[101]

타인의 재물을 절취한 후에 장물을 손괴하거나 처분하는 행위는 불가벌적 사후행위가 된다. 그러나 사후행위가 새로운 법익을 침해하는 때에는 불가벌적 사후행위에 해당하지 않는다. 예를 들면 절취 또는 강취한 은행예금통장을 이용하여 은행직원을 기망하여 타인의 예금을 인출한 경우,[102] 절취한 재물을 자기 것인 양 제3자에게 담보로 제공하고 금원을 편취한 경우,[103] 전당표를 절취한 자가 기망행위에 의하여 전당물을 교부받아 편취한 경우,[104] 타인의 신용카드를 절취한 후에 이를 부정 사용한 경우[105]가 그것이다.

### 5. 다른 범죄와의 관계

낮에 주거에 침입하여 재물을 절취한 경우에는 절도죄와 주거침입죄의 경합범이 된다. 수사기관이 증거물로 압수한 물건을 절취한 경우에는 절도죄와 증거인멸죄는 상상적 경합관계에 있다. 절취한 문서를 위조하여 행사한 경우에는 양 죄의 보호법익이 다르고 문서위조죄와 동 행사죄는 법조경합이 되므로 절도죄와 문서위조죄의

---

100) 이재상, 274면.
101) 배종대, 387면.
102) 대법원 1990. 7. 10, 90도1176; 1974. 11. 26, 74도2817.
103) 대법원 1980. 11. 25, 80도2310.
104) 대법원 1980. 10. 14, 80도2155.
105) 대법원 1996. 7. 12, 96도1181.

경합범이 된다고 해야 한다. 그리고 절도를 교사하고 그 장물을 취득하면 절도죄와 장물취득죄가 경합범이 된다는 견해가 있으나 절도죄만 성립한다고 해야 한다.

## Ⅱ. 야간주거침입절도죄(제330조)

### 1. 의의

본죄는 야간에 주거 등에 침입하여 타인의 재물을 절취함으로써 성립하는 범죄이다. 본죄의 본질에 대해서는 ① 야간주거침입죄와 절도죄의 결합범으로서 절도죄에 대하여 행위정황으로 인하여 불법이 가중되는 구성요건이라는 견해,[106] ② 야간이라는 시간적 제한을 받는 주거침입죄와 절도죄의 경합범으로 보는 견해[107] 및 ③ 단순한 결합범이 아니라 독자적인 불법요소를 갖춘 독자적 범죄로 보는 견해[108]가 대립한다. 첫 번째 견해에 의하면 야간에 재물을 절취하여야 본죄가 성립하지만, 두 번째 견해에 의하면 야간에 침입하여만 본죄가 성립한다.

생각건대, 야간에 주거를 침입하는 경우와 야간에 재물을 절취하는 경우는 모두 위험성이 높으므로 양자 중 하나만 야간에 행해지면 본죄가 성립한다고 하는 견해가 타당하다.[109]

### 2. 객관적 구성요건

야간에 주거 등에 침입하여 타인의 재물을 절취하는 것이다.

야간이란 일몰 후부터 일출 전까지를 의미한다(천문학적 해석).[110] 판례도 같은

106) 박상기, 267면; 배종대, 389면.
107) 오영근, 387면; 이재상, 276면; 이정원, 339면; 임웅, 301면; 정성근/박광민, 283면.
108) 김일수/서보학, 302면.
109) 배종대, 390면.
110) 김일수/서보학, 302면; 박상기, 267면; 배종대, 390면; 오영근, 387면; 이재상, 277면; 이정원, 339면; 임웅, 301면; 정성근/박광민, 283면.

입장이다.[111)]

본죄의 착수시기는 야간에 절도의사로 사람의 주거 등에 침입할 때이다.[112)] 판례는 출입문이 열려 있으면 안으로 들어가겠다는 의사 아래 출입문을 당겨보는 행위도 본죄의 실행에 착수한 것으로 본다.[113)] 그러나 야간에 주택에 침입하여 물건을 절취할 의사로 가스배관을 타고 오른 행위는 본죄의 미수에 해당하지 않는다.[114)] 본죄의 기수시기는 타인의 재물을 절취한 때이다.[115)] 주거침입이 미수에 그친 경우에도 절취행위가 완료된 경우에는 본죄는 기수가 된다.[116)]

### 3. 주관적 구성요건

본죄가 성립하기 위해서는 야간에 주거 등에 침입하여 타인의 재물을 절취한다는 고의가 있어야 한다. 미필적 고의로도 족하다. 또 고의 이외에 불법영득의사가 있어야 한다.

## Ⅲ. 특수절도죄(제331조)

### 1. 의의

본죄는 야간에 문호, 장벽 기타 건조물의 일부를 손괴하고 주거 등에 침입하여 타인의 재물을 절취하거나(제331조 제1항) 흉기를 휴대하거나 2인 이상이 합동하여

111) 대법원 1979. 7. 24, 79도1217; 1972. 7. 25, 72도1273.
112) 대법원 2003. 10. 24, 2003도4417; 1984. 12. 26, 84도2433; 1983. 3. 8, 83도145.
113) 대법원 2006. 9. 14, 2006도2824.
114) 대법원 2008. 3. 27, 2008도917.
115) 대법원 1991. 4. 23, 91도476, "피고인이 피해자 경영의 카페에서 야간에 아무도 없는 그 곳 내실에 침입하여 장식장 안에 들어 있던 정기적금통장 등을 꺼내 들고 카페로 나오던 중 발각되어 돌려준 경우 피고인은 피해자의 재물에 대한 소지(점유)를 침해하고, 일단 피고인 자신의 지배 내에 옮겼다고 볼 수 있으니 절도의 미수에 그친 것이 아니라 야간주거침입절도의 기수라고 할 것이다."
116) 김일수/서보학, 304면; 배종대, 391면.

타인의 재물을 절취함으로써(제331조 제2항) 성립하는 범죄이다. 본죄는 야간주거침입절도죄와 절도죄에 대하여 불법이 가중되는 가중구성요건이다. 제1항은 행위방법의 폭력성을, 제2항은 행위방법의 위험성 또는 집단성을 가중의 근거로 한다.[117] 본죄의 미수범은 처벌한다(제342조).

## 2. 객관적 구성요건

### (1) 제331조 제1항의 특수절도죄

본죄는 야간에 문호 또는 장벽 기타 건조물의 일부를 손괴하고 주거 등에 침입하여 타인의 재물을 절취한 때 성립한다. 그러므로 주간에 문호 등을 손괴하고 주거에 침입한 경우에는 본죄는 성립하지 않는다.[118]

문호・장벽 기타 건조물의 일부란 외부인의 주거 침입을 방지하기 위해 설치된 일제의 시설물을 의미한다. 손괴란 문호 등을 물질적으로 훼손하여 그 효용을 해하는 행위를 말한다.[119] 출입문의 자물통 고리를 절단하고 침입하는 경우는 본죄에 해당한다.[120] 출입문을 열쇠로 열고 들어가거나 담을 넘어 들어가는 것은 손괴가 아니므로 야간주거침입절도가 성립할 뿐이다.

본죄의 착수시기는 건조물의 일부를 손괴하기 시작한 때이다.[121] 본죄의 기수시기는 타인의 재물을 절취한 때이다. 손괴죄는 본죄와 법조경합의 관계에 있으므로 별도로 성립하지 않는다.

---

117) 배종대, 382면; 이재상, 278면.
118) 대법원 1971. 2. 23, 70도2699.
119) 이재상, 278면.
120) 대법원 1986. 9. 9, 86도1273.
121) 대법원 1986. 9. 9, 86도1273; 1977. 7. 26, 77도1802.

### (2) 제331조 제2항의 특수절도죄

본죄는 흉기를 휴대하거나 2인 이상이 합동하여 타인의 재물을 절취하는 경우에 성립한다.

#### 1) 흉기휴대

흉기란 원래 사람을 살상할 목적으로 만들어지고 그 목적을 달성하는 데 적합한 물건을 의미한다. 총이나 도검이 여기에 해당한다. 그러나 본 규정은 타인의 생명과 신체에 대한 위험을 초래할 수 있는 행위수단을 이용한 절도범을 가중하여 처벌하는 구성요건이므로 흉기는 위험한 물건이라는 의미로 해석하여야 한다. 따라서 제작의 목적 또는 용도와 상관없이 사람을 살상할 수 있는 위험한 물건은 모두 흉기에 해당한다. 예를 들면 작은 칼·면도칼·지팡이·곤봉 등과 같은 도구뿐만 아니라 도구가 아닌 염산이나 황산 같은 액체 또는 독가스 같은 기체도 사람의 살상에 사용될 수 있으므로 흉기에 포함된다.[122] 장난감 권총은 흉기가 될 수 없다.[123]

휴대란 몸 또는 몸 가까이에 지니는 것을 말한다. 반드시 몸에 지녀야 하는 것은 아니고 언제든지 사용할 수 있는 상태에 있으면 족하다. 예를 들면 가방에 넣어 가지고 다니는 것이 여기에 해당한다. 그러나 행위 시에는 몸에 지닐 것을 요하며 행위자는 자신이 흉기를 소지하고 있다는 사실을 인식해야 한다. 흉기를 사용할 의사는 요건이 아니다. 처음부터 소지할 필요는 없고 범죄현장에서 습득하더라도 상관없다.[124]

#### 2) 합동절도(제331조 2항 후단)

합동절도는 2인 이상이 합동하여 타인의 재물을 절취하는 것이다. 형법은 본죄 이외에 특수강도죄(제334조 제2항), 특수도주죄(제146조)를 합동범으로 규정하고 있다. 합동범의 의미에 대하여 견해가 대립한다. 공모공동정범설, 가중적 공동정범설

---

122) 박상기, 269면; 이재상, 279면. 다른 견해는 김일수/서보학, 306면; 배종대, 393면.
123) 박상기, 269면; 이재상, 279면.
124) 대법원 1997. 5. 30, 97도597.

및 현장설이 그것이다.

(i) 공모공동정범설

공동정범에는 적용할 수 없는 공동의사주체설에 따라 합동범에 한하여 공모공동정범을 인정해야 한다는 견해이다. 이에 의하면 합동범은 공동정범과 공모공동정범을 포함하는 상위개념이다. 합동범은 집단범죄에 있어서 집단의 수괴나 우두머리와 같은 공모공동정범을 처벌해야 한다는 형사정책적 요청에 의하여 도입한 것이라고 한다. 집단범죄에 있어서 수괴나 두목의 역할이 결정적임에도 불구하고 공동행위가 없다는 이유로 처벌되지 않는 것은 부당하기 때문이라고 한다.

그러나 이 견해는 합동을 공모와 같은 의미로 해석하여 이를 근거로 공모공동정범의 법적 근거를 마련했다고 하는 것은 부당하고, 합동범의 범위를 지나치게 확대하여 합동범에 대해 총칙상의 교사범이나 종범에 대한 규정을 적용할 수 없게 한다는 비판을 받는다.[125)]

(ii) 가중적 공동정범설

합동범은 본질적으로 공동정범이지만 집단범죄를 효과적으로 퇴치하기 위해 특별히 형을 가중한 것으로 보는 견해이다. 따라서 현장에서 공동하는 경우뿐만 아니라 비록 현장에서 공동하지 않는 경우에도 그 공동실행의 사실이 공동정범을 인정할 정도에 이르면 이를 합동범으로 하여 형을 가중하는 것으로 본다. 이에 의하면 합동범은 가중적 공동정범에 지나지 않는다. 그러므로 합동범의 "2인 이상이 합동하여"는 가중적 공동정범을 규정하고 있는 폭력행위등처벌에관한법률 제2조 제2항의 "2인 이상이 공동하여"라는 규정과 같은 의미로 해석하여야 한다고 한다. 그러나 이 견해에 대해서는 합동과 공동은 동일한 개념이 아니고, 가중적 공동정범을 규정한 폭력행위등처벌에관한법률 제2조 제2항에 비추어 볼 때 "2인 이상이 합동하여"는 단순히 가중적 구성요건을 규정한 것은 아니라고 해야 하며, 집단범죄는 특수절도·특수강도·특수도주죄에 제한된 개념이 아니므로 이 세 가지 범죄에만 집단범죄에 대

125) 배종대, 394면; 이재상, 280면.

한 대책으로 형을 가중하고 있다고 볼 수 없다는 비판이 제기된다.[126)]

(iii) 현장설

합동이란 시간적 · 장소적 협동을 의미한다고 한다. 통설의 입장이다.[127)] 대법원도 "합동절도가 성립하려면 주관적 요소로서의 공모 이외에 실행행위의 분담이 있어야 하고, 그 실행행위에 있어서는 시간적으로나 장소적으로 협동관계가 있다고 볼 수 있어야 한다"고 하여 현장설과 같은 입장을 취하고 있다.[128)] 이에 의하면 합동범은 공동정범에 대한 특별규정이 되므로 성립범위가 크게 축소된다.[129)] 합동과 공동은 다른 개념이므로 공모공동정범설과 가중적 공동정범설은 수긍할 수 없다. 따라서 현장설이 타당하다.

3) 합동범과 공범

합동범은 각칙에 규정된 특수한 공동정범으로서 필요적 공범이기 때문에 총칙상의 공동정범에 관한 규정은 여기에 적용될 수 없다고 해야 한다.[130)] 따라서 합동범의 공동정범은 생각할 수 없다. 이에 반하여 대법원은 합동범의 공동정범을 인정하고 있다. 반면 합동범에 대하여 교사 또는 방조는 가능하다.

**판례(1998. 5. 21, 98도321)**

3인 이상의 범인이 합동절도의 범행을 공모한 후 적어도 2인 이상의 범인이 범행현장에서 시간적 · 장소적으로 협동관계를 이루어 절도의 실행행위를 분담하여 절도범행을 한 경우에는 공동정범의 일반이론에 비추어 그 공모에는 참여하였으나 현장에서 절도의 실행행위를 직접 분담하지 아니한 다른 범인에 대하여도 그가 현장에서 절도범행을 실행한 위 2인 이상의 범인의 행위를 자기 의사의 수단으로 하여 합동절도의 범행을 하겠다고 평가할 수 있는 정범성의 표지를 갖추고 있다고 보여지는 한 그 다른 범인에 대하여 합동절도의 공동정범의 성립을 부정할 이유가 없다.

---

126) 이재상, 281면.
127) 박상기, 270면; 배종대, 397면; 이재상, 281면; 이정원, 317면; 정성근/박광민, 288면.
128) 대법원 1996. 7. 12, 95도2655; 1992. 7. 28, 92도917; 1989, 3. 14, 88도837; 1975. 10. 7, 75도2635.
129) 배종대, 394면.
130) 박상기, 270면; 배종대, 395면; 이재상, 283면; 임웅, 304면.

### 3. 주관적 구성요건

본죄가 성립하기 위해서는 야간에 문호 또는 장벽 기타 건조물의 일부를 손괴하고 야간주거침입절도죄를 범하거나 흉기를 휴대하거나 2인 이상이 합동하여 타인의 재물을 절취한다는 고의가 있어야 한다. 미필적 고의로도 충분하다.

## Ⅳ. 자동차등 불법사용죄(제331조의2)

### 1. 의의

본죄는 권리자의 동의 없이 타인의 자동차, 선박, 항공기 또는 원동기장치자전거를 일시 사용함으로써 성립하는 범죄이다. 본죄의 미수범은 처벌한다(제342조). 본죄에도 친족상도례가 적용된다(제344조).

본죄의 보호법익은 소유권이라고 해야 한다.[131] 사용권설[132]이 있으나 소유권은 사용권까지도 포함하므로 타당하지 않다. 소유권자와 사용권자가 다른 경우에 소유권자는 본죄의 행위주체가 될 수 없다.

### 2. 객관적 구성요건

권한 없이 타인의 자동차, 선박, 항공기 또는 원동기장치자전거를 일시 사용하는 것이다.

#### (1) 행위객체

본죄의 행위객체는 자동차, 선박, 항공기 또는 원동기장치자전거이다. 자동차는 원동기를 사용하여 동력으로 움직이는 차를 의미한다. 이 때 동력의 원천은 불문한

131) 배종대, 399면; 오영근, 400면; 이재상, 286면; 이정원, 346면.
132) 김일수/서보학, 302면; 백형구 148면; 임웅, 287면; 정성근/박광민, 294면.

다. 그러나 기차나 케이블카 등은 여기에서 제외된다고 해야 한다. 선박에는 수상보트는 물론 잠수함이나 수상비행기 등이 포함된다. 항공기는 사람의 조종에 의하여 공중을 운항하는 비행기를 의미한다. 원동기장치자전거는 125cc 이하의 2륜 자동차와 50cc미만의 원동기를 단 차를 의미한다(도로교통법 제2조 제15호).

#### (2) 구성요건적 행위

일시 사용하는 것이다.

일시 사용이라 함은 시간적으로 영득의사를 인정할 수 없을 만큼 짧은 시간 내에 본죄의 행위객체를 본래의 용도에 따라 사용하는 것을 말한다.[133] 요금을 내지 않고 자동차 등을 이용하는 무임승차는 본죄에 해당하지 않는다.[134] 자동차 등을 본래의 용도에 따라 교통수단으로 이용해야 하므로 자동차 안에 들어가 잠을 자거나 단순히 시동을 걸거나 음악을 듣는 행위는 여기의 사용이라고 할 수 없다.

본죄의 착수시기는 일시 사용의 의사로 자동차 등의 시동을 건 때이고, 기수시기는 사용을 개시하여 상당한 거리를 운행한 때이다.

본죄의 사용이란 권리자의 동의 없이 사용하는 경우만을 의미하므로 정당한 사용권자가 사용기간이 경과한 후에도 사용을 계속한 경우에는 본죄가 성립하지 않는다. 이 경우는 횡령죄를 구성할 수 있다.

일시 사용은 권리자의 동의가 없어야 한다. 본죄의 권리자는 소유권자뿐만 아니라 사용권자도 포함한다. 소유권자에 의해 인정된 사용권도 보호의 대상이 되기 때문이다. 동의는 명시적・묵시적인 것은 물론 추정적인 것도 포함한다. 권리자가 동의한 때에는 일시 사용은 구성요건해당성에 해당하지 않는다. 동의가 없음에도 동의가 있다고 오인한 경우에는 사실의 착오로서 고의가 조각된다.

---

133) 대법원 2002. 9. 6, 2002도3465.
134) 박상기, 274면; 배종대, 400면.

### 3. 주관적 구성요건

본죄의 주관적 구성요건으로서 권리자의 동의 없이 타인의 자동차・선박・항공기 또는 원동기장치자전거를 일시 사용한다는 고의가 있어야 한다. 미필적 고의로도 충분하다. 절도죄와는 달리 불법영득의사는 본죄의 구성요건이 아니다.

## Ⅴ. 상습절도죄(제332조)

### 1. 의의

본죄는 상습으로 절도죄・야간주거침입절도죄・특수절도죄・자동차등 불법사용죄를 범함으로써 성립하는 가중구성요건이다. 가중근거는 행위주체의 상습성이다. 본죄의 미수범은 처벌한다(제344조). 자동차등 불법사용죄를 제외한 상습절도와 그 미수범은 특정범죄가중처벌법 제5조의4에 의해 가중 처벌되므로 본죄가 적용될 여지는 없다고 하겠다.

### 2. 객관적 구성요건

상습이란 같은 종류의 범죄를 반복해서 행하는 습벽을 말한다. 절도의 상습성이 있다고 하기 위해서는 단순히 절도를 반복했다는 것만으로는 부족하고 여러 번의 절도가 범행습벽의 발현이라고 인정될 수 있어야 한다.[135] 절도가 1회라 하더라도 이것이 절도습벽의 발현으로 볼 수 있으면 상습성이 인정되지만 단순히 절도전과가 여러 번 있다는 사실만으로 상습성이 인정되는 것은 아니다. 전과가 상습성을 인정함에 있어서 중요한 근거가 되지만 장기간의 시일이 경과한 후에 상습성을 인정하기 위해서는 전과사실과 더불어 그 범행이 범행습벽의 발현이라고 인정해도 무방할 합

---

135) 대법원 1995. 7. 11, 95도955; 1987. 9. 8, 87도1371; 1984. 3. 13, 84도35.

리적인 사정이 있어야 한다.[136)]

### 3. 주관적 구성요건

본죄의 주관적 구성요건으로는 제329조 내지 331조의2에 대한 고의가 있어야 한다. 미필적 고의로도 족하다. 그러나 상습성은 책임을 가중시키는 요소이므로 고의의 대상에 속하지 않는다.[137)]

### 4. 죄수

상습으로 범한 수개의 절도죄는 포괄일죄가 된다.[138)] 상습으로 절도 · 야간주거침입절도 · 특수절도 등을 범한 경우에는 그 중에서 가장 중한 상습특수절도의 포괄일죄가 성립한다.[139)]

## Ⅵ. 친족상도례(제344조)

### 1. 의의

친족상도례란 강도죄와 손괴죄를 제외한 재산범죄에 대하여 친족 간의 범죄는 형을 면제하거나 고소가 있어야 공소를 제기할 수 있는 특례를 말한다. 여기의 재산범죄는 절도죄 · 사기죄 · 공갈죄 · 횡령죄 · 배임죄와 그 미수범, 권리행사방해죄 및 장물죄를 의미한다. 친족상도례는 근친 간에는 형을 면제하고, 그 밖의 친족 간에는 친고죄로 하는 것을 내용으로 한다. 이러한 친족관계가 없는 공범에 대해서는 친족

136) 대법원 1987. 9. 8, 87도1371.
137) 배종대, 403면.
138) 배종대, 403면; 임웅, 290면.
139) 대법원 1979. 12. 11, 79도2371; 1976. 5. 25, 76도1124.

상도례가 적용되지 않는다(제328조). 친족상도례는 특정경제범죄가중처벌등에관한법률과 특별법에 대하여도 특별한 규정이 없는 한 적용된다.

## 2. 법적 성질

형을 면제하는 친족상도례의 법적 성격에 대해서는 인적 처벌조각사유로 보는 견해가 통설이다. 친족 간의 재산범죄에 대해서는 국가는 형벌권의 행사를 자제하고 친족 스스로 해결하도록 하는 취지에 따라서 범죄는 성립하지만 형은 면제된다는 인적 처벌조각사유설이 타당하다.

## 3. 친족의 범위

친족의 범위는 민법(제767조 이하)에 의하여 정해진다.[140] 직계혈족은 직계존속과 직계비속인 혈족을 의미한다(민법 제768조). 동거를 하는 사연혈족이든 법정혈족이든 상관없다. 배우자는 법률상의 배우자를 의미한다. 따라서 사실혼관계의 배우자는 여기에서 제외된다. 동거친족이란 직계혈족과 배우자가 아닌 자로서 같은 주거에서 일상생활을 함께 하는 친족을 의미한다. 생질・이질・고종사촌 ・이종사촌 등은 민법 제768조에 의하여 방계혈족에 포함된다.

## 4. 친족관계의 존재범위

소유자와 점유자가 다른 경우에 친족상도례가 적용되기 위해서는 행위자는 누구와 친족관계에 있어야 하는가가 문제된다. 친족관계가 행위자와 소유자뿐만 아니라 점유자 사이에도 있어야 한다는 것이 다수설[141]과 판례[142]의 입장이다. 그러나 절도

140) 대법원 1980. 4. 22, 80도495.
141) 박상기, 280면; 오영근, 423면; 이형국, 403면; 임웅, 297면; 정성근/박광민, 253면.
142) 대법원 1980. 11. 11, 80도131.

죄의 보호법익은 소유권이므로 행위자와 소유자 사이에 친족관계가 있으면 충분하다고 해야 한다. 그러므로 제3자가 친족의 재물을 점유한 경우에는 친족상도례가 적용되지만 친족이 제3자의 재물을 점유한 경우에는 친족상도례가 적용되지 않는다고 해야 한다.

친족관계는 행위 시에 존재하여야 한다. 행위 시에 존재하던 친족관계가 그 후에 소멸되더라도 친족상도례는 적용된다. 인지는 소급효가 인정되기 때문에(민법 제860조) 범행 후에 인지가 있는 경우도 친족상도례는 소급하여 적용된다.[143)]

### 5. 친족관계에 대한 착오

친족상도례는 인적 처벌조각사유이므로 친족관계는 고의의 내용이 아니다. 그러므로 친족관계에 대한 착오는 고의에 영향을 미치지 않는다.

### 6. 친족관계 없는 공범

친족상도례는 친족관계가 있는 자에게만 적용되고(제328조 제3항) 친족이 아닌 공범에 대해서는 적용되지 않는다.

# 제2절 강도의 죄

## Ⅰ. 서설

### 1. 의의

본죄는 폭행·협박으로 타인의 재물을 강취하거나 재산상 이익을 취득하거나 제3

143) 대법원 1997. 1. 24, 96도1731.

자로 하여금 취득하게 함으로써 성립하는 범죄이다. 강도죄는 재산상의 이익을 행위객체로 하므로 재물죄인 동시에 이득죄가 된다. 이와 같이 강도죄는 폭행 또는 협박을 수단으로 타인의 재산권을 침해하므로 재산권을 주된 보호법익으로 하고 의사결정과 의사활동의 자유를 부차적인 보호법익으로 한다.

형법은 본죄를 절도죄와 같은 장에 규정하고 있기 때문에 본죄는 소유권범죄로서 폭행죄 또는 협박죄와 절도죄의 결합범으로 간주된다. 그러나 현행법상 강도죄는 재산죄로써 재산권을 보호법익으로 하고 재물 이외에 재산상의 이익도 행위객체로 한다는 점에서 소유권이라는 법익을 보호하고 재물을 행위객체로 하는 절도죄와 다르다. 엄밀히 말하면 강도죄는 재산죄와 폭행죄 또는 협박죄의 결합범이라고 해야 한다. 본죄는 침해범이고 친족상도례의적용을 받지 않는다.

### 2. 구성요건체계

강도죄의 기본적 구성요건은 강도죄(제333조)이다. 그 가중구성요건으로는 특수강도죄(334조), 강도상해 · 치상죄(제337조), 강도살인 · 치사죄(제338조), 강도강간죄(제339조), 해상강도죄(제340조) 그리고 상습강도죄(제341조)가 있다. 준강도죄(제335조)와 인질강도죄(제336조)는 강도죄의 가중구성요건이 아니라 독립된 구성요건이다. 강도미수(제342조)와 강도예비 · 음모죄(제343조)는 처벌한다.

강도죄, 특수강도죄, 준강도죄, 인질강도죄, 강도상해 · 치상죄, 강도살인 · 치사죄, 강도강간죄, 해상강도죄, 상습강도죄 및 그 미수범은 특정강력범죄의처벌에관한특례법(제2조제1항 4호)에 의하여 특정강력범죄에 해당한다.

## Ⅱ. 강도죄(제333조)

### 1. 객관적 구성요건

폭행 또는 협박으로 타인의 재물을 강취하거나 기타 재산상 이익을 취득하거나 제3자로 하여금 이를 취득하게 하는 것이다.

#### (1) 행위객체

본죄의 행위객체는 타인의 재물과 재산상의 이익이다.

1) 재물

재물이란 유체물 및 기타 관리할 수 있는 동력을 말한다. 동산 이외에 부동산도 본죄의 재물에 포함되는지가 논란의 대상이 된다. 강도죄의 객체에는 재물 이외에 재산상의 이익도 포함하고 있으므로 부동산을 재물로 볼 필요가 없다는 이유로 이를 부정하는 견해[144)]도 있으나 본죄는 재산권을 보호법익으로 하는 재산죄에 속하고, 부동산이 재물에 포함되는 다른 재산죄(사기죄 및 공갈죄)와 구별해야 할 이유가 없으며, 유체물인 부동산을 유체물인 재물이 아니라 무체물인 재산상의 이익에 포함시키는 것은 납득할 수 없으므로 긍정설이 타당하다. 또 부동산은 재산상 이익에 포함되지 않을 뿐만 아니라 강도죄의 객체도 되지 않는다는 견해[145)]도 타당하다고 할 수 없다. 재산죄인 강도죄는 동산 및 재산상의 이익 이외에 부동산도 행위객체로 한다고 해야 하기 때문이다.

2) 재산상의 이익

재산상의 이익이란 재물 이외에 재산적 가치가 있는 이익을 말한다. 여기에는 적극적 이익 이외에 소극적 이익도 포함된다. 채무부담의 감소, 저당권말소, 권리포기

144) 김일수/서보학, 314면; 배종대, 410면; 이재상, 293면; 임웅, 295면.
145) 박상기, 282면.

등도 재산상의 이익에 해당한다.[146] 영구적 이익에 한하지 않고 일시적 이익이라도 상관없다. 형법에서 재산상의 이익은 구체적으로 어떤 내용을 가지고 있는지에 대해 학설이 대립한다. 법률적 재산설, 경제적 재산설 및 법률적 · 경제적 재산설(절충설)이 그것이다.

(i) 법률적 재산설

이 견해는 재산을 경제적 가치와 상관없이 재산상의 권리와 의무로 본다. 그러나 이에 의하면 노동력이나 기대권과 같이 경제적인 가치가 있지만 아직 주관적 권리가 되지 않은 재산을 제외시킴으로서 재산상의 이익의 범위가 지나치게 좁아지며, 또 경제적 가치가 없는 권리와 의무도 재산으로 이해함으로써 재산상의 이익의 범위가 확대되는 문제가 생긴다.[147] 오늘날 이 견해는 지지를 받지 못하고 있다.

(ii) 경제적 재산설

이 견해는 재산을 모두 경제적 이익으로 정의한다. 따라서 권리가 아니더라도 경제적 가치가 있는 노동력이나 기대권은 재산상의 이익에 속하지만 경제적 가치가 없는 개인의 권리는 재상의 이익이 되지 않는다. 그러나 이 견해는 불법이익도 재산상의 이익에 포함시킴으로써 재산상의 이익의 범위를 지나지게 확대한다는 비판을 받는다. 이 견해는 불법원인급여의 경우에도 횡령죄의 성립을 인정한다. 판례도 경제적 재산설을 지지하고 있다.[148]

(iii) 법률적 · 경제적 재산설(절충설)

이 견해는 재산상의 이익을 법질서에 의해 인정되는 경제적 이익으로 이해한다. 경제적 재산개념을 기준으로 하고 그 재산의 범위를 법률적 재산개념으로 제한하는 견해이다. 불법적 이익도 재산상의 이익에 포함된다고 하는 것은 법질서의 통일성을 침해할 수 있기 때문이다. 이에 대하여 형법과 민법은 그 이념을 같이 하는 것이 아니

146) 대법원 1994. 2. 22, 93도428.
147) 이재상, 293면.
148) 대법원 1987. 2. 10, 86도2472.

므로 형법의 보호대상이 되는가는 형법의 독자적 입장에서 판단되어야 하며 법질서의 통일성이 반드시 요구되는 것은 아니라고 한다.[149] 하지만 다른 법률이 재산으로 간주하지 않는 경제적 이익을 형법이 재산에 포함시키는 것은 법적 안정성의 관점에서 볼 때 있을 수 없는 일이다. 따라서 절충설이 타당하다고 본다.

### (2) 구성요건적 행위

폭행・협박으로 재물을 강취하거나 재산상의 이익을 취득하는 것이다.

#### 1) 폭행・협박

(i) 의의

여기서의 폭행이란 사람에 대한 유형력 행사를 의미한다. 단순히 물건에 대해 유형력을 행사하는 것은 폭행에 해당하지 않는다.[150] 그러나 물건에 대한 유형력의 행사가 간접적으로 사람에 대한 것이라고 할 수 있을 때에는 본죄의 폭행이 된다고 할 수 있다. 예를 들면 피해자가 자고 있는 방의 문을 걸어 잠그거나 재물을 강취하기 위해 집 문을 부수는 행위가 여기에 해당한다.[151] 사람에 대해 권총을 겨누는 것도 폭행이 된다.[152]

협박이란 상대방에게 해악을 고지하여 공포심을 일으키는 것을 말한다. 사람에게 공포심을 일으킬 수 있으면 족하므로 해악의 내용에는 제한이 없다. 실제로 해악을 가할 의사나 능력이 있는지 협박수단이 실제로 법익을 침해하기에 적합한지도 중요하지 않다. 예컨대, 장난감권총도 강도죄의 협박수단이 될 수 있다.[153] 재물의 점유자는 물론 제3자에 대한 협박도 가능하다.[154]

---

149) 이재상, 295면.
150) 대법원 1984. 2. 14, 83도3186.
151) 배종대, 413면.
152) 이재상, 296면.
153) 김일수/서보학, 317면; 박상기, 282면; 배종대, 414면; 이재상, 298면.
154) 대법원 1967. 6. 13, 67도610.

(ii) 폭행 · 협박의 정도

강도죄의 폭행 · 협박은 최협의의 개념으로서 상대방의 반항을 불가능하게 할 정도에 이르러야 한다. 강도죄는 폭행 또는 협박을 수단으로 한다는 점에서 공갈죄와 같지만 폭행 또는 협박의 정도에 따라 공갈죄와 구별된다. 강도죄의 폭행 또는 협박은 상대방의 반항을 억압할 정도의 것이어야 하고, 공갈죄의 그것은 상대방의 의사를 제한할 수 있는 정도임을 요한다.[155] 폭행 또는 협박이 상대방의 반항을 억압할 정도의 것인지는 상대방의 주관을 기준으로 할 것이 아니라 행위당시의 구체적 사정을 고려하여 사회통념에 따라 객관적으로 판단해야한다. 이 때 피해자의 수, 연령, 성별, 범행의 시간과 장소, 폭행 또는 협박의 태양 및 행위자의 인상 등의 구체적 사정을 종합적으로 고려하여야 한다.[156] 상대방이 실제로 반항했을 것을 요하지 않는다. 주류 · 수면제 · 마취제를 사용하여 정신을 잃게 하는 것도 본죄의 폭행에 해당한다.[157] 수면 중에 있는 자, 술에 취한 자, 의식 없는 자에 대해서도 강도죄가 가능하다.[158] 날치기 수법으로 가방을 탈취하기 위해 반항하는 피해자를 5미터 가량 끌고 감으로써 피해자의 무릎 등에 상해를 입힌 경우에 강도죄의 폭행에 해당한다.[159]

### (2) 재물의 강취

강도죄가 성립하기 위해서는 재물의 강취가 있어야 한다. 강취란 폭행 또는 협박으로 상대방의 의사에 반하여 타인의 재물을 자기 또는 제3자의 지배하에 두는 것을 말한다. 강취는 반드시 탈취일 필요는 없고 상대방이 자기의 의사에 반하여 교부한 것도 여기에 해당한다.

폭행 · 협박과 재물의 강취 사이에는 인과관계가 있어야 한다. 그러므로 폭행 또는 협박은 재물을 강취하기 위한 수단이어야 하고 재물강취 시에 이루어져야 한다. 재

155) 대법원 1961. 10. 26, 4294형상499.
156) 대법원 1986. 12. 23, 86도2203.
157) 박상기, 282면; 배종대, 413면; 이재상, 287면; 임웅, 295면; 대법원 1984. 12. 11, 84도2324.
158) 박상기 282면; 이재상, 297면.
159) 대법원 2007. 12. 13, 2007도7601.

물을 취득한 후에 폭행·협박을 가하는 경우에는 강도죄가 아니라 준강도죄가 성립할 수 있다. 폭행 또는 협박과 재물의 강취는 시간적·장소적인 연관이 있어야 한다. 폭행·협박을 하였으나 그것이 재물취득의 수단이 되지 않은 경우에는 강도죄에 해당하지 않는다. 예를 들면 행위자가 피해자에게 폭행을 가하여 열쇠를 강취하고 며칠 후 피해자의 집 문을 열고 들어가서 재물을 절취한 때에는 열쇠에 대하여 강도죄가 성립할 뿐 절취한 재물에 대해서는 절도죄가 성립한다.[160] 대법원은 부녀를 강간한 자가 강도의 범의를 가지고 피해자가 강간의 범행으로 항거불능상태에 있음을 이용하여 재물을 강취한 경우에 강간죄 이외에 강도죄가 성립한다고 판시한다.[161] 그러나 이 경우에는 폭행 또는 협박이 재물강취의 수단이 되었다고 할 수 없으므로 강도죄가 아니라 강간죄와 절도죄의 경합범이 된다고 해야 한다.[162] 따라서 피해자와의 윤락행위 도중 시비 끝에 피해자를 폭행한 후 피해자를 두고 나가다가 탁자 위의 피해자의 손가방 안에서 현금을 가져간 경우에 폭행과 강취행위 사이에 인과관계가 존재하지 않으므로 강도죄는 성립하지 않는다.[163]

강도의 고의로 상대방이 반항하지 못할 정도의 폭행·협박을 하였지만 상대방이 동정심으로 재물을 교부한 경우에는 강도죄가 아니라 강도미수가 될 뿐이다.[164] 강도고의를 가지고 객관적으로는 반항할 수 없을 정도의 폭행과 협박을 하였지만 상대방은 항거불능상태에 빠지지 않고 단지 공포심만 가지고 재물을 교부한 경우에는 강도미수와 공갈죄의 상상적 경합으로 보는 견해[165]가 있으나 폭행과 재물강취 사이에 인과관계가 없기 때문에 강도미수가 된다는 견해[166]가 타당하다. 그러나 행위자

---

160) 김일수/서보학, 321면; 배종대, 415면; 이재상, 298면.

161) 대법원 1977. 9. 28, 77도1350.

162) 김성천/김형준, 405면; 김일수/서보학, 320면; 박상기, 283면; 배종대, 415면; 이재상, 299면; 임웅, 315면; 정성근/박광민, 303면.

163) 대법원 2009. 1. 30, 2008도10308.

164) 김성천/김형준, 405면; 김일수/서보학, 320면; 배종대, 415면; 이재상, 300면; 이정원, 364면; 임웅, 315면; 정성근/박광민, 303면.

165) 백형구, 154면; 이정원 365면.

166) 김일수/서보학, 320면; 배종대, 416면; 이재상, 300면; 이정원, 361면; 임웅, 315면.

에게 강도의 고의를 있었을 지라도 폭행 또는 협박이 상대방의 반항을 억압할 정도가 아니면 공갈죄에 해당한다고 본다.[167)]

(3) 재산상 이익의 취득

본죄는 폭행 또는 협박으로 재산상의 이익을 취득한 경우에도 성립한다. 이 경우에도 폭행・협박은 재산상의 이익을 취득하기 위한 수단이어야 하고 폭행 또는 협박과 재산상 이익의 취득 사이에 인과관계가 있어야 한다. 재산상 이익의 취득으로 볼 수 있는 것으로는 ① 정당한 대가를 지급하지 않고 피해자로 하여금 강제로 노무를 제공하게 한 경우(택시운전자를 폭행 또는 협박하여 무임으로 택시를 이용한 경우), ② 피해자로 하여금 재산상의 처분행위를 하게 하여 이익을 얻은 경우(채무를 면제받는 경우), ③ 피해자로 하여금 일정한 의사표시를 하게 하여 이익을 취득하는 경우(소유권이전등기 또는 저당권설정등기말소의 의사표시를 하게 하는 경우)가 있다.[168)]

재산상의 이익을 취득할 때 피해자의 의사표시가 있어야 하는지에 대하여 견해가 대립한다. 피해자의 의사표시가 필요하다고 할 때에는 강도죄와 공갈죄의 구별이 곤란해지고 피해자의 의사표시가 있다고 할지라도 그것은 무효가 되므로 부정설이 타당하다.[169)] 판례도 부정설을 취하고 있다.[170)]

## 2. 미수와 기수

본죄의 착수시기는 폭행・협박을 개시한 때이다. 그리고 강도죄의 기수시기는 폭행・협박으로 재물 또는 재산상 이익을 취득한 때이다. 강도의 고의로 재물을 물색

167) 이재상, 300면.
168) 박상기, 284면; 배종대, 416면; 이재상, 300면.
169) 김성천/김형준, 406면; 김일수/서보학, 322면; 배종대, 421면; 백형구, 155면; 이재상, 301면; 이정원, 363면; 임웅, 314면; 정성근/박광민, 304면.
170) 대법원 1985. 10. 22, 85도1527; 1964. 9. 8, 64도310.

하는 것은 본죄의 실행에 착수한 것이 아니다.

### 3. 주관적 구성요건

본죄의 주관적 구성요건으로는 폭행 또는 협박으로 타인의 재물을 강취하고 재산상의 이익을 취득한다는 고의가 있어야 한다. 미필적 고의로도 족하다. 그 밖에 재물을 취득하는 경우에는 불법영득의사가 있어야 하고, 재산상의 이익을 취할 때에는 불법이득의사를 요한다.

### 4. 죄수

동일한 장소에서 동일한 방법에 의하여 시간적으로 접착된 상황에서 여러 사람의 재물을 강취한 경우에는 단순일죄가 성립한다.[171] 따라서 강도가 시간적으로 접착된 상황에서 가족을 이루는 수인에게 폭행 또는 협박을 하여 집안에 있는 재물을 탈취한 때에는 그 소유자가 누구인지에 불구하고 강도죄의 단순일죄가 된다.[172] 하지만 강도가 여관에 들어가 안내실에 있던 여관의 관리인을 칼로 찔러 상해를 가하고 그로부터 금품을 강취한 다음, 각 객실에 들어가 각 투숙객들로부터 금품을 강취한 행위는 피해자 별로 강도상해죄 및 강도죄의 실체적 경합범이 된다.[173] 강도죄는 절도죄 · 폭행죄 · 협박죄 · 강요죄와 법조경합의 관계에 있다. 강도가 체포를 면탈하기 위해 경찰관에게 폭행을 가한 때에는 강도죄와 공무집행방해죄는 실체적 경합관계에 있다.[174]

---

171) 대법원 1979. 10. 10, 79도2093.
172) 대법원 1996. 7. 30, 96도1285.
173) 대법원 1991. 6. 25, 91도643.
174) 대법원 1992. 7. 28, 92도917.

## Ⅲ. 특수강도죄(제334조)

본죄는 야간에 사람의 주거, 관리하는 건조물, 선박이나 항공기 또는 점유하는 방실에 침입하거나(제1항) 흉기를 휴대하거나 2인 이상이 합동하여(제2항) 강도죄를 범함으로써 성립하는 범죄이다. 미수범은 처벌한다(제342조). 제1항의 특수강도죄는 야간주거침입절도죄에 상응하는 범죄로서 야간주거침입죄와 강도죄의 결합범이다. 제2항의 특수강도죄는 흉기휴대강도와 합동강도로서 특수절도죄(제331조의2)에 상응하는 규정이다.

제1항의 특수강도죄의 착수시기는 주거침입한 때가 아니라 폭행·협박한 때이라고 한다.[175] 그러나 본죄는 야간에 주거에 침입하여 타인의 재물을 강취하면 성립하므로 그 착수시기를 주거에 침입한 때로 보는 것이 타당하다.[176]

## Ⅳ. 준강도죄(제335조)

### 1. 의의

본죄는 절도가 재물의 탈환을 항거하거나 체포를 면탈하거나 죄적을 인멸할 목적으로 폭행 또는 협박을 함으로써 성립하는 범죄이다. 본죄는 절도가 일정한 목적을 위해 폭행·협박을 함으로써 성립하는 범죄라는 점에서 재물의 강취를 위해 폭행·협박을 하는 강도죄와 구별되므로 절도죄나 강도죄의 가중구성요건이 아니라 강도죄에 준해서 처벌되는 독립적 구성요건이다. 본죄를 강도죄와 똑같이 처벌하는 이유는 양 죄의 불법내용과 위험성이 다르지 않다고 보기 때문이다.

---

175) 김일수/서보학, 326면; 박상기, 287면; 배종대, 411면; 이재상, 310면; 임웅, 318면; 정성근/박광민, 316면; 대법원 1991. 11. 22, 91도2296.
176) 김성천/김형준, 409면; 이정원, 376면; 대법원 1992. 7. 28, 92도917.

## 2. 객관적 구성요건

절도가 폭행・협박을 하는 것이다.

### (1) 행위주체

본죄의 행위주체는 절도이다. 여기의 절도는 단순절도(제329조)・야간주거침입절도(제330조)・특수절도(제331조)・상습절도(제332조)를 의미한다. 강도도 본죄의 행위주체가 된다고 하는 견해[177]가 있으나 강도가 재물탈환의 항거, 체포면탈 또는 증거인멸의 목적으로 한 폭행 또는 협박은 강취행위의 수반행위에 불과하고 형법이 절도를 행위주체로 명시하고 있기 때문에 타당하다고 할 수 없다.[178] 강도가 체포를 면탈할 목적으로 폭행 또는 협박을 할 때에 흉기를 휴대하였다면 특수강도죄의 준강도가 아니라 특수강도죄가 된다고 해야 한다.

통설[179]과 판례[180]는 재물의 탈환에 항거하거나 체포를 면탈하거나 죄적을 인멸하기 위한 폭행 또는 협박은 절도실행 중에도 가능하므로 절도미수범도 절도에 포함된다는 입장을 취하고 있다. 그러나 본죄에서의 절도는 절도기수범에 제한된다고 해야 한다. 왜냐하면 절도미수범이 재물탈환의 항거 또는 체포면탈 또는 죄적인멸의 목적으로 폭행・협박을 했을 때에 그 불법내용과 강도가 폭행 또는 협박으로 재물을 취득했을 때의 불법내용은 같다고 할 수 없기 때문이다. 한편 절도를 예비하는 자는 본죄의 행위주체가 될 수 없다. 절도죄의 교사범 또는 종범도 여기에서 제외된다.[181]

### (2) 구성요건적 행위

폭행 또는 협박하는 것이다. 본죄의 폭행・협박은 강도죄의 그것과 같은 정도에

177) 배종대, 431면; 이재상, 304면.
178) 김일수/서보학, 328면; 박상기, 289면; 임웅, 302면.
179) 김성천/김형준, 411면; 김일수/서보학, 328면; 박상기, 289면; 배종대, 431면; 백형구, 158면; 오영근, 421면; 이재상, 304면; 이정원, 370면; 임웅, 320면; 정성근/박광민, 308면.
180) 대법원 1990. 2. 27, 89도2532.
181) 배종대, 432면; 이재상, 305면.

이르러야 한다. 따라서 그 폭행 또는 협박은 상대방의 반항을 억압하기 위한 수단으로서 일반적・객관적으로 가능하다고 인정되는 정도로 볼 수 있어야 한다.[182] 여기의 폭행 또는 협박의 상대방은 피해자는 물론 제3자도 포함한다. 절도를 체포하려는 경찰관에게 폭행・협박을 가한 때에는 준강도죄와 공무집행방해죄의 상상적 경합이 될 수 있다. 그러나 행위자를 체포하려는 피해자의 과잉폭행행위를 피하기 위한 행위는 본죄에 해당하지 않는다.[183]

본죄의 폭행・협박은 절도의 기회에 행해져야 한다. 절도의 기회란 폭행 또는 협박과 절도 사이에 시간적・장소적 접근성이 있어야 한다는 것을 의미한다. 이러한 시간적・장소적 접근성은 절도가 절도의 실행 중 또는 절도의 실행직후에 체포를 면탈하기 위해 절도현장 부근에서 폭행・협박을 가할 때 인정된다.[184] 그러나 절도현장에서 발각되어 추적당하는 경우에는 거리가 떨어진 때에도 장소적 근접성이 인정된다.[185] 그러므로 절도범행을 끝낸 후 10분 정도 지나 피해자의 집에서 200미터 떨어진 곳에서 피해자에게 붙잡혀 피해자의 집으로 돌아왔을 때 피해자를 폭행한 경우에 본죄는 성립하지 않는다.[186]

### (3) 준강도 미수

본죄의 미수범은 처벌한다(제342조). 본죄의 기수・미수를 판단하는 기준이 무엇인지에 대해서 견해가 대립한다. 본죄의 기수・미수를 폭행・협박의 기수・미수에 의하여 판단해야 한다는 견해,[187] 절도의 기수・미수에 의하여 판단해야 한다는 견해[188] 및 폭행・협박의 기수・미수와 절도의 기수・미수에 따라 판단해야 한다는 절

182) 대법원 1985. 11. 12, 85도2115.
183) 대법원 1990. 4. 24, 90도193.
184) 대법원 1984. 9. 11, 84도1398.
185) 대법원 1982. 7. 13, 82도1352(절도현장에서 추격당하여 2킬로미터 떨어진 곳에서 폭행을 가한 때에도 시간적・장소적 접근성을 인정한다).
186) 대법원 1998. 2. 26, 98도3321.
187) 배종대, 436면; 백형구, 160면.
188) 김일수/서보학, 333면; 이재상, 307면; 이정원, 346면; 정성근/박광민, 312면.

충설[189]이 그것이다. 본죄의 행위주체는 절도·기수범이어야 하므로 본죄의 기수·미수는 폭행·협박의 기수·미수에 따라 판단하여야 한다. 대법원은 폭행·협박의 기수·미수를 판단기준으로 한 과거의 입장을 변경하여 현재는 절도의 기수·미수에 따라 본죄의 기수·미수를 판단해야 한다고 한다.[190] 예비·음모 행위자에게 단순히 준강도 할 목적이 있음에 그치는 경우에 강도죄의 예비·음모가 되지 않는다.[191]

### 3. 주관적 구성요건

본죄가 성립하기 위해서는 절도의 고의 및 불법영득의사와 함께 폭행·협박에 대한 고의도 있어야 한다. 그 밖에 본죄는 목적범이기 때문에 재물탈환의 항거, 체포면탈 및 죄적인멸의 목적이 있어야 한다. 폭행 또는 협박이 이러한 목적을 수단으로 하는 것이 아닌 때에는 본죄가 아니라 강도죄가 성립한다.

### 4. 공범

절도죄의 공동정범 중 한 사람이 본죄를 범한 경우에 다른 공범자도 본죄로 처벌할 수 있는가가 문제된다. 대법원은 공동정범 사이에 사전에 구체적인 의사연락이 없었다고 하여도 다른 공범자에 대해서도 본죄의 성립을 인정하고 있다.[192] 그러나 공동정범은 공동의사의 범위 내에서만 인정되므로 이 경우에는 다른 공범자는 본죄의 공동정범이 될 수 없다.[193]

### 5. 죄수

준강도죄는 절도죄와 법조경합의 특별관계에 있다. 강도가 체포를 면탈할 목적으로 폭행 또는 협박을 가할 때에 흉기를 휴대하여 사용하는 때에는 특수강도의 준강

189) 박상기, 291면; 오영근, 425면; 이정원, 346면; 임웅, 305면.
190) 대법원 2004. 11. 18, 2004도5074.
191) 대법원 2006. 9. 14, 2004도6432.
192) 대법원 1991. 11. 26, 91도2267.
193) 박상기, 292면; 배종대, 430면; 백형구, 161면; 오영근, 429면; 이재상, 308면.

도가 된다는 견해[194]가 있으나 특수강도죄가 성립한다고 해야 한다. 강도는 본죄의 행위주체에 포함되지 않기 때문이다. 절도가 체포면탈의 목적으로 경찰관에게 폭행을 한 때에는 본죄와 공무집행방해죄는 상상적 경합관계에 있다. 절도범이 체포를 면탈할 목적으로 체포하려는 여러 명의 피해자에게 같은 기회에 폭행을 가하여 그 중 1인에게만 상해를 가한 때에는 포괄하여 하나의 강도상해죄만 성립한다.[195]

## Ⅴ. 인질강도죄(제336조)

### 1. 의의

본죄는 사람을 체포・감금・약취 또는 유인하여 이를 인질로 삼아 그 석방대가로 재물 또는 재산상 이익을 취득하거나 제3자로 하여금 이를 취득하게 함으로써 성립하는 범죄이다. 본죄는 체포・감금죄 내지 약취・유인죄와 공갈죄의 결합범이다. 본죄의 보호법익은 1차적으로 재산권이고 2차적으로 개인의 자유권이다.

### 2. 구성요건

본죄의 행위객체는 사람이고 성년・미성년・성별을 구별하지 않는다. 그러나 미성년자에 대하여 본죄를 범한 때에는 특정범죄가중처벌등에관한법률 제5조의2제2항 제1호가 적용된다. 여기서 인질로 삼는다는 것은 체포・감금・약취・유인된 사람의 생명・신체의 안전에 대한 제3자의 우려를 이용하여 그 석방이나 생명・신체에 대한 안전을 보상하는 대가로 재물 또는 재산상의 이익을 취득하기 위해 자유를 구속하는 것을 말한다.[196] 본죄는 석방의 대가로 재물 또는 재산상 이익을 취득할 때에 기수가 된다. 인질과 재산상의 손해를 입은 자는 반드시 동일인일 필요가 없다.

194) 대법원 1973. 11. 13, 73도1553.
195) 대법원 2001. 8. 21, 2001도3447.
196) 이재상, 309면.

## Ⅵ. 강도상해 · 치상죄(제337조)

### 1. 의의

본죄는 강도가 사람을 상해하거나 상해에 이르게 함으로써 성립하는 범죄이다. 미수범은 처벌한다(제342조). 강도상해죄는 강도죄와 상해죄의 결합범이고, 강도치상죄는 강도죄의 결과적 가중범이다.

### 2. 객관적 구성요건

본죄의 행위객체는 강도이다. 여기에는 단순강도(제333조), 특수강도(제334조), 준강도(제335조) 및 인질강도(제336조)가 포함된다. 강도의 기수나 미수를 가리지 않는다. 따라서 강도범이 폭행 또는 협박을 가하여 재물을 강취하기 전에 상해의 결과를 야기하는 때에도 강도상해죄의 기수가 된다.[197]

본죄의 구성요건적 행위는 사람을 상해하거나 상해에 이르게 하는 것이다. 상해는 고의로 상해를 야기하는 것이고 상해에 이르게 하는 것은 상해의 결과가 과실로 발생하는 것이다. 강도치상죄는 강도죄의 결과적 가중범에 해당하므로 결과적 가중범의 일반원리가 적용되어야 한다. 그러므로 강도행위와 상해의 결과발생 사이에는 인과관계가 있어야 한다. 본죄의 상해는 강도의 기회에 행위자의 행위로 발생한 것이면 족하고 강도의 수단인 폭행에 의한 것일 요하지 않는다.[198] 흉기로 협박하는 강도에게 항거하다가 상해의 결과가 발생한 경우,[199] 피해자가 피고인의 폭행 · 협박을 피하려다 상해를 입게 된 경우[200]에도 본죄가 성립한다.

197) 대법원 1992. 4. 14, 92도408.
198) 대법원 1985. 1. 15, 84도2397.
199) 대법원 1984. 6. 26, 84도970.
200) 대법원 1996. 7. 12, 96도1142.

### 3. 주관적 구성요건

강도상해죄의 주관적 구성요건으로 강도가 사람을 상해한다는 고의가 있어야 한다. 즉 강도의 고의와 상해의 고의를 요한다. 강도치상죄의 경우에는 주관적 구성요건으로 강도의 고의와 상해에 대한 과실이 있어야 한다.

### 4. 미수

강도상해죄의 미수범은 처벌한다(제342조). 강도상해죄의 미수는 강도의 기수나 미수와 상관없이 상해가 미수인 때를 의미한다. 강도치상죄의 미수범은 인정되지 않는다는 것이 학설[201)]과 판례[202)]의 입장이다. 그러나 형법이 강도치사죄의 미수를 인정하고 있고 이를 부정할 합당한 이유가 없으므로 강도치상죄의 미수범을 인정하는 것이 타당하다.[203)]

### 5. 공범

강도의 공범자 중의 한 사람이 강도의 기회에 피해자에게 폭행을 가하여 상해를 입힌 경우 다른 공범자도 재물강취의 수단으로 폭행을 가할 것이라는 점에 관하여 상호의사의 연락이 있었던 것이므로 구체적으로 상해에 관하여는 공모하지 않았다 하더라도 폭행으로 생긴 결과에 대한 공범으로서 다른 공범자도 강도상해 및 강도치상의 책임을 진다.[204)]

---

201) 김일수/서보학, 338면; 박상기, 295면; 배종대, 425면; 이재상, 313면.
202) 대법원 1971. 1. 26, 70도2518.
203) 권오걸, 481면; 이정원, 378면; 임웅, 310면.
204) 대법원 1990. 12. 26, 90도2362.

**판례(대법원 1998. 4. 14, 98도356)**

강도합동범 중 1인이 피고인과 공모한대로 과도를 들고 강도를 하기 위하여 피해자의 거소를 들어가 피해자를 향하여 칼을 휘두른 이상 이미 강도의 실행행위에 착수한 것임이 명백하다. 그가 피해자들을 과도로 찔러 상해를 가하였다면 대문 밖에서 망을 본 공범인 피고인이 구체적으로 상해를 가할 것까지 공모하지 않았다 하더라도 피고인은 상해의 결과에 대하여도 공범으로서의 책임을 면할 수 없다.

## Ⅶ. 강도살인 · 치사죄(제338조)

### 1. 의의

본죄는 강도가 사람을 살해하거나 사망에 이르게 함으로써 성립하는 범죄이다. 강도살인죄는 강도죄와 살인죄의 결합범이고, 강도치사죄는 강도죄의 결과적 가중범이다.

### 2. 객관적 구성요건

#### (1) 행위주체

본죄의 행위주체는 강도이다. 그 범위는 강도상해 · 치상죄에 있어서와 같다.

#### (2) 구성요건적 행위

사람을 살해하거나 사망에 이르게 하는 것이다. 살해는 고의로 살인하는 것이고, 사망에 이르게 하는 것은 과실치사를 의미한다. 살해나 치사는 강도의 기회에 발생하면 족하다. 따라서 강도범행 직후 경찰관에게 붙잡혀 파출소로 연행되던 자가 체포를 면하기 위해 과도로 경찰관을 찔러 사망케 한 경우에도 강도살인죄가 성립한다.[205]

채무를 면탈할 목적으로 피해자를 살해한 경우에도 강도살인죄가 성립한다는 견해가 통설이다. 채무면제라는 재산상 이익의 취득이 구체적으로 현실화될 수 있는 경우에 한하여 강도살인죄를 인정하여야 한다는 견해[206]가 있으나 강도미수범이 살인하는 경우에도 본죄가 성립하므로 타당하지 않다.

#### (3) 미수

본죄의 미수범은 처벌한다(제342조). 강도살인죄의 미수란 강도의 미수가 아니라 살인의 미수를 의미한다. 강도치사죄의 미수는 고의범인 강도가 미수에 그쳤으나 사망의 결과가 발생한 것이다. 판례는 강도치사죄의 미수를 인정하지 않고 있다.[207]

### 3. 주관적 구성요건

강도살인죄의 주관적 구성요건으로는 강도의 고의와 살인의 고의가 있어야 한다. 강도치사죄는 사망의 결과가 과실로 발생하여야 한다.

## Ⅷ. 강도강간죄(제339조)

### 1. 의의

본죄는 강도가 부녀를 강간함으로써 성립하는 범죄이다. 강도죄와 강간죄의 결합범이다.

---

205) 대법원 1996. 7. 12, 96도1108.
206) 김일수/서보학, 341면; 박상기, 297면; 오영근, 435면; 임웅, 332면; 정성근/박광민, 319면; 대법원 2004. 6. 24, 2004도1098.
207) 대법원 1973. 5. 30, 73도837.

## 2. 구성요건

### (1) 행위주체

본죄의 행위주체인 강도는 단순강도 · 특수강도 · 준강도 · 인질강도를 포함한다. 특수강도가 본죄의 행위주체인 경우에는 성폭력처벌특별법 제5조 제2항에 의하여 가중 처벌된다. 강도가 미수에 그쳤더라도 본죄는 성립한다.[208] 강간범이 강도를 하는 때에는 강간죄와 강도죄의 실체적 경합이 된다.[209] 다만 강간행위가 끝나기 전에 강도행위를 한 때에는 본죄가 성립한다.[210]

### (2) 구성요건적 행위

부녀를 강간하는 것이다. 행위자는 강도의 기회에 강간하여야 한다. 강도의 기회란 강도가 실행에 착수한 후 강도행위를 종료하기 전까지를 말한다.[211] 부녀는 반드시 강도의 피해자가 아니어도 된다.[212] 강도가 부녀를 강간하여 상해나 사망의 결과를 야기하는 경우에는 사상의 결과가 강도로 인한 때에는 강도강간죄와 강도치사상죄의 상상적 경합이 되지만 강간으로 인한 때에는 강도강간죄와 강간치사상죄의 상상적 경합이 된다. 강도가 부녀를 강간한 후에 살해하거나 상해를 입힌 경우에는 강도강간죄와 강도살인죄 또는 강도상해죄의 상상적 경합이라는 견해[213]가 있으나 실체적 경합범이 된다고 해야 한다.[214]

## 3. 미수

본죄의 미수범은 처벌한다(제342조). 강도강간죄의 미수는 강간의 미수를 의미한다.

---

208) 대법원 1986. 5. 27, 86도507.
209) 대법원 1977. 9. 28, 77도1350.
210) 대법원 1988. 9. 9, 88도1240.
211) 대법원 1984. 10. 10, 84도1880.
212) 대법원 1991. 11. 21, 91도2241.
213) 배종대, 429면; 이재상, 316면.
214) 김일수/서보학, 344면; 박상기, 299면; 백형구, 178면; 임웅, 335면; 정성근/박광민, 321면.

## Ⅸ. 해상강도죄(제340조)

본죄는 다중의 위력으로 해상에서 선박을 강취하거나 선박 안에 침입하여 타인의 재물을 강취함으로써 성립하는 범죄이다. 선박에 대한 해적행위를 처벌하는 규정이다. 해상이란 영해 및 공해를 말하고 하천 · 호수 · 항만은 제외된다.[215] 선박은 대소를 불문하고 해상을 항해할 수 있는 것이면 족하다. 다중이란 집단적 위력을 보일 수 있는 정도의 다수인의 집단을 말한다. 인원의 수는 상관없다. 위력이란 사람의 의사를 제압할 수 있는 유형 · 무형의 힘을 말한다.

해상강도상해 · 치상죄 및 해상강도살인 · 치사죄는 해상강도죄의 가중구성요건이다.

## Ⅹ. 상습강도죄(제341조)

본죄는 상습으로 강도죄 · 특수강도죄 · 인질강도죄 · 해상강도죄를 범함으로써 성립하는 범죄이다. 본죄의 미수범은 처벌한다(제342조). 강도상해 · 치상죄, 강도살인 · 치사죄, 강도강간죄에 대해서는 상습범규정이 없기 때문에 본죄와 위의 죄들과는 경합범이 된다.[216] 그러나 본죄에 대해서는 특정범죄가중처벌등에관한법률 제5조의4가 적용된다.

## Ⅺ. 강도예비 · 음모죄(제343조)

본죄는 강도의 결의를 가지고 강도의 실행에 착수하기 전에 범행을 예비하거나 음모함으로써 성립하는 범죄이다. 예를 들면 강도가 범행에 사용할 흉기를 구입하거나

215) 박상기, 300면; 배종대, 430면; 이재상, 317면.
216) 대법원 1990. 9. 28, 90도1365; 1982. 10. 12, 82도1764.

범행장소를 물색하는 것이 그것이다. 주관적 구성요건으로 강도할 목적과 예비 또는 음모에 대한 인식과 의욕이 있어야 한다.

## 제3절 사기의 죄

### Ⅰ. 서설

#### 1. 의의

사기죄란 사람을 기망하여 재물을 편취하거나 재산상의 불법한 이익을 취득하거나 제3자로 하여금 취득하게 함으로써 성립하는 범죄를 말한다. 사기죄는 재물과 재산상의 이익을 행위객체로 하므로 재물죄인 동시에 이득죄에 속하고 상대방의 하자있는 의사에 따른 재산상의 처분행위로 재물 또는 재산상의 이익을 취득한다는 점에서 공갈죄와 같다. 그러나 사기죄는 상대방의 하자있는 의사를 야기하는 수단이 기망이라는 점에서 공갈을 행위수단으로 하는 공갈죄와 구별된다. 또 사기죄는 상대방의 하자 있는 의사에 따른 재산상의 처분행위로 재물을 취득한다는 점에서 상대방의 의사에 반하여 재물을 취득하는 강도죄・절도죄와 다르다.

#### 2. 보호법익

사기죄의 보호법익에 대해서는 견해가 대립하고 있다. 전체로서의 재산이라는 견해[217)]와 재산권뿐만 아니라 거래의 진실성 또는 신의성실도 본죄의 보호법익이라는 견해[218)]가 그것이다. 판례는 전체로서의 재산 이외에 거래의 진실성도 사기죄의 보

217) 김일수/서보학, 413면; 백형구, 172면; 박상기, 302면; 이재상, 320면; 이정원, 382면; 정성근/박광민, 325면.

218) 배종대, 445면; 임웅, 321면.

호법익으로 보아 후자의 견해에 따르고 있다.[219] 그러나 거래의 진실성은 사기죄에 있어서 재산침해의 태양에 불과하므로 보호법익이 될 수 없고 거래의 진실성을 사기죄의 보호법익으로 하면 사기죄는 더 이상 재산죄로 볼 수 없으며 자유 시장경제체제 하에서는 거래의 진실성이 형법적 보호의 대상이 될 수 없기 때문에 사기죄의 보호법익은 전체로서의 재산(재산권)이라고 해야 한다. 본죄는 침해범이므로 재산상의 손해가 발생할 것을 요한다.

### 3. 구성요건체계

사기죄의 기본적 구성요건은 사기죄(제347조)이다. 이에 대한 가중구성요건은 상습사기죄(제351조)이다. 준사기죄(제348조), 컴퓨터등 사용사기죄(제347조의2)와 편의시설부정이용죄(제348조의2) 및 부당이득죄(제349조)는 사기죄의 변형구성요건에 해당한다. 사기죄와 준사기죄의 미수범은 처벌되고(제352조), 자격정지를 병과할 수 있으며(제353조), 사기죄에 대하여 친족상도례(제354조)가 적용된다. 사기죄의 경우에 취득한 재물 또는 재산상의 이익이 5억 원 이상인 때에는 특정경제범가중처벌등에관한법률 제3조에 의해 가중 처벌된다.

## Ⅱ. 사기죄(제347조)

### 1. 의의

본죄는 사람을 기망하여 재물의 교부를 받거나 재산상의 이익을 취득하거나, 제3자로 하여금 재물의 교부를 받게 하거나 재산상의 이익을 취득하게 함으로써 성립하는 범죄이다. 본죄의 미수범은 처벌한다.

---

219) 대법원 1983. 2. 22, 82도3139.

## 2. 객관적 구성요건

사람을 기망하여 재물의 교부를 받거나 재산상의 이익을 취득하거나 제3자로 하여금 취득하게 하는 것이다.

### (1) 행위객체

본죄의 행위객체는 타인이 점유하는 타인의 재물 또는 재산상 이익이다.

#### 1) 재물

재물이란 유체물 및 기타 관리할 수 있는 동력을 말한다. 절도죄의 재물과는 달리 본죄의 재물은 동산뿐만 아니라 부동산도 포함하고 경제적 가치가 있을 것을 요한다.[220] 부동산사기죄의 기수시기는 권리이전의 의사표시가 있는 때가 아니라 점유이전 또는 소유권이전등기가 경료된 때라고 해야 한다.[221] 재물인 부동산의 취득은 소유권이 이전되어야 인정되기 때문이다.

#### 2) 재산상 이익

재산상의 이익이란 재물에 속하지 않는 것으로서 재산적 가치가 있는 것을 말한다. 여기에는 적극적 이익 이외에 소극적 이익(채무면제, 채무변제의 유예,[222] 채무이행의 연기받기 위한 어음이나 수표발행[223] 등)도 포함한다. 또 영구적 이익이든 일시적 이익이든 묻지 않는다. 또 이익의 취득이 사법상 유효할 필요가 없다는 것이 학설[224]과 판례[225]의 입장이다. 그러나 재산상의 이익은 사법상 보호되는 경제적 이익에 제한되어야 한다(경제적 · 법률적 재산설). 재산상의 이익은 구체적이어야 한다. 계약체결,[226] 투자권유,[227] 타인의 일반전화를 이용한 전화통화[228] 등은 재산상의

---

220) 본죄의 재물은 경제적 가치가 있을 필요가 없다는 견해로는 배종대, 448면; 권오걸, 504면.
221) 배종대, 448면; 이재상, 324면.
222) 대법원 1997. 2. 14, 96도2904.
223) 대법원 1998. 12. 9, 98도3282; 1997. 7. 25, 97도1095.
224) 권오걸, 504면; 배종대, 449면; 이재상, 325면.
225) 대법원 2001. 10. 23, 2001도2991.

이익에 해당하지 않는다.

### (2) 기망행위

#### 1) 기망의 의의 및 대상

본죄의 구성요건적 행위는 사람을 기망하는 것이다. 기망이란 사람을 착오에 빠지게 하는 일체의 행위를 말한다. 기망행위의 대상은 사실에 제한된다. 사실이란 증명할 수 있는 현재 또는 과거의 상태를 말한다. 외적 사실이든 내적 사실이든 상관없다. 금전차용에 있어서 변제능력은 물론 변제의사를 기망한 경우에도 사기죄가 성립한다.[229] 사실은 법률행위의 중요한 부분일 필요는 없고 판단의 기초가 되는 것이면 족하다. 그러므로 용도를 속이고 돈을 빌린 경우에 진정한 용도를 고지하였더라면 상대방이 빌려주지 않았을 것으로 판단되는 경우에 사기죄의 기망은 있다고 해야 한다.[230]

가치판단도 기망의 대상이 된다는 견해[231]가 있다. 그러나 가치판단은 판단자의 가치관에 의존하는 것으로서 매우 주관적인 것이기 때문에 기망의 대상이 될 수 없다. 다만 가치판단이 사실의 주장을 포함하여 내적 사실의 주장이라고 할 수 있거나 판단자의 전문지식과 결부된 경우에는 기망이 된다고 해야 한다.[232] 따라서 순수한 가치판단인 과장광고나 허위광고는 기망이라고 할 수 없지만[233] 구체적으로 증명할 수 있는 사실을 주장하여 허위광고를 하는 것은 기망에 해당한다.[234] 예를 들면 음식

226) 대법원 1984. 4. 24, 84도99.
227) 대법원 1984. 2. 12, 83도2471.
228) 대법원 1999. 6. 25, 98도3891.
229) 대법원 1983. 8. 23, 83도1048.
230) 대법원 1995. 9. 15, 95도707.
231) 오영근, 478면.
232) 김일수/서보학, 418면; 박상기, 306면; 배종대, 452면; 이재상, 326면; 이정원, 386면; 임웅, 325면.
233) 대법원 1986. 4. 8, 86도236.
234) 대법원 1982. 10. 26, 81도2531.

점에서 한우만을 취급하는 것으로 기망하여 수입쇠갈비를 판매한 경우,[235] 백화점의 식품매장에서 판매하다 남은 식품에 대하여 가공일을 고친 바코드레벨을 부착하여 판매한 경우,[236] 몸에 좋은 여러 가지 재료를 혼합하여 제조가공한 녹동달 오리골드라는 제품이 성인병치료에 특별히 효능이 있는 약이라고 기망하여 고가에 판매한 경우에는 사기죄가 성립한다.

2) 기망의 수단 · 방법

기망의 수단 · 방법은 정해진바 없다. 작위 이외에 부작위로도 가능하다. 작위의 방법에는 명시적인 것과 묵시적인 것이 포함된다.

(i) 명시적 기망행위는 언어나 문서에 의해 적극적으로 사람을 기망하는 것을 말한다. 예를 들면 자동차 주행거리의 조작, 유효기간의 변경, 문서위조 등이 여기에 해당한다.[237]

(ii) 묵시적인 기망행위는 언어나 문서가 아니라 행동으로 허위의 의사표시를 하는 것을 말한다. 여기에서의 행동은 설명가치를 가져야 한다. 행위자의 행동이 설명가치를 가지는지는 거래의 관행과 사회통념에 따라 판단되어야 한다.[238] 묵시적인 기망행위로 볼 수 있는 경우로는 지불능력과 지불의사가 없으면서 음식점에서 음식을 주문하는 무전취식과 호텔에서 숙박하는 무전숙박, 채권자에게 채권의 담보로 소유권이전등기를 해준 가옥을 임대하고 금원을 받은 경우,[239] 가등기와 저당권설정등기가 경료되어 있는 사실을 상대방에게 고지하지 않고 그 토지를 처분한 경우,[240] 절취한 장물을 자기 것인 양 제3자에게 담보로 제공하고 금원을 차용한 경우,[241] 매매

235) 대법원 1997. 9. 9, 97도1561.
236) 대법원 1996. 2. 13, 95도2121; 1995. 7. 28, 95도1157.
237) 박상기, 307면.
238) 김일수/서보학, 418면; 박상기, 306면; 배종대, 452면; 이재상, 328면; 이정원, 390면; 정성근/박광민, 334면.
239) 대법원 1984. 1. 31, 83도1501.
240) 대법원 1981. 8. 20, 81도1638.
241) 대법원 1980. 11. 25, 80도2310.

인이 목적물의 하자를 매수인에게 고지하지 않은 경우,[242] 부동산 매도인이 그 부동산에 대한 명도소송이 계속 중이고 점유이전금지가처분까지 되어 있는 사실을 매수인에게 고지하지 않은 경우,[243] 결제될 수 없는 어음이라는 사실을 수취인에게 고지하지 않고 할인을 받은 경우,[244] 장기간의 입원을 유도하여 국민연금관리공단에 과다한 요양급여를 청구한 경우[245] 등이 있다.

절취한 예금통장으로 예금을 청구하는 행위가 기망에 해당한다는 견해가 통설[246]과 판례[247]의 입장이다. 그러나 이 경우에 침해되는 보호법익은 재물의 소유권과 재산권으로서 동일하므로 예금을 청구하는 행위로 새로운 법익이 침해된다고 할 수 없다. 따라서 예금을 청구하는 기망행위는 불가벌적 사후행위라고 하여야 한다.[248]

(iii) 부작위에 의한 기망행위

기망행위는 작위 이외에 부작위에 의해서도 가능하다. 부작위에 의한 기망행위는 행위자가 보증인의무에 위배하여 상대방의 착오를 제거하지 않은 경우에 인정된다. 부작위에 의한 기망행위는 묵시적 기망행위와 구별되어야 한다. 상대방이 스스로 착오에 빠지는 경우가 부작위에 의한 기망행위이고, 설명가치가 있는 행위자의 행위로 상대방이 착오에 빠지는 것은 묵시적 기망행위에 해당한다. 부작위에 의한 사기죄가 성립하기 위해서는 상대방이 스스로 착오에 빠져야 하고 행위자는 상대방의 착오를 제거할 보증인지위에 있는 자이어야 하며 그 부작위에 의한 기망행위는 작위에 의한 기망행위와 동가치를 가져야 한다.[249] 보증인지위의 발생근거는 법령, 계약, 선행행위 및 신의성실의 원칙이다.

242) 대법원 1971. 7. 27, 71도977.
243) 대법원 1985. 3. 26, 84도301.
244) 대법원 1997. 7. 25, 97도1095.
245) 대법원 2009. 5. 28, 2008도4665.
246) 김일수/서보학, 419면; 박상기, 310면; 배종대, 452면; 이재상, 329면.
247) 대법원 1990. 7. 10, 90도1176.
248) 김성천/김형준, 385면.
249) 배종대, 453면; 이재상, 330면.

계약상의 고지의무는 고지내용이 계약의 내용을 이루는 때에 한하여 보증인의무가 된다고 해야 한다.[250] 따라서 계약의 체결만으로는 상대방의 재산적 손해를 방지할 보증인의무가 발생하지 않는다. 신의성실의 원칙을 보증의무의 발생근거로 할 때에는 사기죄의 성립범위가 지나치게 확대될 위험이 있다. 따라서 신의성실에 의한 고지의무도 계약 당사자 사이의 특별한 신임관계를 필요로 한다.[251] 특별한 신임관계란 처음부터 공동의 목적을 달성하기 위한 공동협력이 요구될 때 인정된다.[252]

선행행위에 의한 고지의무는 과실행위로 상대방에게 재산적 처분행위의 근거가 되는 착오를 야기한 때에 인정된다. 그러나 고의로 착오를 일으켰으나 고의의 내용이 재산적 처분행위에 대한 의도가 아닌 경우에도 선행행위에 의한 고지의무를 진다.

대법원은 거래의 상대방이 일정한 사정에 관한 고지를 받았더라면 당해 거래관계를 맺지 아니하였을 것임이 경험칙 상 명백한 경우에 신의성실의 원칙상 상대방에게 그와 같은 사정에 대한 고지의무가 있다[253]고 하여 중고자동차매매에 있어서 매도인의 할부금융회사 또는 보증보험에 대한 할부금채무가 매수인에게 당연히 승계되는 것이 아니므로 그 할부금의 존재를 매수인에게 고지하지 아니한 것은 부작위에 의한 기망이 되지 않으나[254] 사채업자가 대출희망자로부터 대출을 의뢰받은 다음 대출희망자가 자동차의 실제 구입자가 아니어서 자동차할부금융의 대상이 되지 아니함에도 그가 실제로 자동차를 할부로 구입하는 것처럼 그 명의의 대출신청서 등 관련 서류를 작성한 후 이를 할부금융회사에 제출하여 자동차할부금융으로 대출금을 받은 경우 부작위에 의한 사기죄가 성립한다고 한다.[255] 그러나 이 경우에는 묵시적 기망행위에 의한 사기죄가 성립한다고 보는 것이 타당하다.

상대방의 잘못으로 과다한 거스름돈을 알면서 받은 경우에 부작위에 의한 사기죄

---

250) 박상기, 312면; 이재상, 330면.
251) 김일수/서보학, 421면; 박상기, 312면; 배종대, 454면; 이재상, 330면.
252) 박상기, 312면.
253) 대법원 2008. 5. 8, 2008도1652; 2004. 4. 9, 2003도7828; 1999. 2. 12, 98도3549.
254) 대법원 1998. 4. 14, 98도231.
255) 대법원 2004. 4. 9, 2003도7828.

가 성립하는지에 대하여 사기죄가 성립한다는 견해[256]와 과다한 거스름돈임을 현장에서 알고 받은 경우에는 사기죄가 성립하나 사후에 알고 영득한 때에는 점유이탈물횡령죄가 성립한다는 견해[257]가 있으나 거래의 관행상 거스름돈을 받은 자에게 거스름돈이 정확한지를 고지할 의무가 없으므로 부작위에 의한 기망행위에 해당하지 않는다.[258]

(iv) 기망행위의 정도

본죄의 기망행위는 경험칙 상 일반인이 착오에 빠질 수 있을 정도로서 거래상의 신의칙에 반하는 정도이어야 한다.[259] 누구나 쉽게 허위라는 것을 알 수 있는 기망행위는 여기에 해당하지 않는다.

3) 피기망자의 착오

(i) 기망행위에 의해 피기망자가 착오에 빠질 것을 요한다. 착오란 인식과 현실이 일치하지 않는 것, 즉 사실에 대한 잘못된 인식을 말한다. 피기망자는 허위의 사실이 진실이라고 믿거나 진실일 가능성이 있다고 믿어야 한다. 착오의 대상은 사실에 제한된다. 착오에는 사실에 대한 적극적 착오는 물론 소극적 부지도 포함한다. 그러나 사실에 대해 어떠한 생각도 없는 경우에는 착오라고 할 수 없다. 예를 들면 열차 승무원이 열차 내에 무임승차한 사람이 있다는 사실을 전혀 알지 못하고 있는 경우에는 착오가 인정될 수 없으나 차표 없이 승차한 사람이 있느냐고 물었을 때 없다고 하거나 가만히 있었던 경우에는 착오가 있다고 볼 수 있다.[260] 착오는 반드시 법률행위의 중요한 부분에 관한 허위표시일 것을 요하지 않는다.[261]

---

256) 김성천/김형준, 439-440면; 백형구, 176면.
257) 오영근, 458면; 임웅, 349면; 대법원 2004. 5. 27, 2003도4531.
258) 김일수/서보학, 423면; 박상기, 309면; 배종대, 454면; 이재상, 332면; 이정원, 394면; 정성근/박광민, 336면.
259) 김일수/서보학, 423면; 이재상, 332면.
260) 배종대, 456면; 이재상, 334면.
261) 대법원 1996. 2. 27, 95도2828; 1995. 9. 15, 95도707.

(ii) 인과관계

기망행위와 상대방의 착오 사이에는 인과관계가 있어야 한다. 즉 착오는 기망행위에 의해 야기되어야 한다. 기망행위와 착오 사이에 인과관계가 없는 경우에는 사기죄의 미수가 될 뿐이다. 피기망자가 착오에 빠진 것이 그의 과실에 기하더라도 인과관계는 인정된다.[262]

(iii) 기망행위의 상대방

피기망자는 착오에 빠질 수 있는 타인이어야 한다. 따라서 심신상실자나 유아 등은 기망의 상대방이 될 수 없다. 또 미성년자 또는 심신장애자 등은 준사기죄(제348조)의 객체가 된다. 피기망자와 피해자는 반드시 일치할 필요가 없다.

### (3) 처분행위

#### 1) 의의

사기죄가 성립하기 위해서는 기망행위에 의해 착오에 빠진 피기망자가 재산상의 처분행위를 해야 한다. 재산상의 처분행위는 기술되지 않은 객관적 구성요건요소에 속한다.[263] 피해자를 속여 교부받은 인감증명서 등으로 등기소요서류를 작성하여 피해자 소유의 부동산에 관한 소유권이전등기를 마친 경우에 피해자의 처분행위가 없으므로 사기죄가 될 수 없다.[264] 여기서 재산상의 처분행위란 피해자가 자유의사로 직접 재산상의 손해를 초래하는 작위, 부작위 또는 수인을 말한다.[265] 재물을 교부하는 것뿐만 아니라 행위자가 재물을 가져가는 것을 묵인 또는 수인하는 것도 여기에 해당한다. 재물의 교부는 재물의 현실적인 인도는 물론 재물이 범인의 사실상의 지배 아래에 들어가 그의 자유로운 처분이 가능한 상태에 놓인 경우도 포함한다.[266] 계약의 체결과 같은 법률행위나 물건의 인도, 노무의 제공과 같은 사실행위는

---

262) 박상기, 314면; 배종대, 459면; 이재상, 334면.
263) 김일수/서보학, 425면; 박상기, 314면; 배종대, 456면; 이재상, 337면.
264) 대법원 2001. 7. 13, 2001도1289.
265) 대법원 2007. 7. 12, 2005도9221.

작위에 속하고, 채권추심과 같은 청구권을 행사하지 않는 행위는 부작위가 된다. 처분행위가 법률행위인 경우에는 유효・무효 또는 취소가능성을 묻지 않는다. 배당이의소송의 제1심 판결에서 패소판결을 받고 항소한 자가 그 항소를 취하하는 것도 재산상의 처분행위라고 할 수 있다.[267]

착오와 재산상의 처분행위 사이에는 인과관계가 있어야 한다. 즉 피기망자가 착오에 빠진 결과 재산상의 처분행위를 해야 한다.

처분행위는 처분의사를 전제로 한다.[268] 반면 처분행위의 결과 객관적 재산의 감소가 있으면 족하고 처분의사는 필요치 않다는 견해[269]도 있다. 그러나 사기죄를 절도죄(책략절도)와 구별하기 위해서는 처분의사가 있어야 한다.

2) 처분행위자

처분행위자는 피기망자와 일치하여야 한다. 그러나 사기죄의 피해자는 피기망자 이외의 제3자가 될 수도 있다. 피해자와 처분행위자가 일치하지 않는 경우로는 삼각사기와 소송사기가 있다.

삼각사기의 경우에 처분행위가 있다고 하기 위해서는 처분행위자와 피해자는 어떤 관계에 있어야 하는가에 대해서 견해가 대립한다. 계약관계설은 처분행위자에게 계약관계에 의한 처분권이 있어야 한다고 한다.[270] 법적 권한설은 처분행위자는 피해자의 재산을 처분할 수 있는 법적 권한을 가지고 있어야 한다고 한다. 이에 대하여 사실상의 지배설은 처분행위자가 사실상 타인의 재산을 처분할 수 있는 지위에 있으면 충분하다고 한다.[271] 계약관계설과 법적 권한설은 법령이나 계약에 의하여 법적

---

266) 대법원 2003. 5. 16, 2001도1825.
267) 대법원 2002. 11. 22, 2000도4419.
268) 김일수/서보학, 427면; 배종대, 456면; 오영근, 468면; 이정원, 398면; 임웅, 350면; 대법원 1987. 10. 26, 87도1042.
269) 박상기, 315면; 이재상, 338면.
270) 배종대, 469면.
271) 김성천/김형준, 447면; 김일수/서보학, 428면; 박상기, 319면; 오영근, 469면; 이재상, 339면; 이정원, 402면; 임웅, 350면; 정성근/박광민, 340면.

처분권한이 있는 자만을 처분행위자가 된다고 하여 사기죄의 성립범위를 지나치게 축소하며, 또 처분행위는 무효인 법률행위는 물론 사실행위도 포함하고 있기 때문에 사실상의 지배설이 타당하다. 대법원은 과거의 법적 권한설의 입장을 변경하여[272] 지금은 사실상의 지배설을 따르고 있다.[273]

소송사기란 법원을 기망하여 유리한 판결을 얻고 이에 기하여 상대방으로부터 재물의 교부를 받거나 재산상의 이익을 취득하는 것을 말한다.[274] 여기에서 피기망자는 법원이며 피해자는 소송의 상대방, 즉 패소자이다. 소송사기가 인정되기 위해서는 제소 당시에 그 주장과 같은 채권이 존재하지 아니하다는 것만으로는 부족하고 그 주장의 채권이 존재하지 아니한 사실을 잘 알고 있으면서도 허위의 주장과 입증으로써 법원을 기망한다는 인식을 하고 있어야만 하고 단순히 사실을 잘못 인식하거나 법률적인 평가를 그르침으로 인하여 존재하지 않는 채권을 존재한다고 믿고 제소하는 행위는 사기죄를 구성하지 않는다.[275] 또 소송상의 주장이 사실과 다른 것임이 명백하거나 증거를 조작하려고 한 흔적이 있는 경우가 아니면 소송사기를 인정해서는 안 된다.[276] 사망한 자를 상대로 제소한 경우에 그 판결은 그 내용에 따른 효력이 생기지 아니하므로 소송사기가 될 수 없다.[277] 또 피고인이 타인과 공모하여 그를 상대로 의제자백을 받아 소유권이전등기를 하였다 하더라도 이는 진정한 소유자로부터 소유권을 이전받은 것이 아니므로 소송사기에 해당하지 않는다.[278] 마찬가지로 상

272) 대법원 1982. 3. 9, 81도1732.

273) 대법원 1994. 10. 11, 94도1575, "사기죄가 성립되려면 피기망자가 착오에 빠져 어떠한 재산상의 처분행위를 하도록 유발하여 재산적 이득을 얻을 것을 요하고, 피기망자와 재산상의 피해자가 같은 사람이 아닌 경우에는 피기망자가 피해자를 위하여 그 재산을 처분할 수 있는 권능을 갖거나 그 지위에 있어야 하지만, 여기에서 피해자를 위하여 재산을 처분할 수 있는 권능이나 지위라 함은 반드시 사법상의 위임이나 대리권의 범위와 일치하여야 하는 것은 아니고 피해자의 의사에 기하여 재산을 처분할 수 있는 서류 등이 교부된 경우에는 피기망자의 처분행위가 설사 피해자의 진정한 의도와 어긋나는 경우라고 할지라도 위와 같은 권능을 갖거나 그 지위에 있는 것으로 보아야 한다."

274) 대법원 2007. 9. 6, 2006도3591; 2006. 11. 10, 2006도5811.

275) 대법원 2003. 5. 16, 2003도373.

276) 대법원 2007. 9. 6, 2006도3591.

277) 대법원 2002. 1. 11, 2000도1881; 1987. 12. 22, 87도852.

대방에게 유리한 증거를 제출하지 않거나 상대방에게 유리한 사실을 진술하지 않은 것은 기망이 아니므로 소송사기가 성립하지 않는다.[279] 소송사기는 간접정범의 형태로도 가능하다.[280]

소송사기의 착수시기는 소송에서 주장하는 권리가 존재하지 않는다는 것을 알면서도 법원을 기망한다는 인식을 가지고 법원에 소장을 제출한 때이다.[281] 그 기수시기는 법원을 기망하여 착오에 빠지게 한 결과 승소확정판결을 받은 때이다.[282]

가압류, 가처분 또는 재판상의 화해를 신청하는 경우에 가압류, 가처분은 강제집행의 보전방법에 불과하여 청구의 의사표시를 한 것으로 볼 수 없고,[283] 재판상의 화해는 새로운 법률관계를 창설하는 것이 아니므로[284] 소송사기가 될 수 없다. 허위의 내용으로 지급명령을 신청하는 경우에는 채무자의 이의신청으로 소를 제기한 것으로 보게 되고 이의 신청이 없거나 각하되는 경우에는 지급명령은 확정판결과 같은 효력을 가지므로 사기죄는 성립한다.[285]

법원을 기망하여 승소판결을 받고 그 확정판결에 의하여 소유권이전등기를 경료한 경우에는 사기죄와 별도로 공정증서원본부실기재죄가 성립하고 양 죄는 실체적 경합관계에 있다.[286]

### (4) 재산상의 손해발생

#### 1) 손해발생의 요부

사기죄가 성립하기 위해서는 재산상의 손해가 발생하여야 하는지에 대해 견해가

278) 대법원 1997. 12. 23, 97도2430.
279) 대법원 2002. 6. 28, 2001도1620.
280) 대법원 2007. 9. 6, 2006도3591.
281) 대법원 2003. 7. 22, 2003도1951.
282) 대법원 1998. 2. 27, 97도2786; 1983. 4. 26, 83도188.
283) 대법원 1988. 9. 13, 88도55; 1982. 10. 26, 82도1579.
284) 대법원 1968. 2. 27, 67도1579.
285) 대법원 2004. 6. 24, 2002도4151.
286) 대법원 1983. 4. 26, 83도188.

대립한다. 피기망자의 처분행위로 자기 또는 제3자에게 현실적으로 재산상의 손해가 발생하여야 한다는 견해,[287] 사기취재죄의 경우에는 손해의 발생을 요하지 않지만 사기이득죄의 경우에는 손해의 발생을 요한다는 견해[288] 및 기망에 의해 재물 또는 재산상 이익을 제공하였으면 사기죄가 성립하고 피해자에게 현실적으로 손해가 발생할 것을 요하지 않는다는 견해[289]가 그것이다. 대법원은 "사기죄는 타인을 기망하여 그로 인한 하자있는 의사에 기하여 재물의 교부를 받거나 재산상의 이익을 취득함으로써 성립되는 범죄로서 그 본질은 기망행위에 의한 재산이나 재산상의 이익의 취득에 있는 것이고 상대방에게 현실적으로 재산상의 손해가 발생함을 요건으로 하지 아니한다"고 판시하여 재산상의 손해발생을 사기죄의 성립요건으로 인정하지 않고 있다.[290]

생각건대, 범죄는 법익을 위태롭게 하거나 침해하는 행위이므로 기망행위와 재산적 처분행위가 있었지만 재산상의 손해가 발생하지 않는 때에는 사기죄가 될 수 없다. 다만 사기죄의 미수는 가능하다.

2) 재산상 손해의 의의

재산상의 손해란 전체재산의 가치가 감소하는 것을 의미한다. 재산상의 손해는 전체계산의 원칙에 따라 판단된다.[291] 따라서 처분행위 전보다 그 후의 재산가치가 감소한 때에 재산상의 손해는 발생한다. 처분행위로 재산가치가 감소하였더라도 피해자가 직접 이익을 얻은 경우에는 손해가 발생한 것이 아니다. 그러나 기망행위로 인하여 법적으로 인정되는 취소권이나 손해배상청구권 등의 구제수단은 손해를 산정할 때 고려되지 않는다.[292] 또한 채권에 대해 피해자가 취득한 담보권도 직접 이익에

---

287) 김일수/서보학, 432면; 박상기, 325면; 배종대, 473면; 이재상, 341면; 임웅, 357면; 정성근/박광민, 341면.

288) 황산덕, 303면; 김종원, 216면.

289) 백형구, 180면; 오영근, 474면.

290) 대법원 2004. 4. 9, 2003도7828. 그 밖의 판례로는 2003. 12. 6, 2003도4914; 2002. 2. 5, 2001도5789; 1998. 11. 10, 98도2526; 1994. 10. 21, 94도2048; 1992. 9. 14, 91도2994.

291) 박상기, 327면; 배종대, 473면; 이재상, 341면.

해당하지 않는다.[293]

재산상의 손해는 객관적 · 개별적 방법에 의하여 산정된다.[294] 객관적 방법은 피해자의 주관적 평가가 아니라 객관적 평가자의 공정한 입장을 기준으로 하는 것이다. 개별적 방법은 손해산정 시에 재산에 대한 피해자의 구체적 사정, 경제적 관계, 필요성 및 목적을 고려하는 것이다. 처분행위를 하고 받은 반대급부가 구체적인 사정에 비추어 볼 때 불필요하거나 원하는 목적을 달성할 수 없거나 지나치게 부담을 주는 때에는 손해가 있다고 본다. 예를 들면 운동할 능력이 없는 노인에게 운동기구를 판매하거나 불필요한 잡지를 주문하게 하는 경우에 손해발생을 인정할 수 있다. 또 처분행위의 목적을 달성할 수 없는 구걸사기 또는 기부금사기에서도 재산상의 손해가 있다고 할 수 있다.[295]

재산상의 손해는 현실적으로 발생한 재산감소만을 의미하지 않고 재산가치에 대한 구체적인 위험을 포함한다.

3) 처분행위, 재산상 손해 및 재산상 이익의 관계

처분행위와 재산상 손해발생 사이에 인과관계가 있어야 한다. 즉 처분행위로 인하여 직접 재산상의 손해가 발생하여야 한다. 이로 인하여 사기와 책략절도가 구별된다. 피기망자의 처분행위로 재물의 교부가 이루어 진 때에는 사기가 되는데 대하여 재물의 취득과 처분행위사이에 인과관계 없는 때에는 절도에 해당한다. 예를 들면 전기검침원을 가장하여 타인의 주거에 들어가서 재물을 절취하거나 금방에서 귀금속을 구입하겠다고 기망하여 피해자로부터 건네받은 순금목걸이를 들고 도주하거나[296] 자전거를 살 의사도 없이 시운전을 빙자하여 교부받은 자전거를 타고 도주한 경우[297]에는 사기죄가 성립한다.

---

292) 대법원 1978. 6. 13, 78도721.
293) 대법원 1983. 4, 26, 82도3088.
294) 박상기, 327면; 배종대, 473면; 이재상, 341면; 임웅, 337면.
295) 이재상, 342면.
296) 대법원 1994. 8. 12, 94도1487.

재산상의 이익과 손해 사이에는 자료동일성이 있어야 한다.[298] 즉 행위자는 피해자의 재산으로부터 직접 재산상의 이익이나 재물을 취득하여야 한다.

### 3. 주관적 구성요건

본죄의 주관적 구성요건으로는 고의와 목적이 있어야 한다. 고의의 내용은 기망행위, 피기망자의 착오 및 재산상의 처분행위, 재산상의 손해발생 및 그 사이의 인과관계이다. 미필적 고의로도 족하다. 사기죄의 고의는 범행 전후의 피고인의 재력, 환경, 범행의 내용, 거래의 진행과정 등과 같은 객관적인 사정을 종합하여 판단한다.[299] 변제기일에 변제할 능력이 없는 자가 처음부터 변제의사 없이 금전을 차용한 경우에는 기망의 고의가 있는 것이다.[300]

그 밖에 사기죄는 목적범이므로 재물취득의 경우에는 불법영득의사, 재산상 이익의 취득의 경우에는 불법이득의사가 있어야 한다.

### 4. 미수와 기수

본죄의 착수시기는 편취의 범의로 기망행위를 개시한 때이다. 본죄는 재산상의 손해가 발생한 때에 기수가 된다.[301] 기망행위, 착오, 처분행위, 재산상의 손해 사이에 인과관계가 없는 경우에는 사기미수죄가 된다.

### 5. 불법원인급여와 사기죄

기망행위에 의하여 불법원인급여(민법 제746조)를 하게 한 경우에 사기죄가 성립

297) 대법원 1968. 5. 21, 68도480.
298) 박상기, 328면; 배종대, 495면; 이재상, 344면.
299) 대법원 2008. 3. 27, 2008도443; 1995. 4. 28, 95도424.
300) 대법원 1986. 9. 9, 86도1227; 1985. 9. 10, 84도2685.
301) 박상기, 330면; 이재상, 346면; 임웅, 359면.

하는지에 대해 견해가 대립한다. 예를 들면 마약구입대금을 편취하거나 뇌물로 공여할 재물을 편취하는 경우가 그것이다. 부정설은 피해자에게 반환청구권이 없기 때문에 본죄가 성립하지 않는다고 한다.302) 이에 대하여 긍정설은 행위자의 기망행위가 " 불법원인이 수익자에게만 있는 때" (민법 제746조 단서)에 해당하므로 고객의 반환청구권이 인정되고 기망행위로 피해자에게 재산상의 손해를 야기하였으며 사기죄의 성립여부는 반환청구권의 유무와 관계없이 형법의 독자적인 관점에서 판단해야 하므로 사기죄가 성립한다고 한다.303) 대법원도 긍정설을 따르고 있다.304) 생각건대, 행위자가 기망이라는 수단을 이용하여 타인의 재산권을 침해한 경우에는 사기죄의 성립을 인정하여야 한다.

### 6. 죄수 및 다른 범죄와의 관계

사기죄에서 피해자에게 대가가 지급된 경우 피해자를 기망하여 그 대가를 다시 편취하는 경우 이는 새로운 법익의 침해가 발생한 경우이므로 기존의 사기죄와는 별도로 새로운 사기죄가 성립한다.305)

공무원이 직무와 관련하여 기망행위로 재물을 취득한 때에는 사기죄와 뇌물죄의 상상적 경합이 인정된다.306) 위조통화를 행사하여 타인의 재물을 편취한 때에는 위조통화행사죄와 사기죄가 상상적 경합의 관계에 있다.307) 타인의 사무를 처리하는 자가 본인에 대하여 기망행위를 하여 재산상의 이익을 취득한 경우에 사기죄만 성립한다는 견해308)와 사기죄와 배임죄의 상상적 경합이 된다는 견해309)가 대립하고 있

---

302) 김일수/서보학, 434면.

303) 배종대, 476면; 이재상, 347면; 이정원, 411면; 정성근/박광민, 346면.

304) 대법원 2004. 5. 14, 2004도677, "민법 제746조의 불법원인급여에 해당하여 급여자가 수익자에 대한 반환청구권을 행사할 수 없다고 하더라도, 수익자가 기망을 통하여 급여자로 하여금 불법원인급여에 해당하는 재물을 제공토록 하였다면 사기죄가 성립한다."

305) 대법원 2009. 10. 29, 2009도7052.

306) 대법원 1977. 6. 7, 77도1069.

307) 배종대, 496면; 이재상, 347면. 그러나 판례는 이 경우에 양 죄의 경합범이 된다고 한다.

308) 오영근, 481면.

다. 판례는 양 죄의 상상적 경합을 인정한다.310) 생각건대 양 죄는 보호법익이 같으므로 사기죄만 성립한다고 해야 한다. 사기도박의 경우에는 승패가 도박에서와 같이 우연이 아니라 기망에 의하여 결정되므로 사기죄만 성립한다.311)

### 7. 친족상도례

본죄에 대하여 친족상도례가 준용된다(제354조, 제328조). 따라서 행위자와 피해자 사이에 친족관계가 있어야 한다. 피기망자와 피해자가 다른 경우에는 행위자와 피기망자 사이에 친족관계가 있을 필요가 없다.312) 판례는 손자가 할아버지 소유 농업협동조합 예금통장을 절취하여 이를 현금자동지급기에 넣고 조작하는 방법으로 예금잔고를 자신의 거래 은행계좌로 이체한 경우 농협협동조합이 본죄의 피해자이므로 친족상도례가 적용되지 않는다고 판시한다.313)

## Ⅲ. 컴퓨터 등 사용사기죄(제347조의2)

### 1. 의의

본죄는 컴퓨터 등 정보처리장치에 허위의 정보 또는 부정한 명령을 입력하여 정보처리를 하게 함으로써 재산상의 이익을 취득하거나 제3자로 하여금 취득하게 함으로써 성립하는 범죄이다. 컴퓨터 등 정보처리장치를 이용하여 타인의 재산권을 침해하는 행위는 사람에 대한 기망행위가 없고 재물을 대상으로 하지 않으므로 사기죄 또는 절도죄로 처벌할 수 없다. 따라서 본죄는 컴퓨터 등 정보처리장치를 이용하여

---

309) 김성천/김형준, 456면; 김일수/서보학, 442면; 박상기, 330면; 배종대, 498면; 이재상, 348면; 이정원, 388면; 임웅, 363면; 정성근/박광민, 345면.

310) 대법원 2002. 7. 18, 2002도689.

311) 박상기, 330면; 배종대, 497면; 이재상, 348면; 대법원 1960. 11. 16, 4293형상743.

312) 대법원 1976. 4. 13, 75도781.

313) 대법원 2007. 3. 15, 2006도2704.

타인에게 재산상의 손해를 야기하는 행위를 처벌하기 위한 규정이라고 할 수 있다.[314)]

본죄의 보호법익은 사기죄와 같이 전체로서의 재산, 즉 재산권이다.

### 2. 객관적 구성요건

#### (1) 행위객체

본죄의 행위객체는 재산상의 이익이다. 따라서 본죄는 사기죄와는 달리 순전히 이득죄에 속한다. 본죄의 행위객체에서 재물을 배제함으로써 권한 없이 타인의 현금카드와 비밀카드를 사용하여 현금자동지급기에서 현금을 인출하는 행위를 본죄로 처벌할 수 있는지가 논란의 대상이 되고 있다.

#### (2) 구성요건적 행위

컴퓨터 등 정보처리장치에 허위의 정보 또는 부정한 명령을 입력하거나 권한 없이 정보를 입력·변경하여 정보처리를 하게 하는 것이다.

1) 컴퓨터등 정보처리장치란 자동적으로 정보를 처리하는 전자장치를 말한다.[315)] 중앙컴퓨터와 네트워크시스템의 단말기는 물론 현금자동지급기 등이 여기에 해당한다.[316)]

2) 허위의 정보를 입력한다고 함은 사실관계에 반하는 데이터를 입력하는 것을 의미한다. 입금하지 않았음에도 입금데이터를 입력하여 자신의 예금잔고를 증액시키는 것이 여기에 속한다. 부정한 명령을 입력한다는 것은 당해 사무처리시스템에 예정되어 있는 사무처리의 목적에 비추어, 주어서는 안 되는 명령을 입력하는 것을 말한다. 프로그램을 조작하여 예금을 인출해도 잔고가 감소되지 않게 하는 것이 여기

314) 이재상, 349면.
315) 박상기, 334면; 이재상, 350면.
316) 박상기, 334면; 배종대, 498면; 이재상, 350면.

에 해당한다.[317] 권한 없이 정보를 입력 · 변경한다고 하는 것은 진실한 정보를 권한 없이 사용하는 것을 말한다. 권한 없이 타인의 아이디와 패스워드를 입력하여 인터넷뱅킹에 접속한 후 타인의 예금계좌로부터 자신의 예금계좌로 이체하는 경우[318] 또는 타인의 명의를 모용하여 발급받은 신용카드의 번호와 그 비밀번호를 이용하여 ARS전화서비스나 인터넷 등을 통하여 신용대출을 받는 경우[319]가 그것이다. 권한 없이 타인의 신용카드 또는 현금카드와 비밀번호를 입력하여 현금자동지급기에서 현금을 인출하는 것이 본죄에 해당하는가에 대해 견해가 대립한다. 부정설은 본죄의 행위객체는 재산상의 이익에 제한되므로 현금을 인출하는 경우에는 본죄가 아니라 절도죄가 성립할 뿐이라고 한다.[320] 판례도 부정설의 입장에 있다.[321] 반면 긍정설은 권한 없는 정보의 입력 · 변경을 규정한 것은 타인의 신용카드로 현금자동지급기에서 현금을 인출하는 행위를 처벌하기 위한 것이며 재물과 재산상의 이익은 대립되는 개념이지만 동시에 재물은 재산상 이익의 특별규정이므로 재물에 대한 사기죄가 성립하지 않는 때에는 재산상의 이익을 취득한 경우로 해석할 수 있다고 한다.[322]

생각건대 경제적 가치가 있는 재물의 취득은 재산상의 이익의 취득을 의미하므로 긍정설이 타당하다.

3) 정보처리하게 한다고 하는 것은 허위정보 또는 부정한 명령의 입력 또는 권한 없는 정보의 입력 · 변경에 의하여 정보처리장치를 실행하여 데이터가 처리되도록 하는 것을 의미한다.

---

317) 이재상, 350면.
318) 대법원 2004. 4. 16, 2004도353.
319) 대법원 2006. 7. 27, 2006도3126.
320) 박상기, 341면; 임웅, 377면.
321) 대법원 2003. 5. 13, 2003도1178.
322) 김일수/서보학, 452면; 배종대, 499면; 오영근, 490면; 이재상, 351면; 이정원, 391면; 정성근/박광민, 352면.

### 3. 주관적 구성요건

본죄가 성립하기 위해서는 고의와 목적이 있어야 한다. 고의는 본죄의 객관적 구성요건에 대한 인식과 의욕을 의미한다. 미필적 고의로도 족하다. 목적으로는 불법이득의사가 있어야 한다. 불법이득의 의사는  불법한 재산상의 이익을 취득하거나 제3자로 하여금 취득하게 해줄 의사를 말한다.

### 4. 다른 범죄와의 관계

본죄는 사기죄와 보충관계에 있으므로 사기죄가 적용되면 본죄는 배제된다. 예를 들면 오퍼레이터를 기망하여 컴퓨터에 허위의 정보를 입력시켜 재산상의 이익을 취득한 때에는 사기죄가 성립한다.[323) 본죄를 범하여 자기의 예금잔고를 늘리고 자기의 신용카드로 그 예금을 인출한 행위는 불가벌적 사후행위에 해당한다.[324) 본죄가 전자기록위작 · 변작죄의 구성요건(제232조의2)을 실현하는 때에는 양 죄는 상상적 경합관계에 있게 된다. 또한 본죄와 횡령죄 또는 배임죄는 법조경합의 관계에 있다고 해야 하다. 양 죄는 동일한 법익을 보호하기 때문이다.[325) 예컨대, 타인의 재물을 보관하는 자가 본죄의 구성요건에 해당하는 행위를 수단으로 하여 횡령한 경우가 그 것이다.

## Ⅳ. 준사기죄(제348조)

### 1. 의의

본죄는 미성년자의 지려천박 또는 사람의 심신장애를 이용하여 재물의 교부를 받

323) 이재상, 352면.
324) 대법원 2004. 4. 16, 2004도353.
325) 다른 견해로는 박상기, 335면.

거나 재산상의 이익을 취득하거나 제3자로 하여금 재물의 교부를 받게 하거나 재산상의 이익을 취득하게 함으로써 성립하는 범죄이다. 본죄의 미수범도 처벌한다(제353조). 그러나 지려천박한 미성년자 또는 심신장애자를 적극적으로 기망한 때에는 본죄가 아니라 사기죄가 성립한다.

본죄는 재산상의 손해가 발생하여야 성립하는 침해범이다.[326)]

## 2. 객관적 구성요건

미성년자란 만 20세 미만의 자를 말한다. 그러나 본죄의 행위객체는 미성년자 중 지려천박한 자만이 된다. 지려천박이란 지각과 사고능력이 부족한 경우로서 기망하지 않더라도 처분행위를 할 수 있는 상태에 있는 것을 말한다.[327)]

심신장애란 정신기능의 장애로서 재산상의 거래능력이 부족한 것을 말한다. 본죄의 심신장애는 형법 제10조의 심신장애와 구별된다. 그러므로 심신미약이나 심신상실을 이용한다고 해서 반드시 본죄가 성립하는 것은 아니다. 심신상실자가 의사능력이 없는 경우에는 본죄가 아니라 절도죄가 성립한다.[328)]

## 3. 주관적 구성요건

본죄의 주관적 구성요건으로는 객관적 구성요건에 대한 인식과 의욕이 있어야 한다. 미필적 고의로도 족하다.

---

326) 김일수/서보학, 454면; 박상기, 347면; 배종대, 500면; 백형구, 185면; 이정원, 424면; 임웅, 359면; 정성근/박광민, 358면.

327) 배종대, 500면.

328) 김일수/서보학, 455면; 박상기, 346면; 배종대, 501면; 이재상, 354면; 임웅, 384면; 정성근/박광민, 359면.

## Ⅴ. 편의시설부정이용죄(제348조의2)

### 1. 의의

본죄는 부정한 방법으로 대가를 지급하지 아니하고 자동판매기·공중전화 기타 유료자동설비를 이용하여 재물 또는 재산상의 이익을 취득함으로써 성립하는 범죄이다. 본죄는 절도죄 또는 사기죄의 구성요건을 실현하지 않는 행위를 처벌하기 위한 보충적 구성요건이다. 유료자동설비를 이용하는 경우에는 사람에 대한 기망행위가 없기 때문에 사기죄가 성립하지 않고, 재물을 취득하는 것이 아니기 때문에 절도죄도 될 수 없다.

### 2. 객관적 구성요건

부정한 방법으로 대가를 지급하지 아니하고 자동판매기·공중전화 기타 유료자동설비를 이용하여 재물 또는 재산상의 이익을 취득하는 것이다.

#### (1) 행위객체

본죄의 행위객체는 자동판매기·공중전화 기타 유료자동설비이다. 유료자동설비란 대가를 지급하면 자동적으로 일정한 물건 또는 편익을 제공하는 일체의 기계를 말한다. 이러한 것으로 자동판매기와 공중전화를 포함하여 담배, 음료수, 승차권자동판매기, 자동저울, 자동놀이기구, 컴퓨터게임기, 전자오락기, 뮤직박스, 텔레비전수상기 등을 들 수 있다. 또한 대중교통기관, 극장, 박물관, 도서관, 수영장, 스키장, 공연장 등의 시설이 무인자동시스템을 갖추고 있으면 자동설비에 속한다.[329] 자동설비는 유료이어야 한다. 타인의 전화카드를 절취하여 공중전화를 이용하는 것은 본죄에 해당하지 않는다. 이 경우에 피해자가 요금을 납부해야 하기 때문이다.[330]

---

329) 배종대, 502면; 이재상, 355면.
330) 대법원 2001. 9. 25, 2001도3625.

#### (2) 구성요건적 행위

대가를 지급하지 않고 유료자동설비를 부정하게 이용하여 재물을 취득하거나 재산상의 이익을 취득하는 것이다. 부정한 이용이란 권한 없이 또는 사용규칙에 위반하여 유료자동설비를 사용하는 것을 말한다. 예를 들면 위조주화나 외국동전으로 자동판매기에서 물건을 취득하는 것이 여기에 속한다. 그러나 자동판매기를 파괴하고 그 안에 있는 물건이나 현금을 가져간 경우에는 본죄가 아니라 절도죄에 해당한다. 자동설비의 결함을 이용하여 물품을 취득하는 때에도 본죄가 성립하지 않는다.[331)]

본죄의 기수시기는 재물 또는 재산상의 이익을 취득한 때이다.

### 3. 주관적 구성요건

본죄가 성립하기 위해서는 대가를 지급하지 아니하고 자동판매기, 공중전화 등의 자동설비를 부정하게 이용하여 재물 또는 재산상의 이익을 취득한다는 고의와 재물에 대한 불법영득의사 또는 재산상의 이익에 대한 불법이득의사가 있어야 한다. 미필적 고의로도 충분하다. 유로자동설비의 이용이 무료라고 오인한 경우에는 사실의 착오로서 고의가 조각된다.

## Ⅵ. 부당이득죄(제349조)

### 1. 의의

본죄는 사람의 궁박한 상태를 이용하여 현저하게 부당한 이익을 취득하거나 제3자로 하여금 취득하게 함으로써 성립하는 범죄이다. 본죄는 일정한 폭리행위를 처벌하는 것이다. 본죄의 보호법익은 전체로서의 재산이다. 본죄는 위험범이라는 견

331) 박상기, 349면; 이재상, 356면.

해[332]가 있으나 사기죄와 마찬가지로 침해범이라고 해야 한다.[333] 본죄의 미수범은 처벌하지 않는다.

## 2. 객관적 구성요건

### (1) 궁박한 상태의 이용

사람의 궁박한 상태를 이용하여 현저하게 부당한 이익을 취하는 것이다.

궁박한 상태란 급박한 궁박을 말하는 것으로서 경제적인 것뿐만 아니라 생명 또는 명예에 대한 정신적·육체적 곤궁상태도 포함한다.[334] 이러한 상태가 생존을 위태롭게 할 정도에 이를 것을 요하지 않고 현저한 재산의 감소나 그 위험이 있는 때에도 인정된다.[335] 궁박한 상태에 이르게 된 원인은 중요하지 않다. 소위 알박기의 경우도 본죄가 된다.[336]

이용이란 피해자의 궁박한 상태를 이익취득의 수단으로 삼는 것을 말한다.

### (2) 현저하게 부당한 이익

부당한 이익이란 급부와 반대급부 간에 상당성이 없는 것을 말한다. 부당한 이익인지 여부를 판단하는 기준은 행위자이다. 현저하게 부당한지의 여부도 일반적·추상적이 아니라 행위 당시의 구체적인 사정을 고려하여 객관적으로 판단하여야 한다.[337] 대법원은 채권액의 2배를 대물변제로 받은 경우,[338] 토지지분을 시가의 약 10배에 해당하는 가격으로 매도한 경우에 사회통념상 현저하게 부당한 이익을 취득하

332) 이재상, 357면.
333) 김일수/서보학, 466면; 박상기, 353면; 오영근, 503면; 이정원, 430면; 임웅, 364면.
334) 대법원 1992. 4. 14, 91다23660; 2005. 4. 15, 2004도1246.
335) 배종대, 504면; 이재상, 357면.
336) 대법원 2007. 12. 28, 2007도6441. 알박기라고 하더라도 부당이득죄에 해당하지 않는다고 한 경우로는 2009. 1. 15, 2008도8577.
337) 김일수/서보학, 451면; 박상기, 354면; 배종대, 504면; 이재상, 357면; 임웅, 365면.
338) 대법원 1972. 10. 31, 72도1803.

였다고 볼 수 없다고 판시한다.[339)]

### 3. 주관적 구성요건

본죄의 주관적 구성요건으로는 사람의 궁박한 상태를 이용하여 현저하게 부당한 이익을 취득한다는 고의가 있어야 한다. 미필적 고의로도 족하다.

## Ⅶ. 상습사기죄(제351조)

본죄는 상습으로 사기죄, 컴퓨터 등 사용사기죄, 준사기죄, 편의시설부정이용죄, 부당이득죄를 범함으로써 성립하는 범죄이다. 상습이란 동종의 범행을 반복하는 습벽을 말한다.[340)] 반드시 전과가 있을 것을 요하지 않는다. 상습사기의 경우에 편취금액이 5억 원 이상이면 특정범죄가중처벌등에관한법률 제3조에 의해 가중 처벌된다.

## Ⅷ. 신용카드범죄

### 1. 신용카드의 의의와 종류

신용카드란 이를 제시함으로써 반복하여 신용카드가맹점에서 물품의 구입 또는 용역의 제공을 받을 수 있는 증표로서 신용카드업자가 발행한 것을 말한다(여신전문금융업법 제2조 제3호). 신용카드는 신용기능을 핵심적 기능으로 한다. 신용카드소지인이 물품을 구입하거나 용역을 제공받으면 카드회사가 그 대금을 가맹점에 결제하고 카드소지인은 결제일에 카드대금을 지급할 채무를 부담함으로써 물품구입일 또는 용역제공일로부터 대금결제일까지 대금지급을 늦추어 주며 현금서비스가 제

---

339) 대법원 2006. 9. 8, 2006도3366.
340) 대법원 2006. 9. 8, 2006도2860.

공되는 것이 신용카드의 신용기능에 해당한다. 신용카드에는 카드발행회사, 카드소지인 및 카드가맹점의 3당사자의 관계로 이루어지는 3당사자카드, 백화점카드와 같이 카드소지인과 카드발행회사의 2당사자의 관계로 이루어지는 양당사자카드가 있다.

신용카드는 직불카드, 현금카드, 선불카드와 구별된다. 직불카드는 직불카드회원과 신용카드가맹점 간에 전자 또는 자기적 방법에 의하여 금융거래계좌에 이체하는 등의 방법으로 물품 또는 용역의 제공과 그 대가의 지급을 동시에 이행할 수 있도록 신용카드업자가 발행한 증표를 말한다(여신전문금융업법 제2조 6호). 그리고 선불카드는 신용카드업자가 대금을 미리 받고 이에 상당하는 금액을 기록(전자 또는 자기적 방법에 의한 기록)하여 발행한 증표로서 선불카드소지자의 제시에 따라 신용카드가맹점이 그 기록된 금액의 범위 내에서 물품 또는 용역을 제공할 수 있게 한 증표를 말한다(여신전문금융업법 제2조 제8호). 버스카드, 지하철정액승차권, 고속도로통행권, 전화카드 등이 여기에 속한다. 현금카드는 예금구좌와 예금잔고를 가지고 있는 예금주가 현금자동지급기에서 현금을 인출하는 기능만을 가지고 있는 카드이다. 현금카드에는 신용기능이 없기 때문에 여신전문금융업법 상의 신용카드에 포함되지 않는다.

## 2. 신용카드범죄의 유형

신용카드범죄로는 신용카드에 대한 재산죄, 신용카드의 부정발급, 신용카드의 위조・변조, 타인명의의 신용카드부정사용 및 자기명의의 신용카드부정사용을 들 수 있다.

### (1) 신용카드에 대한 재산죄

신용카드는 재물에 해당하므로 불법영득의사로 신용카드를 절취・강취・기망・공갈・횡령하는 때에는 절도죄・강도죄・사기죄・공갈죄・횡령죄가 성립한다. 타인의 신용카드를 사용하여 물품을 구입하거나 현금서비스를 받은 다음 반환의사로 신용카드를 취거하는 경우에는 신용카드에 대한 절도죄는 성립하지 않는다.[341]

(2) 신용카드위조 · 변조행위

신용카드의 자기 띠 부분의 전자기록에 변경을 가하거나 카드의 명의 또는 서명을 고치는 행위는 여신전문금융법 제70조 제1항의 신용카드 위조 · 변조죄에 해당한다. 자기 띠 부분의 전자기록을 변경하는 때에는 이 이외에 사전자기록 위작 · 변작죄(제232조의2)도 성립하지만 양 죄는 법조경합 중 특별관계에 있기 때문에 신용카드위조 · 변조죄만이 성립한다.[342]

(3) 신용카드의 부정발급

카드사용으로 인한 대금결제의 의사와 능력이 없으면서도 있는 것처럼 가장하여 자기명의의 신용카드를 발급받은 경우에 사기죄가 성립하는지에 대하여 견해가 대립한다. 긍정설은 지불의사와 능력이 없는 자에게 신용카드를 발급하여 신용을 공여한 것은 카드회사에 재산상의 손해가 발생할 위험이 존재하므로 사기죄가 성립한다고 한다.[343] 부정설은 신용카드 자체의 가치가 경미하기 때문에 비범죄화의 대상으로 보아야 하고[344] 신청자의 대금결제의사나 능력에 대한 심사 없이 카드를 남발하는 상황에서 기망행위를 인정할 수 없으며[345] 신용카드를 발급받은 사실만으로 재산상의 손해가 발생하였다고 볼 수 없기 때문에[346] 사기죄의 성립을 인정할 수 없다고 한다. 한편, 신용카드도 재물이며 재물에 대하여는 경제적 가치가 문제되지 않으므로 신용카드 자체에 대한 사기죄가 성립한다는 견해가 있다.[347] 대법원은 대금결

341) 대법원 1999. 7. 9, 99도857.
342) 이재상, 362면; 임웅, 347면. 상상적 경합이 된다는 견해로는 박상기, 338면.
343) 박상기 337면; 임웅, 373면.
344) 배종대, 479면; 정성근/박광민, 348면.
345) 오영근, 492면.
346) 이재상, 361면.
347) 이재상, 362면.

제의 의사와 능력이 없음에도 신용카드를 발급받은 경우 그 자체가 사기죄에 해당한다고 한다.[348] 생각건대 부정설이 타당하다.

카드회사를 기망하여 타인명의의 신용카드를 발급받은 경우에 그 발급신청서 등의 작성은 사문서위조 및 동행사죄(제231조, 제236조)가 된다.[349]

### (4) 타인명의 신용카드의 부정사용

타인명의의 신용카드를 이용하여 가맹점에서 자기의 카드인 것처럼 물품을 구입하거나 현금자동지급기에서 현금서비스를 받은 경우에 사기죄로 처벌할 수 있는지가 문제된다.

#### 1) 타인명의의 신용카드로 물품을 구입한 경우

타인명의 신용카드를 자기의 카드인 것처럼 가장하여 물품을 구입한 행위는 사기죄에 해당한다는 데에 이견이 없다.[350] 판례[351]도 같은 입장이다. 이 경우에 피해자는 카드회사와 카드명의인이라고 해야 한다. 카드거래에 있어서 대금지급의무는 원래 카드회사에게 있으며 카드명의인의 책임이 인정되는 때에는 카드명의인이 결제대금의 지급을 부담해야 하기 때문이다.[352]

또한 타인명의의 신용카드를 부정 사용하는 행위는 여신전문금융업법 상의 신용카드부정사용죄에도 해당한다(제70조 제1항). 양 죄는 상상적 경합관계에 있다. 이 경우에 매출전표에 서명하고 이를 교부하는 행위는 형법상의 사문서위조죄와 동행사죄의 구성요건을 충족하지만 이 사문서위조 및 동행사죄는 신용카드부정사용죄에 흡수되어 별도로 성립하지 않는다.[353]

---

348) 대법원 1996. 4. 9, 95도2466.
349) 박상기, 337면; 이재상, 362면.
350) 김일수/서보학, 446면; 박상기, 340면; 배종대, 486면; 이재상, 362면; 오영근, 490면.
351) 대법원 1997. 1. 21, 96도2751.
352) 권오걸, 579면; 배종대, 486면.
353) 대법원 1992. 6. 9, 92도77.

2) 타인명의의 신용카드로 현금자동지급기에서 현금을 인출한 경우

타인명의의 신용카드를 사용하여 현급자동지급기에서 현금을 인출하는 경우에 절도죄가 성립한다는 견해와 컴퓨터 등 사용사기죄가 성립한다는 견해가 대립한다. 판례는 이러한 행위가 현금자동지급기의 관리자의 의사에 반해 그의 지배를 배제하고 그 현금을 자기의 지배 아래에 옮겨 놓은 것이므로 절도죄를 구성한다고 판시한다.[354] 생각건대 컴퓨터 등 사용사기죄설이 타당하다. 형법 제347조의2에 "권한 없이 정보를 입력・변경하여 정보를 처리하게 하는 행위"를 포함한 것은 타인명의의 신용카드로 현금자동지급기에서 현금을 인출하는 행위를 컴퓨터 등 사용사기죄로 처벌하기 위한 것이며, 현금과 같은 재물은 재산상의 이익에 포함되기 때문이다.

타인명의의 신용카드로 현금자동지급기에서 현금을 인출하는 행위는 여신전문금융업법 상의 신용카드부정사용죄(제70조제1항)에 해당한다. 컴퓨터 등 사용사기죄와 신용카드부정사용죄는 상상적 경합관계에 있다.[355]

(5) 자기명의 신용카드의 부정사용

카드회사에 대금을 지급할 의사나 능력이 없으면서 있는 것처럼 가장하여 가맹점에서 물품을 구입하거나 현금자동지급기에서 현금을 인출하는 행위가 여기에 해당한다.

1) 자기명의의 신용카드로 물품을 구입한 경우

이 경우에 사기죄가 성립하는지에 대해 부정설과 긍정설이 대립한다. 긍정설은 대금결제의사와 능력 없이 물품을 구입하고 신용카드를 결제수단으로 제시한 것은 가맹점을 기망하여 재산상의 이익을 취득한 것이므로 사기죄가 성립한다고 한다.[356]

---

354) 대법원 2002. 7. 12, 2002도2134; 1995. 7. 28, 95도997.
355) 양죄의 실체적 경합을 인정하는 견해로는 배종대, 491면; 이재상, 367면.
356) 박상기, 340면; 이재상, 367면; 임웅, 373면. 김일수/서보학, 444면-445면은 신용카드를 부정 발급받은 후 부정사용의 경우에는 사기죄의 성립을 인정하지만 정상발급 후의 부정사용의 경우에는 이를 부정하고 있다.

판례도 긍정설의 입장이다.[357] 이에 대해 부정설은 자기명의카드의 남용은 카드가맹점에 대한 기망행위로 볼 수 없고, 가맹점은 카드소지인의 대금지급의사나 능력을 불문하고 카드회사로부터 대금을 지급받는 것이므로 사기죄가 성립하지 않는다고 한다.[358]

생각건대 신용카드를 발급받을 때부터 대금결제의 의사나 능력이 없음에도 불구하고 있는 것처럼 신용카드로 물품을 구입하는 것은 사기죄에 해당한다고 해야 한다. 카드회사에 대한 기망행위가 있기 때문이다. 자기명의의 신용카드로 물품을 구입하는 행위는 여신전문금융업법 상의 신용카드부정사용죄를 구성하지 않는다.

2) 자기명의의 신용카드로 현금자동지급기에서 현금을 인출하는 경우

대금결제의 의사와 능력 없이 자기명의의 신용카드로 현금자동지급기에서 현금을 인출하는 경우에는 사기죄, 절도죄 및 컴퓨터 등 사용죄가 성립하지 않는다.[359] 사람에 대한 기망행위가 없고, 자기명의의 신용카드로 현금을 인출하는 것은 절취가 될 수 없고, 컴퓨터에 허위의 정보 또는 부정한 명령을 입력하거나 권한 없이 정보를 입력하는 것도 아니기 때문이다. 그러나 이 경우 판례는 사기죄의 성립을 인정하고 있다.[360]

자기명의의 신용카드를 부정 사용하는 것은 신용카드부정사용죄에 해당하지 않는다.

---

357) 대법원 2005. 10. 13, 2004도3354; 2005. 8. 19, 2004도6859.

358) 배종대, 483면; 오영근, 490면.

359) 김일수/서보학, 445면; 박상기, 340면; 배종대, 469면; 오영근, 493면; 이재상, 367면; 임웅, 382면; 정성근/ 박광민, 351면.

360) 대법원 1996. 4. 9, 95도2466.

# 제4절 공갈의 죄

## I. 서설

### 1. 의의

본죄는 사람을 공갈하여 재물의 교부를 받거나 재산상 이익을 취득하거나 제3자로 하여금 이를 얻게 함으로써 성립하는 범죄이다. 본죄는 재물죄인 동시에 이득죄라는 점과 상대방의 하자있는 의사에 의한 처분행위로 재물 또는 재산상의 이익을 취득한다는 점에서 사기죄와 유사한 범죄이지만 폭행 또는 협박을 수단으로 한다는 점에서 기망을 행위수단으로 하는 사기죄와 구별된다. 공갈죄는 강도죄와 마찬가지로 폭행 또는 협박을 수단으로 한다. 그러나 강도죄와 공갈죄는 폭행 또는 협박의 정도에 의하여 구별된다. 폭행 또는 협박이 상대방의 의사를 억압할 정도에 이르면 강도죄가 되고, 상대방의 의사를 제한할 정도의 것이면 공갈죄가 된다. 따라서 공갈죄는 강도죄와는 달리 상대방의 처분행위를 필요로 한다.

### 2. 보호법익

공갈죄는 재산범죄에 속하므로 그 보호법익은 1차적으로 전체로서의 재산이다. 그러나 공갈죄는 공갈을 수단으로 함으로써 의사결정의 자유를 침해하여 타인의 재산권을 침해하는 죄이므로 의사결정의 자유를 2차적인 보호법익으로 한다.[361] 공갈죄는 재산상의 손해가 발생할 것을 요건으로 하므로 침해범이다.

### 3. 구성요건체계

본죄의 기본적 구성요건은 공갈죄(제350조)이다. 상습공갈죄(제351조)는 가중구

---

361) 김일수/서보학, 462면; 박상기, 356면; 배종대, 505면; 이재상, 369면.

성요건이다. 이에 대해서 친족간범행특례(제354조)가 적용된다. 공갈죄의 미수범은 처벌한다(제352조). 본죄는 폭력행위등처벌에관한법률(제2조, 제3조)과 특정경제범죄가중처벌등에관한법률 (제3조)에 의하여 가중 처벌된다.

## Ⅱ. 공갈죄(제350조)

### 1. 객관적 구성요건

사람을 공갈하여 재물을 교부받거나 재산상의 이익을 취득하는 것이다. 그 밖에 상대방의 처분행위와 피해자의 재산상 손해가 본죄의 객관적 구성요건에 속한다.

#### (1) 행위객체

본죄의 행위객체는 타인이 점유하는 타인의 재물 또는 재산상의 이익이다. 재물과 재산상의 이익의 의미는 사기죄에서 살펴본 바와 같다. 재물은 동산과 부동산을 모두 포함한다. 재산상 이익은 적극적 이익이든 소극적 이익이든, 영구적 이익이든 일시적 이익이든 묻지 않는다. 재산상 이익은 경제적 이익이 있는 것을 말하는데, 부녀와의 정교는 경제적 이익이라 할 수 없으므로 부녀를 공갈하여 그녀와 정교를 맺은 것은 강간죄 또는 강요죄를 성립할 수 있어도 본죄에 해당하지 않는다.[362] 그러나 대가지급을 전제로 성행위를 한 후 공갈・협박으로 그 대가를 지급하지 않으면 공갈죄가 성립한다.[363] 하지만 경제적・법률적 재산설에 의하면 성행위의 대가는 경제적 이익에 해당하지 않으므로 이 경우에 공갈죄가 성립할 수 없다.

---

362) 대법원 1983. 2. 8, 82도2714.

363) 대법원은 부녀가 금품을 받을 것을 전제로 성행위를 한 후에 부녀를 기망하여 성행위 대가의 지급을 면하는 경우에는 사기죄가 성립한다고 판시한다(2001. 10. 23, 2001도2991).

### (2) 구성요건적 행위

본죄의 구성요건적 행위는 공갈하는 것이다.

공갈이란 폭행 또는 협박으로 공포심을 일으키게 하는 것을 말한다. 본죄의 폭행 또는 협박은 사람의 의사를 제한하는 정도면 충분하다. 상대방의 반항을 억압할 정도의 폭행 또는 협박을 가하면 강도죄가 된다.

폭행은 사람에 대한 일체의 유형력의 행사를 의미한다. 물건에 대한 폭행도 여기에 포함될 수 있다. 여기의 폭행은 상대방의 의사를 제한할 수 있는 강제적 폭력만을 의미하고 의사의 형성을 불가능하게 하는 절대적 폭력은 배제된다.[364] 공갈죄는 피공갈자의 처분행위를 요건으로 하기 때문이다.

협박이란 해악을 고지하여 상대방에게 공포심을 일으키는 것을 말한다. 본죄의 협박은 타인의 의사결정의 자유를 제한하거나 의사실행의 자유를 방해할 정도로 겁을 먹게 할 만한 해악의 고지이어야 한다.[365] 행위자가 고지된 해악을 사실상 지배하거나 이에 대해 영향을 미칠 수 있는 것이어야 한다. 그러므로 협박은 행위자에 의해 직접・간접적으로 좌우될 수 없는 자연발생적 경고와 구별된다. 조상 천도제를 지내지 아니하면 좋지 않은 일이 생긴다는 취지의 해악의 고지는 공갈죄의 수단인 협박에 해당하지 않는다.[366]

고지하는 해악의 내용에는 제한이 없다. 생명 또는 신체뿐만 아니라 명예, 자유, 재산, 또는 신용 등에 대한 것도 여기에 해당한다. 해악의 내용이 위법하거나 반드시 실현가능한 것일 것을 요하지 않는다. 행위자가 직접 해악을 고지할 필요는 없고 제3자에 의한 해악의 고지도 가능하다.[367] 해악의 내용이 진실할 필요도 없고 행위자가 고지된 해악을 실체로 실현할 의사를 가지고 있어야 하는 것도 아니다. 판례는 지역신문의 발행인이 시정에 관한 비판기사 및 사설을 보도하고 관련 공무원에게 광고의뢰

---

364) 김일수/서보학, 465면; 배종대, 507면; 오영근, 509면; 이재상, 371면; 이정원, 434면; 임웅, 393면.
365) 대법원 2005. 7. 15, 2004도1565; 2003. 5. 13, 2003도709; 1995. 3. 10, 94도2422.
366) 대법원 2002. 2. 8, 2000도3245.
367) 대법원 2003. 5. 13, 2003도709.

및 직보배정을 타 신문사와 같은 수준으로 높게 해달라고 요청한 사실만으로는 공갈죄의 수단으로서 그 상대방을 협박하였다고 볼 수 없다고 판시한다.[368] 그러나 간통관계를 미끼로 협박하여 금원을 받은 경우, 폭력조직 두목 또는 조직원이 피해자들에게 간접적으로 조직 폭력배의 불량한 성행이나 경력 등을 이용하여 재물의 교부요구에 응하지 아니할 때에는 부당한 불이익을 초래할 위험이 있을 수 있다는 위구심을 야기하게 한 경우,[369] 주점의 종업원에게 신체에 위해를 가할 듯한 태도를 보여 주류를 제공받은 경우,[370] 신문사 사주 및 광고국장이 보도자제를 요청하는 그 건설업체 대표이사에게 자사 신문에 사과광고를 싣지 않으면 그 건설업체의 신용을 해치는 기사가 계속 게재될 것 같다는 기자들의 분위기를 전달하는 방식으로 사과광고를 게재토록 하면서 과다한 광고료를 받은 경우[371]에 공갈죄가 성립한다고 한다.

해악을 고지하는 방법에는 제한은 없다. 반드시 명시적 방법에 의할 것을 요하지 아니하며, 언어 · 문서 · 거동 등에 의해서도 가능하다.[372]

### (3) 처분행위

피공갈자는 재산상의 처분행위를 하여야 한다. 처분행위는 피공갈자가 재물을 교부하거나 재산상의 이익을 제공하는 것을 의미한다. 처분행위는 작위뿐만 아니라 부작위 또는 묵인에 의해서도 가능하다. 법률행위일 필요도 없고 사실상의 처분행위로도 족하다.

공갈과 처분행위 사이에는 인과관계가 있어야 한다. 공갈하였으나 상대방이 이와 상관없이 재물을 교부하거나 재산상의 이익을 공여한 때에는 공갈죄의 미수가 된다. 사기죄와 마찬가지로 피공갈자와 피해자는 일치할 필요가 없으나 피공갈자와 처분행위자는 동일인이어야 한다. 피공갈자와 피해자가 다른 경우에는 피공갈자에게 피

---

368) 대법원 2002. 12. 10, 2001도7095.
369) 대법원 2005. 7. 15, 2004도1565.
370) 대법원 2005. 9. 29, 2005도4738.
371) 대법원 1997. 2. 14, 96도1959.
372) 대법원 2005. 7. 15, 2004도1565.

해자의 재산에 대한 사실상의 처분권이 있어야 한다.

피공갈자의 처분행위는 직접 피해자의 재산상의 손해를 야기하여야 한다. 즉 처분행위의 직접적인 효과로서 재산상의 손해가 발생하여야 한다. 이에 대하여 사기죄와는 달리 공갈죄에서는 처분행위가 손해발생의 직접적인 원인일 필요가 없다는 견해도 있다.[373)]

### (4) 재산상의 손해

공갈죄가 성립하기 위해서는 재산상의 손해가 발생하여야 한다.[374)] 공갈죄의 본질은 재산죄이고 보호법익인 재산권을 침해하지 않는 행위는 범죄라고 할 수 없기 때문이다. 따라서 재산상의 손해발생은 공갈죄의 성립요건이 아니라는 견해[375)]는 타당하지 않다.

공갈죄의 착수시기는 폭행・협박이 개시된 때이다. 그 기수시기는 재산상의 손해가 발생한 때이다. 재물의 영득이나 재산상의 이익취득은 본죄의 성립요건이 아니다. 따라서 피해자에게 그가 경영하는 기업체의 탈세사실을 국세청이나 정보부에 고발하겠다는 말을 전한 것은 공갈죄의 실행에 착수한 것이다.[376)] 피해자를 공갈하여 지정한 은행계좌에 입금케 한 경우에는 본죄는 이미 기수에 이른 것이다.[377)]

## 2. 주관적 구성요건

본죄의 주관적 구성요건으로는 고의와 목적이 있어야 한다. 고의의 내용은 객관적 구성요건을 모두 인식하는 것이다. 미필적 고의로도 족하다. 목적에는 불법영득의사와 불법이득의사가 포함된다. 즉 타인의 재물을 영득하거나 재산상의 이익을 취득할

373) 이재상, 373면.
374) 김성천/김형준, 478면; 김일수/서보학, 468면; 박상기, 360면; 배종대, 512면; 이재상, 374면; 이정원, 432면; 임웅, 395면; 정성근/박광민, 372면.
375) 백형구, 195면; 유기천(상), 257면.
376) 대법원 1969. 7. 29, 69도984.
377) 대법원 1985. 9. 24, 85도1687.

의사를 말한다.

정당한 권리를 행사하기 위하여 공갈이라는 수단을 사용하는 것도 본죄에 해당하는지에 대하여 긍정설[378]과 부정설[379]이 대립한다. 대법원은 해악의 고지가 정당한 권리의 실현을 위한 수단으로 사용된 경우라 하여도 그 권리실현의 수단과 방법이 사회통념상 허용되는 범위를 넘어선 경우에는 공갈죄의 실행에 착수한 것으로 본다고 하여 긍정설을 취하고 있다.[380] 그러나 재물이나 재산상의 이익의 취득을 위한 정당한 권리행사의 경우에는 불법이득의사가 없기 때문에 공갈죄는 성립하지 않는다. 또 채무자에게 의무 없는 일을 하게 한 것도 아니므로 강요죄의 성립을 인정할 수 없다. 따라서 이 경우에는 폭행 또는 협박죄가 성립한다고 해야 한다.[381]

### 3. 위법성

공갈을 수단으로 하는 정당한 권리행사가 정당행위(제20조) 또는 자구행위(제23조)의 요건을 충족하는 때에는 위법성을 조각한다. 판례는 매수인이 매도인의 대리인에게 매매건물을 명도하거나 명도소송비용을 내놓지 않으면 고소하여 구속시키겠다고 말한 경우,[382] 피고인이 그 소유건물에 인접한 대지 위에 건축허가조건에 위반되게 건물을 신축·사용하는 소유자로부터 일조권침해 등으로 인한 손해배상의 합의금을 받은 경우,[383] 채무자에게 채무변제를 독촉하는 과정에서 다소 위협적인 말을 한 경우[384]에는 공갈이라는 수단이 사회통념상 허용되는 범위를 넘어선 것이 아니라는 이유로 공갈죄의 성립을 부정한다.

---

378) 백형구, 201면.
379) 김성천/김형준, 479면; 김일수/서보학, 470면; 박상기, 361면; 배종대, 513면; 이재상, 375면; 이정원, 437면; 임웅, 398면.
380) 대법원 2006. 5. 12, 2005도9595; 1996. 9. 24, 96도2151; 1995. 3. 10, 94도2422.
381) 박상기, 361면.
382) 대법원 1984. 6. 26, 84도648.
383) 대법원 1990. 8. 14, 90도114.
384) 대법원 1993. 12. 24, 93도2339.

### 4. 다른 범죄와의 관계

기망과 공갈로 재물을 교부받거나 재산상의 이익을 취득한 경우에 기망은 사기죄와 공갈죄의 택일적 관계에 있다고 해야 한다. 양 죄는 재산권이라는 동일한 법익을 보호하기 때문이다. 공무원이 직무집행의 의사를 가지고 상대방을 공갈하여 재물의 교부를 받거나 재산상의 이익을 취득한 때에는 공갈죄는 수뢰죄와 상상적 경합관계에 있으나 직무집행의 의사 없이 또는 직무처리와 대가적 관계없이 타인을 공갈하여 재물을 교부받은 경우에는 공갈죄만 성립한다.[385] 이 경우에 피공갈자를 증뢰죄로 처벌할 수 있는지에 대해 이를 긍정하는 견해[386]가 있으나 공갈에 의해 뇌물공여를 강요당했으므로 증뢰죄는 성립하지 않는다고 해야 한다.[387] 재물 또는 재산상 이익을 취득하기 위해 다중이 집합하여 폭행・협박을 한 경우에는 공갈죄와 소요죄의 상상적 경합이 된다. 또한 사람을 체포・감금하여 공갈로 재물을 교부받은 경우에는 공갈죄와 체포・감금죄의 경합범이 된다. 다만 체포・감금이 공갈의 수단이 된 때에는 상상적 경합이 인정된다. 공갈로 장물을 취득한 경우에는 장물취득죄와 공갈죄의 상상적 경합이 된다는 견해[388]가 있으나 공갈죄만 성립한다고 해야 한다.[389]

## Ⅲ. 상습공갈죄(제351조)

본죄는 상습성 때문에 형이 가중되는 구성요건이다. 본죄의 미수범도 처벌된다(제352조). 폭력행위등처벌에관한법률 제2조 제1항은 상습공갈죄를 3년 이상의 유기징역으로 처벌한다. 그리고 그 이득액이 5억 원 이상인 때에는 특정경제범죄가중처벌법 제3조에 의하여 가중 처벌된다.

---

385) 김일수/서보학, 473면; 박상기, 362면; 배종대, 515면; 오영근, 521면; 이재상, 378면; 정성근/박광민, 376면; 대법원 1994. 12. 22, 94도2528; 1966. 4. 6, 66도12.

386) 오영근, 521면; 이재상, 378면.

387) 김일수/서보학, 473면; 임웅, 400면; 정성근/박광민, 376면.

388) 백형구, 196면; 이정원, 402면.

389) 배종대, 515면; 이재상, 378면.

# 제5절 횡령의 죄

## Ⅰ. 서설

### 1. 의의 및 보호법익

본죄는 타인의 재물을 보관하는 자가 그 재물을 횡령하거나 반환을 거부함으로써 성립하는 범죄이다. 재물죄인 동시에 영득죄라는 점에서 절도죄와 유사하다. 본죄는 자기가 보관하는 타인의 재물을 영득한다는 점에서 타인이 점유하는 타인의 재물을 영득하는 절도죄, 강도죄, 사기죄 및 공갈죄와 구별된다. 횡령죄와 배임죄는 신임관계에 대한 위반이라는 점에서 같은 성격의 범죄에 속한다. 그러나 횡령죄의 객체는 재물인데 반하여 배임죄의 객체는 재산상의 이익이라는 점에서 양 죄는 구별된다. 횡령죄와 배임죄는 일반법과 특별법의 관계에 있다고 할 수 있다.[390)]

본죄의 보호법익은 소유권이다. 본죄는 타인의 재물을 보관하는 자를 주체로 하므로 진정신분범에 속한다. 횡령범은 소유권을 취득하지 못하므로 위험범에 속한다는 견해[391)]가 있다. 그러나 횡령행위에 의해 소유권의 행사가 방해되었으므로 침해범이라고 해야 한다.[392)]

### 2. 횡령죄의 본질

횡령죄의 본질에 대해 견해가 대립하고 있다. 월권행위설, 영득행위설 및 절충설이 그것이다.

월권행위설은 위탁된 재물에 대한 권한을 벗어나는 행위를 함으로써 위탁에 기한

390) 박상기, 368면; 배종대, 516면; 이재상, 380면.
391) 박상기, 365면; 이재상, 379면; 임웅, 402면; 대법원 2002. 11. 13, 2002도2219.
392) 김일수/서보학, 346면; 배종대, 517면; 백형구, 200면; 오영근, 525면; 이정원, 438면; 정성근/박광민, 382면.

신임관계를 저버리는 데 횡령죄의 본질이 있다고 한다.[393] 이에 의하면 불법영득의사와 상관없이 신임관계를 해치는 월권행위가 있으면 본죄는 성립한다. 그러므로 일시사용의 목적으로 위탁물을 처분하거나 손괴・은닉의 의사로 위탁물을 처분하는 경우에도 횡령죄는 성립하게 된다.

영득행위설은 위탁된 타인의 물건을 위법하게 영득하는 데 횡령죄의 본질이 있다고 한다.[394] 불법영득의사는 본죄의 성립요건이므로 일시 사용이나 손괴 또는 은닉의 의사로 위탁물을 처분하거나 위탁자를 위하여 월권행위를 한 때에는 횡령죄가 성립하지 않는다.

절충설은 위탁자의 신임관계를 위반하여 타인의 재물을 불법하게 영득하는 데 횡령죄의 본질이 있다고 본다.[395] 월권행위에 의한 불법영득이 횡령이 된다는 것이다.

판례는 "업무상횡령죄에 있어서의 불법영득의사라 함은 자기 또는 제3자의 이익을 꾀할 목적으로 업무상의 임무에 위배하여 보관하는 타인의 재물을 자기의 소유인 것 같이 사실상 또는 법률상 처분하는 의사를 말한다"고 하고, 한편으로는 "횡령죄는 위탁이라는 신임관계에 반하여 타인의 재물을 보관하는 자가 이를 횡령하거나 또는 반환을 거부함으로써 성립하는 것"이라고 함으로써 절충성의 입장에 있다고 볼 수 있다.

생각건대, 횡령죄는 보호법익인 소유권을 침해하는 소유권범죄이므로 불법영득의사는 횡령죄의 성립요건이라고 해야 한다. 따라서 영득행위설이 타당하다.

### 3. 구성요건체계

본죄는 횡령죄(제355조 제1항)를 기본적 구성요건으로 한다. 이에 대한 가중구성요건으로는 업무상횡령죄(제356조)가 있다. 점유이탈물횡령죄(제360조)는 횡령죄

---

393) 강동범, 소위 불법원인급여와 횡령죄의 성부, 형사판례연구(1), 183면; 유기찬(상), 268면.
394) 김일수/서보학, 347면; 이재상, 381면; 이정원, 438면; 임웅, 379면.
395) 김성천/김형준, 485면; 박상기, 367면; 배종대, 518면.

의 독자적 구성요건이라는 견해[396]가 있으나 감경적 구성요건이라고 해야 한다. 횡령죄에 대하여 점유이탈물횡령죄는 타인에 대한 신임관계를 위반하는 죄가 아니기 때문에 형이 감경된다고 해야 한다.[397] 본죄의 미수범은 처벌한다(제359조).

## Ⅱ. 횡령죄(제355조 제1항)

### 1. 객관적 구성요건

타인의 재물을 보관하는 자가 그 재물을 영득하거나 그 반환을 거부하는 것이다.

#### (1) 행위주체

##### 1) 보관자

본죄의 행위주체는 위탁관계에 의하여 타인의 재물을 보관하는 자이다. 본죄는 보관자라는 신분자만을 행위주체로 하므로 진정신분범이다.

(i) 보관이라 함은 점유 또는 소지를 말한다. 여기에는 사실상의 지배는 물론 법률상의 지배도 포함된다.[398] 형법상의 점유는 사실상의 지배로서 민법상의 점유와 구별된다. 그러므로 민법상의 점유자에 해당하지 않는 점유보조자도 위탁에 의해 타인의 재물에 대한 사실상의 지배를 하는 때에는 보관자가 될 수 있다.[399] 법률상의 점유자로는 명의신탁에 의한 부동산의 등기명의인, 창고증권 등과 같은 유가증권소지인, 미성년자의 부동산을 점유하고 있는 법정대리인을 들 수 있다.[400]

(ii) 횡령죄의 객체인 재물은 동산 이외에 부동산도 포함한다는 것이 통설과 판례

---

396) 김성천/김형준, 486면; 김일수/서보학, 340면; 박상기, 368면; 배종대, 519면; 이재상, 381면.
397) 유기천(상), 269면.
398) 김일수/서보학, 349면; 박상기, 369면; 배종대, 520면; 이재상, 383면; 임웅, 407면; 정성근/박광민, 384면.
399) 대법원 1982. 11. 23, 82도2394; 박상기, 370면; 배종대, 521면; 이재상, 383면.
400) 벅상기, 370면; 배종대, 520면; 이재상, 383면.

의 입장이다. 그러므로 부동산을 보관하는 것도 가능하다. 부동산에 대한 보관자의 지위는 부동산에 대한 점유를 기준으로 할 것이 아니라 그 부동산을 제3자에게 유효하게 처분할 수 있는 권능을 가지고 있는지를 기준으로 결정하여야 한다.[401] 등기부상의 등기명의인 뿐만 아니라 등기부상의 명의인이 아니더라도 소유자의 위임에 의해서 실제로 타인의 부동산을 관리・지배하는 자,[402] 농지의 명의신탁 당시에는 신탁자가 농지매매증명을 발급받을 수 없었으나 그 후 사정변경으로 신탁자가 명의신탁을 해지하고 그 반환을 청구할 수 있게 된 시점부터의 수탁자,[403] 소유권보존등기가 되지 않은 신축건물의 건축허가명의를 수탁 받은 회사의 실질적 경영자도 보관자가 된다.[404] 그러나 소유자가 아닌 신탁자로부터 부동산명의신탁을 받은 경우[405] 또는 등기부상의 명의인이라 하더라도 등기가 원인무효인 경우[406]에는 보관자가 될 수 없다.

(iii) 유가증권의 소지인은 사실상의 재물지배는 없지만 보관물을 자유롭게 처분할 수 있는 지위에 있으므로 법률상의 재물지배를 가진다. 약속어음의 보관자가 약속어음을 타인에게 대여하거나 할인을 목적으로 사용하도록 교부하는 행위는 횡령에 해당한다.[407]

2) 위탁관계에 의한 보관

횡령은 타인에 대한 신임관계의 위반을 전제로 하기 때문에 횡령죄의 보관은 위탁관계에 의한 것이어야 한다. 우연히 타인의 재물을 점유한 자가 그 재물을 영득한 때에는 점유이탈물횡령죄가 된다. 위탁관계는 임대차・위임・임치・사용대차・저당권・질권 등의 계약이나 사무관리・후견 등과 같이 법률규정뿐만 아니라 또한 관습

401) 대법원 2005. 6. 24, 2005도2413; 1996. 1. 23, 95도784.
402) 대법원 1993. 3. 9, 92도2999.
403) 대법원 2008. 4. 10, 2008도1033.
404) 대법원 1990. 3. 23, 89도1911.
405) 대법원 2007. 5. 31, 2007도1082.
406) 대법원 1989. 2. 28, 88도1368.
407) 대법원 2006. 8. 25, 2006도3631.

·조리·신의칙에 의해서도 인정된다.[408] 채권자가 채무자에게 그 액면금액을 확인할 수 있도록 가계수표를 교부한 경우에는 조리에 의한 위탁관계가 성립한다.[409] 팔아달라는 부탁을 받고 교부받은 다이아몬드를 판매한 대금을 보관하는 경우에는 신의칙에 의한 위탁관계가 인정된다.[410] 경우에 따라서 판례는 재물을 보관하게 된 원인이 소유자의 위탁행위에 기인한 것을 필요로 하지 않는다고 하여 송금절차의 착오로 피고인의 은행구좌에 입금된 돈을 소비한 때에는 횡령죄의 성립을 인정한 바 있으나[411] 점유이탈물횡령죄가 된다고 해야 한다.[412]

위탁자는 반드시 소유자일 필요는 없고 제3자도 가능하다. 절도, 강도, 사기 또는 공갈에 의한 재물의 점유는  위탁관계에 기인하는 것이 아니다.[413]

3) 불법원인급여와 횡령죄

불법원인급여란 재물을 급여한 원인이 불법하여 급여자가 수익자에 대하여 그 재물의 반환을 청구할 수 없는 경우를 말한다(민법 제746조). 여기서 불법이란 선량한 풍속 기타 사회질서에 반하는 것을 의미한다(민법 제103조). 이러한 것으로는 뇌물에 공여될 재물, 성행위에 대한 대가로 지급한 화대, 마약구입대금, 도박자금 등을 들 수 있다.

이 때 불법한 원인으로 급여된 재물이 횡령죄의 객체가 될 수 있는지가 문제된다. 이에 대하여 소극설, 적극설 및 절충설이 대립한다.

(i) 소극설은 불법원인급여의 경우에 횡령죄의 성립을 인정하지 않는다.[414] 그 이유로 급여자는 그 재물에 대한 반환청구권을 상실하기 때문에 수익자는 그 재물을

408) 대법원 2006. 1. 12, 2005도7610; 1999. 4. 15, 97도666; 1987. 10. 13, 87도1778.
409) 대법원 1996. 5. 14, 96도410.
410) 대법원 1990. 8. 28, 90도1019.
411) 대법원 1968. 7. 24, 66도1705.
412) 김일수/서보학, 350면. 이 경우에 사기죄가 된다는 견해로는 이재상, 385면.
413) 대법원 1986. 2. 11, 85도2513.
414) 박상기, 386면; 배종대, 824면; 오영근, 532면; 이재상, 387면; 이정원, 448면; 정성근/박광민, 389면.

자유롭게 처분할 수 있다는 점, 이 경우에는 그 재물의 소유권이 수익자에게 이전된다는 점, 민법상 반환의무가 없는 재물에 대한 영득을 횡령죄로 처벌하는 것은 법질서의 통일을 깨뜨린다는 점을 들고 있다.

(ii) 적극설은 불법원인급여의 경우에도 횡령죄가 성립한다고 한다.[415] 그 이유는 범죄의 성립여부는 형법의 독자적인 목적에 비추어 판단하여야한다는 점, 민법상 불법원인급여가 보호받지 못하더라도 급여자가 소유권을 상실하는 것은 아니라는 점, 위탁관계는 상호 간의 신임관계를 기초로 하는데 이 경우에도 신임관계는 존재한다는 점이 된다.

(iii) 절충설은 불법원인급여를 소유권이전의 의사에 의한 점유이전과 소유권이전의 의사에 의하지 않은 점유이전으로 나누어 전자의 경우에는 횡령죄가 성립하지 않으나 후자의 경우에는 횡령죄가 성립한다고 한다.[416] 또 다른 견해[417]는 소유권이전의 의사가 있는 불법원인급여의 경우에는 횡령죄가 성립하지 않으나 소유권이전의 의사가 없는 불법원인위탁물을 횡령한 경우에는 횡령죄의 불법이 가장 낮은 단계인 불능미수에 해당한다고 한다.

(iv) 판례는 원칙적으로 소극설의 입장에 있다.[418] 그러나 구체적인 행위상황을 고려하여 수익자의 불법성이 급여자의 불법성보다 현저히 큰 경우에는 횡령죄의 성립을 인정하였다.[419]

(v) 소결

공무원이 승진을 위해 뇌물을 공여한 후 승진을 한 때에는 급여된 재물의 소유권을 이전할 의사가 있고 승진을 위해 뇌물을 공여하였으나 승진을 하지 못한 때에는 그 재물의 소유권을 이전할 의사가 없다고 해야 한다. 전자의 경우에는 횡령죄가 성

415) 백형구, 204면; 유기천(상), 271면; 임웅, 422면.
416) 강동범, 소위 불법원인급여와 횡령죄의 성부, 형사판례연구(1), 190면; 김성천/김형준, 498면.
417) 김일수/서보학, 353면.
418) 대법원 1999. 6. 11, 99도275.
419) 대법원 1999. 9. 17, 98도2036.

립하지 않으나 후자의 경우에 수익자는 그 재물을 반환할 의무가 있으므로 이를 횡령하면 횡령죄가 성립한다. 따라서 절충설이 타당하다.

(2) 행위객체

자기가 점유하는 타인의 재물이다.

1) 재물이란 유체물 및 기타 관리할 수 있는 동력을 말한다(제361조). 본죄의 재물에는 동산은 물론 부동산도 포함된다. 그러나 권리는 재물에 속하지 않는다. 따라서 광업권은 본죄의 행위객체가 될 수 없다.[420)]

2) 재물은 타인소유에 속하여야 한다. 타인은 행위자 이외의 자연인, 법인, 법인격이 없는 단체 및 조합을 포함한다. 행위자와 타인의 공동소유에 속하는 재물도 타인의 재물이다. 공동소유로는 공유, 총유 및 합유가 있다. 공유자 1인이 보관하고 있던 공유물의 매각대금을 임의로 소비한 경우,[421)] 동업재산인 교회건물의 매각대금을 매수인으로부터 받아 보관 중 임의로 소비한 경우,[422)] 1인 회사의 주주가 회사의 금원을 업무상 보관 중 이를 임의로 처분한 경우,[423)] 공동상속인 중 1인이 상속재산인 임야를 보관 중 다른 상속인들로부터 매도 후 분배 또는 소유권이전등기를 요구받고도 그 반환을 거부한 경우[424)]에는 횡령죄가 성립한다.

**판례(대법원 2000. 11. 10, 2000도4335)**

피고인이 2천 원을 내어 피해자를 통하여 구입한 복권 4장을 피고인과 피해자를 포함한 4명이 한 장씩 나누었다. 그 당첨 여부를 확인하는 결과 피해자 등 2명이 긁어 확인한 복권 2장이 1천 원씩에 당첨되자 이를 다시 복권 4장으로 교환하여 같은 4명이 각자 한 장씩 골라잡아 그 당첨 여부를 확인한 결과 피해자 등 2명이 긁어 확인한 복권 2장이 2천만 원씩에 당첨되었

420) 대법원 1994. 3. 8, 93도2272.
421) 대법원 1983. 8. 23, 80도1161.
422) 대법원 1996. 3. 22, 95도2824.
423) 대법원 2006. 6. 16, 2004도7585; 1995. 3. 14, 95도59.
424) 대법원 2010. 2. 25, 2010도93.

다. 그러나 당첨금을 수령한 피고인이 피해자에게 그 당첨금의 반환을 거부한 경우 피고인과 피해자를 포함한 4명 사이에는 어느 누구의 복권이 당첨되더라도 당첨금을 공평하게 나누거나 공동으로 사용하기로 하는 묵시적인 합의가 있었다고 보아야 하므로 그 당첨금 전액은 같은 4명의 공유라고 봄이 상당하다. 따라서 피고인으로서는 피해자의 당첨금 반환요구에 따라 그의 몫을 반환할 의무가 있고 피고인이 이를 거부하고 있는 이상 불법영득의사가 있다는 이유로 횡령죄가 성립될 수 있다.

타인의 재물인지의 여부는 민법에 의해 결정된다. 따라서 프랜차이즈계약에 있어서 가맹점주들이 판매하여 보관 중이던 물품판매대금은 그들의 소유라 할 것이어서 이를 소비한 경우에는 횡령죄가 되지 않는다.[425] 또한 부동산을 공동으로 상속한 자들 중 1인이 부동산을 혼자 점유하던 중 다른 공동상속인의 상속지분을 임의로 처분하여도 그에게는 처분권능이 없어 횡령죄가 성립하지 않는다.[426]

(i) 매도인이 자기의 부동산을 매수인에게 매도하고 소유권이전등기를 하기 전에 이를 제 3자에게 다시 매도하고 소유권이전등기를 경료해준 경우의 이중매매가 횡령죄에 해당하는지가 문제된다. 민법은 형식주의를 취하고 있으므로 부동산의 소유권은 이전등기를 경료하기 전에는 매수인에게 이전되지 않는다. 따라서 이중매매는 배임죄는 될 수 있어도 횡령죄를 구성하지 않는다.[427]

(ii) 보유부 소유권 및 담보부 소유권과 관련하여 문제되는 것은 할부판매, 양도담보 및 매도담보이다. 할부판매의 경우에 매수인이 목적물을 인도받은 경우에도 매매대금을 완납할 때까지는 소유권이 매도인에게 있으므로 매수인이 대금완납 전에 이를 처분하면 횡령죄가 된다. 양도담보의 경우에는 대내적으로 목적물의 소유권이 채무자에게 남아있고 채권자에게는 담보의 목적범위 내에서 그 권리가 이전되므로 채무자가 이를 처분하는 행위는 횡령이 아니다.[428] 매도담보는 목적물의 소유권이 채

425) 대법원 1996. 2. 23, 95도2608.
426) 대법원 2000. 4. 11, 2000도565.
427) 대법원 1970. 4. 28, 70도480.
428) 대법원 1983. 8. 23, 80도1545.

권자에게 이전되고 채무자가 채무를 변제하면 그 목적물의 반환을 청구할 수 있다는 것을 약정한 경우이다. 따라서 채무자가 이를 보관 중 처분하면 횡령죄가 성립한다.[429] 채권자가 이러한 환매특약을 위반하여 목적물을 처분하면 배임죄가 된다. 그러나 가등기담보등에관한법률은 부동산에 관한 양도·매도담보의 경우에 청산절차를 거치도록 하고 있으므로 매도담보의 채권자도 청산기간이 경과한 후 청산하여야만 목적물의 소유권을 얻을 수 있다. 따라서 매도담보의 경우에도 채무자가 보관 중인 담보목적물을 처분하더라도 횡령죄가 성립하지 않고, 채권자가 처분하면 횡령죄가 된다고 본다.[430] 채권자가 청산금을 지급하지 않은 경우에도 횡령죄가 성립한다.

(iii) 위탁된 금전은 원칙적으로 수탁자의 소유에 속한다. 그러므로 계주가 계원들로부터 징수한 계 불입금은 계주에게,[431] 입사보증금은 일단 사용자에게,[432] 지입차주들이 자동차회사에 납부한 돈은 회사에,[433] 익명조합의 조합원이 영업을 위하여 출자한 금전 기타 재산은 영업자에게[434] 소유권이 귀속된다. 그러나 판례는 위탁판매에 있어서 위탁품의 소유권은 위임자에게 속하고 그 판매대금도 이를 수령함과 동시에 위탁자에 귀속하므로 위탁매매인이 이를 사용·소비한 때에는 횡령죄가 성립한다고 한다.[435]

일정한 목적·용도를 정하여 위탁된 금전을 소비한 경우에 횡령죄가 성립한다는 견해와 배임죄가 성립한다는 견해가 대립한다. 배임죄설은 금전이 특정물로 위탁된 것이 아닌 한 그 소유권은 수탁자에게 이전되므로 수탁자가 이를 임의로 소비하면 배임죄가 된다고 한다.[436] 이에 반하여 횡령죄설은 용도·목적을 정해 위탁받은 금

429) 대법원 1962. 2. 8, 4292형상470.
430) 박상기, 374면; 김일수/서보학, 361면; 이재상, 391면.
431) 대법원 1976. 5. 11, 76도730.
432) 대법원 1979. 6. 12, 79도656.
433) 대법원 1997. 9. 5, 97도1592.
434) 대법원 1973. 1. 30, 72도2704.
435) 대법원 1995. 11. 24, 95도1923.

전은 수탁자가 정해진 목적과 용도에 따라 사용할 때까지는 이에 대한 소유권이 위탁자에게 유보되어 있으므로 수탁자가 임의로 소비하면 횡령죄가 성립한다고 한다.[437] 판례는 일관되게 횡령죄설을 주장하고 있다.[438]

생각건대 배임죄설이 타당하다. 일정한 목적·용도를 정하여 위탁된 금전이라도 특정되지 않는 한 그것이 가지는 고도의 유통성과 대체성으로 인하여 점유의 이전과 동시에 소유권도 이전된다고 해야 한다.

(iv) 부동산 명의신탁과 횡령죄

명의신탁이란 대내적으로는 부동산의 실권리자(신탁자)가 소유권을 보유하면서 등기부상으로는 수탁자의 명의로 등기 또는 가등기하는 것을 말한다.[439] 대법원은 명의수탁자가 명의신탁 받아 부동산을 임의로 처분한 경우에 횡령죄의 성립을 인정하였다.[440]

그러나 1995년 7월 1일부터 시행된 부동산실권리자명의등기에관한법률(부동산실명법)은 부동산의 명의신탁약정과 이에 따른 부동산물권변동을 무효로 선언하였다(제4조 제1항, 제2항). 이에 이 법 시행 이후 명의 수탁자가 신탁부동산을 처분하면 횡령죄의 성립을 인정할 수 있는지가 문제된다. 우선 이 법에 의해 허용된 종중이 보유한 부동산 명의신탁과 배우자 간의 명의신탁의 경우에 신탁부동산을 처분한 행위는 횡령이 된다.[441] 그러나 그 밖의 경우는 명의신탁의 유형에 따라 세 가지의 형태로 구별하여 살펴볼 필요가 있다.

---

436) 배종대, 528면; 오영근, 565면; 이재상, 395면.

437) 김성천/김형준, 496면; 김일수/서보학, 359면; 박상기, 379면; 백형구, 203면; 이정원, 451면; 정성근/박광민, 392면.

438) 대법원 2008. 3. 8, 2008도1652; 2008. 2. 29, 2007도9755; 2007. 2. 22, 2006도2238; 2006. 3. 9, 2003도6733.

439) 박상기, 379면; 배종대, 529면.

440) 대법원 1996. 11. 29, 96도1755; 1990. 8. 10, 90도414; 1989. 12. 8, 89도1220.

441) 김일수/서보학, 363면; 이재상, 392면.

(가) 2자간 명의신탁

이는 부동산 소유자(신탁자)가 명의수탁자와 명의신탁약정을 맺고 수탁자 명의로 부동산등기를 하는 형태의 명의신탁이다. 횡령죄긍정설은 이 경우에 명의신탁약정은 부동산실명법에 의해 무효이므로 신탁자는 부동산의 소유권을 보유하고 수탁자는 부동산을 보관하는 자이다.[442] 따라서 수탁자가 신탁부동산을 처분하면 횡령죄가 성립한다고 한다. 대법원도 횡령죄긍정설을 따르고 있다.[443] 이에 대해 횡령죄부정설은 무효인 명의신탁약정에 기한 수탁자에 대한 소유권이전등기는 불법원인급여에 해당하고, 따라서 신탁자는 부동산반환을 청구할 수 없기 때문에 횡령죄가 성립하지 않는다고 한다.[444] 생각건대 불법원인급여는 법률행위의 내용이 선량한 풍속 기타 사회질서에 반하는 경우에만 인정되어야 한다. 하지만 명의신탁약정은 여기에 해당하지 않으므로 횡령죄긍정설이 타당하다.

**판례(대법원 2000. 2. 22, 99도5227)**

부동산을 소유자로부터 명의수탁 받은 자가 이를 임의로 처분하였다면 명의신탁자에 대한 횡령죄가 성립하며, 그 명의신탁이 부동산실권리자명의등기에관한법률 시행 전에 이루어졌고 같은 법이 정한 유예기간 이내에 실명등기를 하지 아니함으로써 그 명의신탁약정 및 이에 따라 행하여진 등기에 의한 물권변동이 무효로 된 후에 처분행위가 이루어졌다고 하여 달리 볼 것이 아니다.

(나) 3자간 명의신탁(중간생략명의신탁)

신탁자가 수탁자가 명의신탁약정을 맺고 신탁자가 매도인과 매매계약을 체결하되 다만 등기를 매도인으로부터 수탁자 앞으로 직접 이전하는 것을 말한다.[445] 이 경

442) 김성천/김형준, 492면; 김일수/서보학, 365면; 배종대, 531면; 이재상, 292면; 임웅, 411면; 정성근/박광민, 402면.

443) 대법원 1999. 10. 12, 99도3170.

444) 박상기, 381면.

445) 대법원 2002. 8. 27, 2002도2920.

우에 수탁자가 제3자에게 부동산을 처분하고 소유권이전등기를 경료해준 때에는 횡령죄가 성립한다(통설). 그 이유는 부동산실명법에 따라 명의신탁약정은 물론 수탁자명의로의 소유권이전등기도 무효이므로 부동산의 소유권은 매도인에게 남아 있기 때문이다(제4조 제1항, 제2항). 판례도 횡령죄의 성립을 인정하고 있다.[446] 이 때 횡령죄는 누구에 대한 것인지에 대해 판례는 신탁자에 대한 횡령죄가 성립한다고 한다.[447] 그러나 부동산 소유권자는 매도인이므로 매도인에 대한 횡령죄로 보는 것이 타당하다.[448] 다만 명의신탁자가 매도인에 대해 소유권이전등기를 청구한 후부터는 신탁자에 대한 횡령죄가 된다고 해야 한다.

(다) 계약명의신탁

신탁자가 수탁자에게 매수위임을 포함한 명의신탁약정을 맺고 수탁자가 매도인과 매매계약을 체결하여 수탁자 앞으로 이전등기하는 형식의 명의신탁을 말한다. 부동산실명법 제4조 제2항은 "명의신탁약정에 따라 행하여진 등기에 의한 부동산에 관한 물권변동은 무효로 한다. 다만 부동산에 관한 물권을 취득하기 위한 계약에서 명의수탁자가 그 일방당사자가 되고 그 타방당사자는 명의신탁약정이 있다는 사실을 알지 못한 경우에는 그러하지 아니하다"라고 규정하고 있다. 따라서 이 경우에는 매도인이 명의신탁약정을 알지 못하는 경우와 알고 있는 경우로 나누어 검토하기로 한다.

① 매도인이 명의신탁사실을 알지 못하는 경우에는 명의신탁약정은 무효가 되지만 매도인과 수탁자 간의 매매계약 및 수탁자 명의로 한 소유권이전등기는 유효하다(부동산실명법 제4조 제2항 단서). 따라서 수탁자는 부동산의 소유권을 유효하게 취득하므로 수탁자가 신탁부동산을 처분한 때에는 횡령죄가 성립하지 않는다(통설). 판례도 같은 입장이다.[449] 이 경우에 배임죄가 성립하는지에 대해 신탁자와 수탁자

446) 대법원 2008. 2. 29, 2007도11029; 2002. 8. 27, 2002도2920.
447) 대법원 2001. 11. 27, 2000도3463; 2008. 4. 10, 2008도1033; 2007. 6. 28, 2006다48632.
448) 박상기, 382면; 이재상, 393면; 정성근/박광민, 404면.
449) 대법원 2006. 9. 8, 2005도9733; 2001. 9. 25, 2001도2722.

사이에 사실상의 신임관계를 부정할 수 없으므로 배임죄의 성립을 인정하는 긍정설이 있다.[450] 그러나 배임죄를  인정하면 부동산실명법상 인정되지 않는 명의신탁약정을 사실상 인정하는 결과가 되고, 신탁자와 수탁자간의 신임관계는 법에 의해 보호받을 수 없는 것이기 때문에 부정설이 타당하다.[451] 판례도 부정설을 취하고 있다.[452]

② 매도인이 명의신탁약정을 알고 있는 경우에는 수탁자명의로 한 소유권이전등기는 무효가 된다(부동산실명법 제4조 제2항 단서). 그러므로 부동산소유권은 원소유권자인 매도인에게 귀속한다. 수탁자가 신탁부동산을 처분하면 매도인에 대한 횡령죄가 성립한다는 견해,[453] 신탁자에 대한 배임죄가 성립한다는 견해[454]가 대립한다. 이 경우에는 부동산 소유권은 매도인에게 있으므로 매도인에 대한 횡령죄가 성립한다고 해야 한다.

### (3) 구성요건적 행위

본죄의 구성요건적 행위는 횡령하거나 반환을 거부하는 것이다.

1) 횡령이란 불법영득의사를 객관적으로 표현하는 일체의 행위를 말한다. 여기서 행위자는 타인의 재물을 보관하는 자이므로 횡령행위가 있다고 하기 위해서는 내심의 의사만으로는 족하지 않고 영득의 의사가 외부에 인식될 수 있는 객관적 행위가 있어야 한다.[455] 횡령행위는 사실상의 횡령행위와 법률상의 횡령행위를 포함한다. 전자로는 소비, 은닉, 착복, 반출, 반환거부, 점유의 부인 등이 있고, 후자에는 매매, 질권설정, 저당권설정, 대여, 증여, 가등기 등이 속한다. 회사의 비자금을 보관하는

450) 배종대, 534면; 이재상, 394면; 임웅, 413면; 정성근/박광민, 405면.
451) 김일수/서보학, 368면; 박상기, 383면; 오영근, 549면.
452) 대법원 2004. 4. 27, 2003도6994; 2001. 9. 25, 2001도2722.
453) 김성천/김형준, 493면; 박상기, 382면; 오영근, 548면; 임웅, 412면; 대법원 1983. 10. 25, 83도2027.
454) 김일수/서보학, 367면; 배종대, 533면; 이재상, 394면; 정성근/박광민, 404면.
455) 대법원 1993. 3. 9, 92도2999.

자가 비자금을 개인적인 용도에 사용하는 경우에 횡령행위가 인정된다.[456] 법률행위는 반드시 유효일 필요는 없고 무효도 가능하며 취소 여부도 묻지 않는다. 횡령행위는 작위는 물론 부작위에 의해서도 가능하다. 예컨대 입찰담당공무원이 자신이 맡고 있는 입찰사건의 입찰보증금이 사무원에 의해 계속 횡령되고 있는 사실을 묵인한 경우 부작위에 의한 횡령죄의 종범이 된다.[457]

2) 반환거부란 보관물에 대하여 소유자의 권리를 배제하는 의사표시를 말한다. 횡령죄가 성립하기 위해서는 반환거부의 사실만으로는 족하지 않고 반환거부의 이유 및 주관적인 의사 등을 종합하여 반환거부의사가 영득의사의 표출로서 횡령행위와 같다고 볼 수 있어야 한다.[458] 영득의사가 없거나 반환할 수 없는 사정이 있는 경우에는 횡령죄가 성립하지 않는다.

## 2. 주관적 구성요건

본죄의 주관적 구성요건으로는 고의가 있어야 한다. 고의의 내용은 객관적 구성요건을 인식하는 것이다. 미필적 고의로도 충분하다. 횡령죄의 본질에 관하여 월권행위설을 취할 때에는 고의만으로 횡령죄가 성립하지만, 영득행위설을 따를 때에는 고의 이외에 불법영득의사가 있어야 한다.[459]

여기서 불법영득의사란 자기 또는 제3자의 이익을 위하여 업무상 임무에 위배하여 타인의 재물을 보관하는 자가 그 재물을 자기의 소유인 것과 같이 처분하는 의사를 말한다.[460] 보관자 스스로 영득하는 경우뿐만 아니라 제3자를 위한 영득의 경우도 여기에 해당한다. 판례는 대학교 총장이 자신의 형사재판의 변호사비용을 법인회계의 자금 및 학교회계자금에서 지출하는 경우,[461] 회사의 대표이사가 회사재산으

456) 대법원 2010. 4. 10, 2009도6634.
457) 대법원 1996. 9. 6, 95도2551.
458) 대법원 2005. 7. 29, 2005도685.
459) 김일수/서보학, 375면; 백형구, 206면; 이재상, 400면.
460) 대법원 2004. 12. 24, 2003도4570.

로 정치자금을 기부한 경우, 예산의 용도가 엄격하게 제한되어 있거나 예산의 항목 유용이 위법한 목적을 가지고 있는 경우,[462] 사립학교의 교비회계에 속하는 국가보조금을 전용하여 학교법인의 수익용 자산취득비용으로 사용한 경우,[463] 주식회사의 대표이사가 회사의 금원을 인출하여 사용하였는데 그 사용처에 관한 증빙자료를 제시하지 못한 경우,[464] 주식회사의 대표이사가 위법행위로 인하여 형사재판을 받는 이사나 대주주의 개인변호사비용을 회사의 자금으로 지급한 경우[465]에는 불법영득의사를 인정한다. 이에 대하여 예산을 집행할 직책에 있는 자가 자기 자신의 이익을 위한 것이 아니고 경비부족을 메우기 위해 예산을 전용한 경우,[466] 피고인이 조성한 비자금을 제3자가 발견하지 못하도록 회사의 장부상 일반자금에 은닉한 경우,[467] 피고인이 출장비를 지정용도 이외로 임의 소비한 경우,[468] 구분소유자 전원의 공유에 속하는 공용부분인 지하주차장 일부를 그 중 1인이 독점임대하고 수령한 임차료를 임의로 소비한 경우[469]에는 불법영득의사 인정되지 않는다. 또한 법인의 대표자가 법인의 예비비를 전용하여 기관운영판공비, 회의비 등으로 사용한 경우에 이사회에서 사전에 예비비의 전용결의가 이루어지지 아니하였다는 사정만으로 블법영득의사를 인정할 수 없다.[470]

### 3. 미수와 기수

본죄의 기수시기는 불법영득의사가 객관적으로 외부에 표현된 때이다.[471] 여기에

461) 대법원 2003. 5. 30, 2002도235.
462) 대법원 2002. 11. 26, 2002도5130; 2004. 12. 24, 2003도4570.
463) 대법원 2004. 12. 24, 2003도4570.
464) 대법원 2003. 8. 22, 2003도2807.
465) 대법원 2006. 9. 8, 2005도9861.
466) 대법원 2002. 2. 5, 2001도5439.
467) 대법원 1999. 9. 17, 99도2889.
468) 대법원 2002. 11. 26, 2002도5130.
469) 대법원 2004. 5. 27, 2003도6988.
470) 대법원 2002. 2. 5, 2001도5439.

서 행위자는 이미 타인의 재물을 점유하고 있으므로 재물의 취득은 본죄의 기수를 요건이 아니다.

본죄의 미수범은 처벌한다(제359조). 이 때 횡령죄의 미수시기에 대하여 불법영득의사가 외부적으로 표출되면 횡령죄는 기수에 도달하므로 사실상 횡령죄의 미수는 인정할 수 없다는 견해[472]와 횡령죄는 불법영득의사가 실현된 단계에서 기수이므로 이에 이르지 못하면 횡령죄의 미수가 된다는 견해[473]가 대립한다. 예를 들면 자기가 보관하고 있는 타인의 예금통장을 들고 은행에 가서 인출하기 위하여 은행원에게 제시하는 경우가 여기에 해당한다. 횡령죄는 불법영득의사가 객관적으로 표출되면 기수가 되므로 사실상 횡령죄의 미수범은 성립할 여지가 없다는 견해가 타당하다. 따라서 위의 예에서 타인의 예금통장을 은행원에게 제시하는 순간 횡령죄는 기수가 된다. 횡령죄의 미수로는 자기가 보관하고 있는 타인의 현금을 영득하기 위해 돈이 들어 있는 봉투를 개봉하였으나 다시 봉한 경우나 자기의 재물을 타인의 것으로 오인하고 영득한 경우를 들 수 있다.[474]

### 4. 공범

본죄는 보관자를 행위주체로 하므로 진정신분범에 속한다. 비신분자는 본죄를 단독으로 범할 수 없고, 공동정범, 신분범의 교사범 또는 종범이 될 수 있다(형법 제33조 본문). 업무상 횡령죄는 횡령죄에 대한 가중구성요건이다. 단순보관자가 업무상 보관자의 횡령행위에 가담한 경우에 형법 제33조 단서가 적용된다.[475] 그러므로 단순보관자는 횡령죄의 공동정범, 교사범 또는 종범이 되고 업무상보관자는 업무상횡령죄로 처벌된다. 비신분자가 업무상 보관자의 횡령행위에 가담하는 경우에도 마찬

---

471) 대법원 1981. 5. 26, 81도673.
472) 김성천/김형준, 502면; 배종대, 538면; 이재상, 399면; 임웅, 430면.
473) 김일수/서보학, 374면; 박상기, 390면; 오영근, 583면; 이정원, 454면; 정성근/박광민, 397면.
474) 이재상, 399면.
475) 김일수/서보학, 378면; 박상기, 391면; 이재상, 402면; 임웅, 430면.

가지이다.

### 5. 죄수 및 다른 범죄와의 관계

#### (1) 죄수

본죄의 죄수는 위탁관계의 수를 기준으로 결정하여야 한다고 한다.[476] 따라서 1개의 행위로 여러 사람으로부터 위탁받은 재물을 횡령한 때에는 상상적 경합이 되고, 1개의 위탁관계로 보관하는 물건을 수개의 행위로 횡령한 때에는 실체적 경합이 된다고 한다.[477] 판례도 같은 입장이다.[478] 그러나 소유권은 일신 전속적 권리에 속하지 않으므로 위탁관계의 수 및 횡령행위의 수와 관계없이 1개의 횡령행위가 있으면 법조경합이 되고, 수개의 횡령행위가 있는 때에는 포괄일죄에 해당한다고 보는 것이 타당하다.

#### (2) 다른 범죄와의 관계

기망행위로 자기가 보관하고 있는 타인의 재물을 횡령한 때에는 횡령죄만이 성립한다. 사기죄의 행위객체는 타인이 점유하는 재물이라는 점에서 자기가 보관하는 타인의 재물을 행위객체로 하는 횡령죄와 구별되기 때문이다. 자기가 보관하고 있는 재물을 자기의 것이라고 기망하여 판매한 때에는 사기죄와 횡령죄는 상상적 경합관계에 있다. 다만 피기망자가 그 재물의 소유권을 취득할 수 있는 때에는(선의취득의 경우) 사기죄는 성립하지 않는다.

횡령죄와 장물죄의 관계는 두 가지 경우로 나누어 살펴 볼 필요가 있다.

① 본범으로부터 장물의 보관을 위탁받은 자가 이를 횡령하는 경우에는 횡령행위는 불가벌적 사후행위에 불과하므로 장물죄만이 성립한다고 해야 한다.[479] 판례도

---

476) 김일수/서보학, 378면; 박상기, 391면; 배종대, 542면; 이재상, 402면; 정성근/박광민, 406면.
477) 박상기, 392면; 이재상, 402면.
478) 대법원 1995. 9. 5, 95도1269.

같은 입장이다.[480] 이에 대해 장물보관죄와 횡령죄의 경합범을 인정하는 견해가 있으나 타당하지 않다.

② 횡령죄에 의해 영득한 재물을 취득한 행위가 장물죄를 구성하는지에 대해 장물죄가 아니라 횡령죄의 공범이 성립한다는 견해[481]가 있으나 장물죄가 된다는 견해[482]가 타당하다. 횡령죄는 불법영득의사를 외부적으로 표현하는 처분행위가 있으면 기수가 되므로 보관자로부터 그 재물을 취득한 것은 장물죄가 되기 때문이다.

## Ⅲ. 업무상 횡령죄(제356조)

### 1. 의의

본죄는 업무상 임무에 위배하여 자기가 보관하고 있는 타인의 재물을 횡령함으로써 성립하는 범죄이다. 보관자의 업무자라는 신분 때문에 횡령죄에 대하여 책임과 형이 가중되는 가중구성요건이다.[483] 보관자는 구성적 신분인데 반하여 업무자는 가감적 신분이다.[484] 따라서 본죄는 부진정신분범에 속한다.

### 2. 객관적 구성요건

업무상의 임무에 위배하여 자기가 보관하고 있는 타인의 재물을 횡령하는 것이다.

1) 업무란 사회생활상의 지위에 기하여 계속 또는 반복하여 행하는 사무를 말한다. 본죄의 업무는 사람의 생명 또는 신체에 대한 위험성을 수반하지 않고 타인의 재물의 보관을 내용으로 하는 사무라는 점에서 사람의 생명 또는 신체에 대한 위험을 야

---

479) 박상기, 392면; 이재상, 403면.
480) 대법원 2004. 4. 9, 2003도8219.
481) 이재상, 403면.
482) 배종대, 584면; 백형구, 207면; 정성근/박광민, 407면.
483) 김일수/서보학, 361면; 박상기, 394면; 이재상, 404면.
484) 이재상, 404면.

기할 수 있는 사무인 업무상 과실치사상죄의 업무와 다르다. 업무는 반드시 직업 또는 영업일 것을 요하지 않는다. 그리고 업무는 법령 또는 계약에 의하든 관례에 의하든 상관없다.[485] 또 업무는 본무, 겸무, 주업, 부업을 포함하며[486] 자기를 위한 사무이든 타인을 위한 사무이든 묻지 않는다.[487] 면허가 없는 절차상의 불법이 있더라도 업무 자체는 위법하지 않아야 한다.[488] 재물의 점유는 업무와 관련이 있어야 한다. 따라서 업무와 관련 없는 보관의 경우에는 보관자가 보관하던 타인의 재물을 영득하더라도 본죄는 성립하지 않는다. 판례는 피고인이 등기부상 대표이사를 사임한 후에도 계속 사실상 대표이사 업무를 행하여 왔다면 피고인은 회사소유 금전을 보관할 업무상 지위에 있다고 판시한다.[489]

2) 본죄의 구성요건적 행위는 횡령하는 것이다. 여기서의 횡령은 횡령죄의 그것과 같은 의미이다.

### 3. 주관적 구성요건

본죄의 주관적 구성요건으로는 객관적 구성요건에 대한 인식을 내용으로 하는 고의와 불법영득의사가 있어야 한다.[490] 미필적 고의로도 충분하다.

---

485) 대법원 1982. 1. 12, 80도1970.
486) 대법원 1967. 2. 28, 67도33.
487) 대법원 1975. 11. 25, 73도1881.
488) 이재상, 405면.
489) 대법원 1982. 1. 12, 80도 1970.
490) 대법원 1996. 9. 6, 95도2551.

## Ⅳ. 점유이탈물횡령죄(제360조)

### 1. 의의

본죄는 유실물·표류물 기타 타인의 점유를 이탈한 재물 또는 매장물을 횡령함으로써 성립하는 범죄이다. 본죄의 미수범은 처벌하지 않는다. 본죄는 위탁관계에 의해 재물을 보관하는 것이 아니고, 신임관계의 위반을 본질로 하지 않는다는 점에서 횡령죄 또는 업무상 횡령죄와 구별된다. 본죄의 점유이탈물은 타인의 소유에 속하는 물건이어야 한다. 따라서 소유자가 없는 무주물은 점유이탈물에 해당하지 않는다. 그 물건이 누구의 것인지는 중요하지 않다.

### 2. 객관적 구성요건

#### (1) 행위객체

유실물·표류물·매장물 등과 같이 타인의 점유를 이탈한 재물이다.

1) 점유이탈물이란 점유자의 의사에 반하여 그 점유를 떠난 물건을 말한다. 예를 들면 승객이 지하철[491)]이나 고속버스[492)]에 두고 내린 물건, 잘못 배달된 신문·우유·우편물, 점유자를 떠나 있는 고양이나 개와 같은 가축이 여기에 해당한다. 그러나 점유를 이탈한 물건이라고 하더라도 점유자가 어디에 있는지 알고 있거나 아직 타인의 지배하에 있다고 볼 수 있는 때에는 점유이탈물이 아니다. 예를 들면 강간현장에 떨어져 있는 피해자의 물건,[493)] 당구장에서 잃어버린 물건,[494)] 일시적으로 노상에 세워둔 자전거,[495)] 손님이 호텔이나 공중목욕탕에 놓고 온 물건 등이 그것이다. 그러

491) 대법원 1999. 11. 26, 99도4398.
492) 대법원 1993. 3. 16, 92도3170.
493) 대법원 1984. 2. 28, 84도38.
494) 대법원 1988. 4. 25, 88도409.
495) 대법원 1962. 12. 15, 62도149.

나 새로운 점유자가 원소유자의 반환요구에도 불구하고 점유이탈물을 영득한 때에 횡령죄가 성립한다고 해야 한다.[496] 위탁관계는 법령이나 계약 이외에도 관습, 조리 또는 신의칙에 의해서도 발생하기 때문이다.

2) 유실물이란 잃어버린 물건 또는 분실물을 말한다. 착오로 점유한 물건, 타인이 놓고 간 물건 및 유실한 가축은 준유실물(유실물법 제12조)로써 본죄의 유실물에 속한다.

표류물은 점유를 이탈하여 하천이나 바다에 떠 있거나 떠다니는 물건을 말한다. 이는 수중에 가라앉은 침몰물과 구별된다(수난구호법 제2조). 예를 들면 홍수에 떠내려 온 가축이나 물건 등이 여기에 속한다.

매장물은 토지 · 해저 · 건조물 · 분묘 등에 묻혀 있는 물건을 말한다. 고분 속에 들어 있는 도자기 · 보석 · 칼 등이 여기에 속한다. 매장물도 유실물법의 적용을 받는다. 그러나 매장문화재에 대해서는 문화재보호법이 우선 적용된다. 무주물은 매장된 상태에 있더라도 본죄의 객체인 매장물이 될 수 없다.

#### (2) 구성요건적 행위

본죄의 구성요건적 행위는 횡령이다. 횡령이란 불법영득의사를 객관적으로 표현하는 일체의 행위를 말한다. 본죄는 불법영득의사를 외부적으로 표현하는 행위를 하는 때에 기수가 된다. 그러나 유실물법(유실물 · 준유실물 · 매장물)이나 수난구호물(표류물 · 침몰물)이 정하고 있는 습득자가 취해야 할 일정한 절차를 준수하지 않은 사실만으로 본죄는 성립하지 않는다.[497] 자전거를 습득하여 수일간 보관한 경우,[498] 유실물인 줄 알면서 당국에 신고하거나 피해자의 숙소에 운반하지 아니하고 자기 친구 집에 운반한 경우[499]에는 본죄가 성립하지 않는다.

496) 김일수/서보학, 386면; 박상기, 396면.
497) 배종대, 546면.
498) 대법원 1969. 8. 19, 69도1078.
499) 대법원 1980. 1. 15, 79도2948.

### 3. 주관적 구성요건

본죄의 주관적 구성요건으로는 고의와 불법영득의사가 있어야 한다. 미필적 고의로도 족하다.

## V. 친족상도례(제361조)

보관자와 피해자인 소유자 사이에 직계혈족·배우자·동거친족·동거가족 또는 그 배우자간의 관계에 있는 경우에는 형이 면제된다. 그 밖의 친족관계가 있으면 고소가 있어야 공소를 제기할 수 있다(친고죄). 하지만 이러한 신분관계가 없는 공범에 대해서는 이 규정을 적용하지 않는다(제361조).

# 제6절 배임의 죄

## I. 서설

### 1. 의의

본죄는 타인의 사무를 처리하는 자가 그 임무에 위배되는 행위를 하여 스스로 재산상 이익을 취득하거나 또는 제3자로 하여금 이를 취득하게 하여 본인에게 손해를 입힘으로써 성립하는 범죄이다. 본죄는 재산상의 이익만을 행위객체로 한다는 점에서 순수한 이득죄이므로 재물만을 행위객체로 하는 절도죄, 횡령죄, 손괴죄 및 장물죄와 구별된다.

본죄의 보호법익은 전체로서의 재산이다. 그러므로 본죄는 소유권을 보호법익으로 하는 절도죄, 횡령죄, 손괴죄와 다르다. 보호의 정도는 침해범이다.[500] 위험범이라는 견해[501]도 있으나 단순히 재산을 침해할 가능성이 있는 행위를 범죄로 하는 것은 국민의 자유와 권리를 보장해야 하는 형법의 보장적 기능에 반하므로 타당하지 않다.

### 2. 배임죄의 본질

배임죄의 본질이 무엇인지에 대해 권한남용설과 배신설이 대립한다.

#### (1) 권한남용설

이 견해는 법적 대리권을 남용하여 타인의 재산을 침해하는 데 배임죄의 본질이 있다고 한다. 대리권의 내용은 타인의 사무를 처리할 수 있는 권한이다. 이 견해에 의하면 배임죄는 대리권자가 이러한 권한을 남용하여 타인에게 재산상의 손해를 가하는 것을 내용으로 하는 범죄이므로 배임행위는 법률행위에 의해서만 가능하게 된다. 즉 사실상 타인의 사무를 처리하는 자는 본죄의 주체가 될 수 없다. 따라서 배임과 횡령은 침해방법에 의해 구별되는데, 배임행위는 법률행위인데 반하여, 횡령행위는 사실행위라는 것이다. 그러나 이 견해는 배임행위를 법률행위에 제한함으로써 배임죄의 성립범위를 지나치게 축소하는 부당한 결과를 초래한다. 현재 이 견해를 지지하는 학자는 찾아 볼 수 없다.

#### (2) 배신설

이 견해는 신의칙에 위반하거나 신임관계를 침해하는 데에 배임죄의 본질이 있다고 한다.[502] 이에 의하면 배임죄는 대외관계에 있어서 법적 대리권을 요하지 않으며

---

500) 김성천/김형준, 515면; 김일수/서보학, 475면; 백형구, 214면; 오영근, 569면; 이정원, 461면; 임웅, 439면; 정성근/박광민, 417면.

501) 박상기, 397면; 이재상, 408면; 대법원 2002. 6. 28, 2000도3716.

502) 김일수/서보학, 476면; 박상기, 398면; 배종대, 549면; 이정원 461면; 임웅, 441면; 정성근/박광민, 416면.

법률행위뿐만 아니라 신임관계를 저해하는 사실행위에 의해서도 성립한다고 한다. 그러므로 배임죄는 신임관계를 침해한다는 점에서 횡령죄와는 같은 성질의 범죄에 속하고 다만 재산상의 이익을 행위객체로 한다는 점에서 재물을 행위객체로 하는 횡령죄와 다르기 때문에 횡령죄와는 일반법과 특별법의 관계로 본다.[503] 판례도 배신설의 입장이다.[504] 그러나 이 견해는 배임죄의 성립범위를 무제한 확대할 수 있다는 비판을 면치 못한다.

생각건대 권한남용설은 대리권 없는 자의 배임행위를 처벌대상에서 배제함으로써 법익보호라는 형법의 보호적 기능을 무의미하게 만든다. 그러므로 배신설이 타당하다. 다만 배임죄의 범위를 지나치게 확대할 위험은 구성요건을 엄격하게 해석하는 것에 의해 제한되어야 한다. 이 때 엄격하게 그 배임행위를 판단하는 기준으로 사무처리의 종류, 범위, 근거, 기간, 사무처리 결정권의 범위와 독자성이 있다.[505]

### 3. 구성요건체계

본죄의 기본적 구성요건은 배임죄(제355조 제2항)이다. 이에 대한 가중구성요건으로는 업무상배임죄(제356조)가 있다. 배임수재죄와 배임증재죄(제357조)는 본죄에 대한 독립적 구성요건이다. 그 밖에 친족상도례(제361조)가 있다. 본죄의 미수범은 처벌한다(제359조). 취득한 재산상의 이익이 5억 원 이상인 경우에는 특정경제범죄가중처벌법(제3조, 제5조)에 의해 가중 처벌된다.

---

503) 김일수/서보학, 476면; 배종대, 549면; 이재상, 410면.
504) 대법원 1999. 3. 12, 98도4704.
505) 박상기, 399면.

## Ⅱ. 배임죄(제355조 제2항)

### 1. 객관적 구성요건

타인의 사무를 처리하는 자가 그 임무에 위배하는 행위로써 재산상의 이익을 취득하여 본인에게 재산상의 손해를 가하는 것이다.

#### (1) 행위주체

본죄의 행위주체는 타인의 사무를 처리하는 자이다. 타인의 사무를 처리하는 자란 타인과의 대내적 신임관계에 따라 위임된 사무를 타인을 위하여 처리할 의무가 있는 자를 말한다. 그러므로 본죄는 진정신분범이다. 이때 제3자에 대한 대외관계에서 그 사무에 대한 대리권이 있을 것을 요하지 않으나 타인과의 대내관계에서는 사무의 위임이라는 신임관계가 필요하다.[506)]

1) 타인의 사무

여기에서 타인은 행위자 이외의 자연인・법인・법인격 없는 단체를 포함한다. 타인의 사무를 처리한다 함은 타인이 처리해야 할 사무를 타인을 위하여 처리하는 것을 말한다.[507)]단순히 계약을 이행해야 하는 일반적인 의무는 자기의 사무는 될 수 있을지언정 타인의 사무에 해당하지 않는다. 마찬가지로 단순한 채권적 급부의무에 불과한 대금지급의무는 타인의 사무에 해당하지 않는다.[508)] 타인의 사무라고 하기 위해서는 타인의 재산보호가 주된 의무이어야 하므로 부수적인 의무는 타인의 사무에 속하지 않는다. 법인이 타인의 사무를 처리해야 할 의무를 지는 자인 경우에는 법인이 배임죄의 주체가 될 수 없으므로 법인을 대표하여 사무를 처리하는 자연인인 대표기관이 배임죄의 주체가 된다.[509)] 1인 주식회사에 있어서도 1인 주주인 동시에 법

---

506) 대법원 2004. 6. 17, 2003도7645.
507) 이재상, 414면.
508) 대법원 1976. 5. 11, 75도2245.
509) 대법원 1997. 1. 24, 96도524; 1984. 10. 10, 82도2595.

인의 대표이사인 자연인과 주식회사는 별개의 인격체이므로 그 회사의 대표이사인 자연인은 타인의 사무를 처리하는 자가 된다.[510] 또한 타인의 재산을 보호할 사무인 동시에 자기의 사무로서의 성질을 가지고 있더라도 타인의 사무가 본질적 내용을 이룰 때에도 타인의 사무를 처리하는 자가 된다.[511] 예를 들면 이중매매나 이중저당에 있어서 매도인이나 저당권설정자는 선매수인 또는 선저당권자에 대해 타인의 사무를 처리하는 자가 된다.

2) 사무의 내용

배임죄에서의 타인의 사무는 타인의 재산관리에 관한 사무이어야 한다. 사무의 내용은 재산상의 사무일 필요가 없다는 견해[512]와 재산적 이해관계를 가지는 사무임을 요한다는 견해[513]가 있으나 형법은 사무의 내용을 제한하고 있지 않기 때문에 재산상의 손해가 발생하면 충분하므로 배임죄의 사무는 재산상의 사무라고 하는 견해가 타당하다.[514] 배임죄는 재산상의 이익을 행위객체로 하는 재산죄에 속하고 타인의 사무를 재산상의 사무에 국한하여 배임죄의 범위가 부당하게 확대되는 것을 방지할 수 있기 때문이다. 판례도 타인의 사무는 신임관계에 기초를 둔 타인의 재산의 보호 내지 관리의무가 있음을 본질적 내용으로 하는 것이라고 한다.[515] 그러므로 환자에게 재산상의 손해를 가한 의사 또는 형사사건의 변호를 맡은 변호사는 배임죄의 주체가 될 수 없다.[516] 또 골프시설의 운영자는 일반회원들의 골프회원권이라는 재산관리를 대행하거나 재산보전에 협력하는 자라고 할 수 없다.[517] 타인의 사무는 공

510) 대법원 1983. 12. 13, 83도2330.
511) 대법원 1982. 5. 25, 81도2618.
512) 오영근, 600면; 임웅, 444면.
513) 황산덕, 322면.
514) 김일수/서보학, 478면; 박상기, 401면; 배종대, 551면; 백형구, 216면; 이재상, 413면; 이정원, 466면; 정성근/박광민, 421면.
515) 대법원 1987. 4. 28, 86도2490.
516) 김일수/서보학, 476면; 배종대, 551면; 이재상, 414면.
517) 대법원 2003. 9. 26, 2003도763.

무・사무, 계속적 사무・일시적 사무, 법률적 사무・사실상의 사무를 포함한다.[518)]

판례는 고객의 예탁금을 성실히 관리할 증권회사 직원의 의무,[519)] 미성년자의 상속재산을 관리・보전할 호적상의 친모로 기재되어 있는 자의 의무,[520)] 채권담보를 위해 부동산에 가등기를 해둔 가등기권리자나 소유권이전등기에 필요한 서류를 임치 받고 있을 때 채무자가 채무를 변제할 때까지 해당서류를 보전할 채권자의 의무[521)] 등을 타인의 사무로 본다.

3) 사무처리의 근거

타인의 사무를 처리하는 근거에는 법령이나 계약뿐만 아니라 관습, 조리 또는 사무관리도 포함된다. 따라서 사실상의 신임관계가 인정되는 경우에도 타인의 사무를 처리하는 자가 된다. 사실상 학교법인의 경영을 주도하고 학교자금을 보관・관리하는 학교법인의 이사가 학교재산에 대한 임대차계약을 체결한 경우[522)]나 대리권소멸 후나 해임이후에 후임자가 업무를 인수하기 전에 사무를 처리한 경우[523)]에도 여기에 해당한다.

사무처리의 근거가 되는 법률행위가 무효인 경우에도 배임죄가 성립하는지에 대해 긍정설[524)]과 부정설[525)]이 대립한다. 법률행위가 선량한 풍속 기타 사회질서에 위배되는 경우에는 타인의 사무를 처리하는 자라고 볼 수 없다. 예를 들면 내연의 처와 불륜관계를 지속하는 대가로서 부동산에 관한 소유권이전등기를 경료해 주기로 약정하였으나 등기의무를 이행하지 않은 때에는 본죄가 성립하지 않는다. 그러나 무효의 원인이 법률행위의 내용이 아니라 행위능력이나 법적 형식의 결여 등인 경우에

518) 김일수/서보학, 478면; 배종대, 551면.
519) 대법원 1995. 11. 21, 94도1598.
520) 대법원 2002. 6. 14, 2001도3534.
521) 대법원 1990. 8. 10, 90도414.
522) 대법원 2000. 3. 14, 99도457.
523) 대법원 1999. 6. 22, 99도1095.
524) 김일수/서보학, 480면; 이재상, 413면.
525) 김성천/김형준, 520면; 박상기, 403면; 백형구, 221면; 대법원 1986. 9. 9, 86도1382.

는 사실상 타인의 사무를 처리하는 자에 해당한다.[526]

4) 사무처리의 독립성

배임죄가 성립하기 위해서는 사무처리자는 일정한 범위 내에서 판단의 자유와 독립성을 가져야 한다. 따라서 단순히 기계적인 사무에 종사하는 자는 타인의 사무를 처리하는 자에 해당하지 않는다. 그러나 보조기관이라 하더라도 일정한 권한을 가지고 사무를 담당하는 자는 사무를 처리하는 자가 될 수 있다.[527]

### (2) 구성요건적 행위

배임행위로써 재산상의 이익을 취득하여 본인에게 재산상의 손해를 가하는 것이다.

1) 배임행위

(i) 배임행위란 타인의 사무를 처리하는 자의 임무에 위배하는 행위를 말한다. 즉 배임행위는 처리하는 사무의 내용, 성질 등에 비추어 법령의 규정, 계약의 내용 또는 신의칙상 당연히 하여야 할 것으로 기대되는 행위를 하지 않거나 당연히 하지 않아야 할 것으로 기대되는 행위를 함으로써 본인과의 신임관계를 저버리는 일체의 행위를 말한다.[528] 배임행위는 법률행위에 제한되지 않고 사실행위도 포함하고 작위이든 부작위이든 묻지 않는다. 배임행위로는 주식회사의 대표이사가 임무에 위배하여 주주 또는 회사채권자에게 손해를 야기한 경우,[529] 금융기관 직원이 충분한 담보를 제공받는 등 상당하고도 합리적인 채권회수조치를 취하지 않은 채 대출해준 경우,[530] 특정목적을 위하여 조성된 자금을 자원한도를 초과하여 대출해준 경우,[531] 매도인의 임무위배행위로 매도인의 소유권이전등기의무가 이행불능이 되거나 이행

526) 이재상, 413면.
527) 대법원 1982. 7. 27, 81도230.
528) 대법원 2009. 10. 15, 2009도5655; 1994. 9. 9, 94도902.
529) 대법원 2005. 10. 28, 2005도4915.
530) 대법원 2007. 4. 12, 2007도1033.
531) 대법원 2007. 4. 27, 2007도1038.

불능에 빠질 위험성이 있는 경우,[532] 회사경영자가 종업원 자사주 매입에 회사자금을 지원한 경우[533] 지급능력이 없는 약속어음에 회사명의로 배서한 경우[534] 등이 있다.

(ii) 모험거래와 피해자의 동의

모험거래란 타인을 위한 사무처리가 본인에게 이익을 줄지 또는 손해를 가할지에 대한 전망이 불투명한 경우를 말한다. 투기적 성질을 가진 사무처리가 여기에 해당하는데 이 때 모험거래가 배임죄에 해당하는지가 문제된다. 모험거래가 허용되는지의 여부는 본인과 행위자의 내부관계에 의해 판단되어야 한다. 모험거래에 대한 본인의 동의가 있다면 배임죄는 성립하지 않는다.[535] 반면 모험거래가 완전히 금지되어 있다면 배임죄가 될 수 있다. 그러나 모험거래가 통상의 거래관행을 벗어나지 아니하고 본인의 추정적 승낙이 있다고 인정되는 때에는 배임죄가 성립하지 않는다는 것이 타당하다.[536] 증권회사의 직원이 고객의 동의를 얻지 않고 주식을 매입하여 고객에게 손해를 가한 때에는 배임죄가 성립한다.[537]

2) 재산상의 손해

재산상의 손해발생은 배임죄의 성립요건이다. 배임행위와 재산상의 손해발생 간에는 인과관계가 있어야 한다. 재산상의 손해는 피해자의 전체재산의 가치가 감소하는 것을 의미한다. 배임행위 전후의 전체재산을 비교하여 재산이 감소한 때에는 재산상의 손해가 있다고 본다.[538] 이 때 재산상의 손해는 기존재산의 감소(적극적 손해)뿐만 아니라 재산증가의 차단(소극적 손해)도 포함한다. 재산상의 손해발생의 여부에 대한 판단은 경제적 · 법률적 재산개념을 기준으로 한다.

---

532) 대법원 2007. 7. 26, 2007도3882.
533) 대법원 1999. 6. 25, 99도1141.
534) 대법원 2000. 5. 26, 99도2781.
535) 대법원 1983. 11. 8, 83도2309.
536) 배종대, 562면; 이재상, 418면.
537) 대법원 1995. 11. 21, 94도1598.
538) 대법원 2007. 3. 15, 2004도5742.

배임행위는 법률상 유효해야 한다. 그러므로 배임행위가 당연 무효인 경우에도 경제적인 관점에서 재산상의 손해를 가한 때에 해당한다는 판례[539]는 타당하지 않다.

재산상의 손해는 현실적인 손해발생은 물론 손해발생의 위험도 포함한다는 것이 판례[540]와 다수설[541]의 입장이다. 그러므로 재산상의 손해액은 구체적으로 확정될 필요가 없다고 한다.[542] 그러나 배임죄는 침해범이므로 재산상의 손해는 현실적으로 발생하여야 한다. 판례는 이에 대해 상반된 입장을 보인다. 종전에는 발생한 손해가 후에 회복되었다고 하더라도 손해는 여전히 존속한다[543]고 판시한 반면, 그 후의 판례는 배임죄는 구체적 위험범이므로 재산상의 손해발생의 위험성이 발생하더라도 이를 회복・복구할 수 있다면 배임죄의 손해발생을 인정할 수 없다[544]고 판시하고 있다.

3) 재산상 이익의 취득

배임죄가 성립하기 위해서는 자기 또는 제3자가 재산상의 이익을 취득하여야 한다. 재산상 이익은 재산가치의 증가를 의미하고 적극적 이익뿐만 아니라 소극적 이익도 포함한다. 재산상의 이익의 취득이 성립요건이므로 사회적 지위나 신분상의 이익을 취득하는 때에는 배임죄가 되지 않는다.[545]

## 2. 이중매매・이중저당과 배임죄

### (1) 이중매매

이중매매란 부동산 소유자(A)가 매수인(B)에게 자기의 부동산을 매도하고 소유

539) 대법원 1992. 5. 26, 91도2963.
540) 대법원 2010. 1. 28, 2009도10730; 2003. 2. 11, 2002도5679; 2000. 11. 10, 99도5463.
541) 김일수/서보학, 486면; 박상기, 405면; 배종대, 594면; 이재상, 419면.
542) 대법원 1983. 12. 27, 83도2602.
543) 대법원 2000. 12. 8, 99도3338.
544) 대법원 2006. 7. 27, 2006도3145.
545) 이재상, 420면.

권이전등기를 하기 전에 다시 그 부동산을 제3자(C)에게 매도하여 소유권이전등기를 경료해준 경우를 말한다. 이중매매의 경우에는 횡령죄와 사기죄는 성립할 여지가 없다. 민법상의 형식주의에 따라 소유권은 여전히 매도인(A)에게 있으므로 자기의 부동산을 후매수인(C)에게 매도하는 것은 선매수인(B)에 대한 횡령죄를 구성하지 않는다. 또 후매수인(C)에 대한 사기죄도 성립하지 않는다.[546] 후매수인(C)은 매도인(A)으로부터 유효하게 부동산의 소유권을 취득하는 이상 재산상의 손해가 발생하지 않았기 때문이다. 통설과 판례는 이중매매를 선매수인(B)에 대한 배임죄로 파악한다. 이 경우 매도인은 언제부터 타인의 사무를 처리하는 자가 되는지 논란이 된다.

1) 매도인이 매매계약을 체결하고 계약금만을 받은 때에는 매도인은 계약금의 배액을 상환하고 언제든지 계약을 해제할 수 있으므로 타인의 사무를 처리하는 자라고 할 수 없다.[547]

2) 중도금 또는 잔금을 수령한 이후에는 매수인은 이미 계약의 이행에 착수한 것이 되어(민법 제565조 제1항) 매도인은 계약을 일방적으로 해제할 수 없으므로 매수인 명의로의 소유권이전등기에 협력할 의무를 진다. 즉 매도인은 타인의 사무를 처리하는 자로서 배임죄의 주체가 된다.[548]

3) 악의의 후매수인의 형사책임

이중매매에 있어서 악의의 후매수인은 배임죄의 공범(교사범, 종범)이 되지만 장물죄는 성립하지 않는다. 장물이란 타인의 재산범죄로 영득한 재물을 의미하므로 이중매매의 대상인 재물은 장물에 해당하지 않기 때문이다. 공범의 범위에 관하여 대법원은 후매수인이 선매수인을 해할 목적으로 매도인을 교사하거나 기타 방법으로 양도행위에 적극 가담한 경우에 한하여 배임죄의 공범을 인정할 수 있다고 한다.[549]

---

546) 대법원 1980. 9. 24, 80도903.

547) 대법원 1984. 5. 15, 84도315.

548) 김일수/서보학, 484면; 박상기, 410면; 배종대, 558면; 이재상, 424면; 대법원 1988. 12. 13, 88도750.

549) 대법원 1975. 6. 10, 74도2455.

그러나 매도한 사실을 알면서 매도인과 공모하여 이를 매수한 때에 배임죄의 공범이 된다는 견해가 타당하다.[550]

(2) 이중저당

이중저당이란 채무자(A)가 채권자(B)로부터 돈을 빌리고 자기의 부동산에 1번 저당권을 설정해 주기로 약정한 후 채권자 명의로 등기하기 전에 제3자(C)에게 다시 돈을 빌리고 1번 저당권설정등기를 해준 경우를 말한다.

이중매매와 같이 이중저당도 배임죄가 된다고 해야 한다.[551] 채무자(A)는 채권자(B)의 저당권설정등기에 협력할 의무를 지므로 타인의 사무를 처리하는 지위에 있고, 또 채권자(B)를 후순위저당권자로 함으로써 재산상의 손해를 가하기 때문이다. 판례도 배임죄가 성립한다고 한다.[552]

### 3. 주관적 구성요건

본죄가 성립하기 위해서는 고의 이외에 불법이득의사가 있어야 한다.[553] 고의의 내용은 타인의 사무를 처리하는 자로서 배임행위로 본인에게 재산상의 손해를 가하고 자기 또는 제3자가 재산상의 이익을 취득한다는 사실에 대한 인식과 의욕이다. 미필적 고의로도 충분하다. 그러나 본인에게 손해를 가할 목적은 배임죄의 주관적 구성요건에 해당하지 않는다.[554]

### 4. 미수와 기수

본죄의 착수시기는 배임행위를 개시한 때이다. 이중매매의 경우에는 후매수인의

550) 이재상, 425면.
551) 김일수/서보학, 483면; 박상기, 409면; 배종대, 580면; 이재상, 422면; 임웅, 426면.
552) 대법원 1980. 9. 24, 80도903.
553) 김성천/김형준, 528면; 김일수/서보학, 488면; 박상기, 409면; 이재상, 412면; 임웅, 420면; 대법원 1997. 6. 27, 97도163; 1983. 7. 26, 83도819.
554) 대법원 1983. 12. 13, 83도2330.

등기에 착수할 때라는 견해[555]가 있으나 매도인이 다시 후매수인과 매매계약을 체결하고 계약금과 중도금을 수령한 때 실행의 착수가 인정된다는 견해가 타당하다.[556]

본죄는 배임행위로 본인에게 재산상의 손해가 발생한 때에 기수가 된다. 손해발생의 위험만 있으면 기수가 된다는 견해[557]가 있으나 배임죄는 침해범이라고 해야 하므로 이 경우 기수는 될 수 없고, 미수에 불과하다고 본다.[558]

### 5. 다른 범죄와의 관계

1) 타인의 사무를 처리하는 자가 본인을 기망하여 배임행위를 함으로써 본인에게 손해를 가한 때에 사기죄만 성립한다는 견해,[559] 사기죄와 배임죄의 상상적 경합이 된다는 견해,[560] 배임죄만 성립한다는 견해[561]가 대립한다. 판례는 양 죄의 상상적 경합을 인정한다.[562] 이 경우에 배임행위와 기망행위로 1개의 법익이 침해되었기 때문에 중한 죄인 사기죄만이 성립한다는 견해가 타당하다

2) 배임죄와 횡령죄는 일반법과 특별법의 관계에 있으므로 특별법인 횡령죄가 우선 적용되고 배임죄는 배제된다.

3) 장물이란 재산범죄에 의해 영득한 재물이므로 배임죄의 행위객체인 재산상의 이익은 장물이 될 수 없다. 따라서 이중매매로 부동산을 취득하는 것은 장물죄가 될 수 없고 배임죄의 공범이 될 뿐이다.[563]

555) 이재상, 424면.
556) 김일수/서보학, 487면; 대법원 1983. 10. 11, 83도2507; 2003. 3. 25, 2002도7134.
557) 박상기, 405면; 배종대, 565면; 이재상, 419면; 대법원 2003. 2. 11, 2002도5679; 1983. 2. 8, 81도3190.
558) 김일수/서보학, 488면; 백형구, 218면; 오영근, 588면; 이정원, 472면; 임웅, 420면.
559) 오영근, 501면.
560) 김일수/서보학, 490면; 박상기, 413면; 배종대, 568면; 백형구, 222면; 이재상, 426면.
561) 황산덕, 324면.
562) 대법원 2002. 7. 12, 2002도669.
563) 대법원 1983. 11. 8, 82도2119.

## Ⅲ. 업무상배임죄(제356조)

본죄는 업무상의 임무에 위배하여 재산상의 이익을 취득하거나 제3자로 하여금 이익을 취득하게 하고 이로 인하여 본인에게 재산상의 손해를 가함으로써 성립하는 범죄이다. 본죄의 행위주체는 타인의 사무를 처리하는 자라는 신분과 업무자라는 신분을 가져야 하고, 배임죄에 대하여 업무자라는 신분 때문에 형이 가중되는 가중구성요건이면서 부진정신분범이다. 본죄의 미수범도 처벌한다(제359조). 친족상도례도 적용된다(제361조). 취득한 이익의 가액이 3억 원 이상인 경우에는 특정범죄가중처벌등에관한법률 제3조에 의해 가중 처벌된다.

## Ⅳ. 배임수증재죄(제357조)

### 1. 의의

배임수증재죄는 타인의 사무를 처리하는 자가 그 임무에 관하여 부정한 청탁을 받고 재물 또는 재산상의 이익을 취득함으로써 성립하는 범죄이다. 본죄는 공무원의 뇌물죄에 상응하는 규정이며, 사적 사무를 처리하는 자에 대한 뇌물죄라고 할 수 있다.[564)]

본죄의 보호법익은 거래의 청렴성이고,[565)] 보호의 정도는 침해범이다.

배임수증재죄는 배임수재죄(제1항)와 배임증재죄(제2항)로 나누어진다. 전자는 수뢰죄(제129조), 후자는 증뢰죄(제133조)와 비교된다.

---

564) 김일수/서보학, 492면; 박상기, 415면; 배종대, 569면; 이재상, 428면.
565) 김일수/서보학, 493면; 박상기, 415면; 배종대, 570면; 이재상, 428면; 임웅, 429면.

## 2. 배임수재죄(제1항)

### (1) 객관적 구성요건

타인의 사무를 처리하는 자가 그 임무에 관하여 부정한 청탁을 받고 재물 또는 재산상의 이익을 취득하는 것이다.

#### 1) 행위주체

타인의 사무를 처리하는 자이다. 타인의 사무를 처리하는 자의 의미는 배임죄에 있어서와 같다. 본죄는 진정신분범이다. 예컨대, 점포 등의 임대 및 관리를 담당하는 자,[566] 방송국의 가요담당 프로듀서,[567] 취재기자 겸 신문사지국장,[568] 주식회사의 이사[569] 등이 여기에 속한다.

#### 2) 구성요건적 행위

임무에 관하여 부정한 청탁을 받고 재물 또는 재산상의 이익을 취득하는 것이다.

임무에 관하여라 함은 위임받은 본래의 사무뿐만 아니라 그와 밀접한 관계가 있는 사무를 포함한다.[570]

(i) 부정한 청탁이란 사회상규 또는 신의성실의 원칙에 반하는 청탁을 말한다.[571] 청탁은 반드시 명시적인 방법에 의할 필요가 없고 묵시적인 방법으로도 가능하며, 그 내용은 작위이든 부작위이든 묻지 않는다.[572]

판례에 의하면 취재기자를 겸하고 있는 신문사지국장이 무허가 벌채사건의 기사 송고를 하지 않을 것을 청탁받은 경우,[573] 공사시공에 하자가 있더라도 이를 묵인하

---

566) 대법원 1984. 8. 21, 83도2447.
567) 대법원 1991. 6. 11, 91도688.
568) 대법원 1970. 9. 17, 70도1355.
569) 대법원 2002. 4. 9, 99도2165.
570) 대법원 1982. 2. 9, 80도2130.
571) 대법원 1996. 3. 8, 96도2930; 2006. 5. 12, 2004도991.
572) 대법원 2005. 1. 14, 2004도6646.
573) 대법원 1970. 9. 17, 70도1355.

여 달라는 취지의 청탁을 하는 경우,574) 종합병원의사들이 의료품 수입업자들로부터 특정약을 모든 질병에 잘 듣는 약으로 원외처방하여 달라는 청탁을 받고 돈을 받은 경우,575) 대학교수가 특정출판사의 교재를 채택하여 달라는 청탁을 받은 경우,576) 국회의원이 중앙당 당기위원회의 수석부위원장에게 지구당공천비리를 조사하지 말 것을 청탁한 경우577) 등이 부정한 청탁에 해당한다.

(ii) 본죄의 구성요건적 행위는 재물 또는 재산상의 이익을 취득하는 것이다. 재물 또는 재산상의 이익은 부정한 청탁과 관련된 것이어야 한다. 따라서 부정한 청탁이 있었던 경우에도 그 청탁과 관계없이 금품을 받은 경우에는 본죄가 성립하지 않는다.578) 그 임무에 관하여 부정한 청탁을 받은 이상 사직 후에 재물을 수수한 때에도 본죄가 성립한다.579) 재물 또는 재산상의 이익의 취득은 현실적인 것이어야 하며, 단순한 요구 또는 약속만으로는 본죄가 성립하지 않는다.580) 배임행위는 본죄의 성립요건이 아니다. 따라서 재물 또는 재산상의 이익을 취득하고 배임행위를 하면 본죄와 배임죄는 경합범이 된다.581) 또 본인에게 손해가 발생할 필요도 없다.582)

### (2) 주관적 구성요건

본죄의 주관적 구성요건으로는 고의 이외에 불법영득의사 또는 불법이득의사가 있어야 한다. 미필적 고의로도 족하다.

---

574) 대법원 1991. 11. 26, 91도2418.
575) 대법원 1994. 6. 11, 91도413.
576) 대법원 1996. 10. 11, 95도2090.
577) 대법원 1998. 6. 9, 96도837.
578) 대법원 1982. 7. 13, 82도874.
579) 대법원 1997. 10. 24, 97도2042.
580) 대법원 1999. 1. 29, 98도4182.
581) 배종대, 572면; 이재상, 430면.
582) 대법원 1983. 12. 13, 82도735.

### (3) 미수

본죄의 미수범은 처벌한다(제359조). 본죄의 착수시기는 임무에 관하여 부정한 청탁을 받은 때이다. 본죄는 재물 또는 재산상의 이익을 취득하면 기수가 되므로 요구하거나 약속하는 것은 본죄의 미수에 해당한다.[583)]

### (4) 몰수 또는 추징

범인이 취득한 재물은 몰수하며 그 재물을 몰수할 수 없거나 재산상의 이익을 취득한 때에는 그 가액을 추징한다(제3항). 수인이 공모하여 금품을 수수한 경우에는 각자가 실제로 수수한 금품을 몰수하거나 몰수할 수 없을 때에는 추징하며 개별적으로 몰수할 수 없을 때에는  평등하게 몰수 또는 추징해야 한다.[584)]

## 3. 배임증재죄(제2항)

타인의 사무를 처리하는 자에게 그 임무에 관하여 부정한 청탁을 하고 재물 또는 재산상의 이익을 공여함으로써 성립하는 범죄이다. 본죄와 배임수재죄는 필요적 공범관계에 있다. 그러나 증재자에게는 정당한 업무에 속하는 청탁이지만 수재자에게는 부정한 청탁이 되는 때에는 배임수재죄는 성립하지만 본죄는 성립하지 않는다.[585)]

본죄는 재물 또는 재산상의 이익을 공여한 때에 기수가 되며, 공여의 의사표시 또는 약속을 한 때에는 본죄의 미수가 된다.

583) 김일수/서보학, 496면; 박상기, 419면; 배종대, 573면; 백형구, 227면; 이재상, 430면; 오영근, 640면; 정성근/박광민, 436면.
584) 대법원 1978. 2. 14, 77도3949.
585) 대법원 1991. 1. 15, 90도2257.

# 제7절 장물에 관한 죄

## Ⅰ. 서설

### 1. 의의 및 보호법익

장물죄는 장물을 취득·양도·운반·보관하거나 또는 이를 알선함으로써 성립하는 범죄이다. 여기서 장물이란 타인의 재산범죄로 위법하게 영득한 재물을 의미하기 때문에 본죄는 순수한 재물죄에 속한다. 장물죄에 대하여 재산범죄 또는 그 범인을 본범이라 한다.

본죄의 보호법익은 재산권이다.[586] 이에 대해 피해자의 장물에 대한 추구권이라는 견해[587]와 피해자의 추구권 및 재산권의 안전이라는 견해[588]가 있으나, 재산권에 추구권과 재산의 안전이 포함되고 장물죄는 재산죄에 속하므로 타당하지 않다.

본죄는 위험범라는 견해[589]와 장물알선죄는 위험범이고 기타의 장물죄는 침해범이라는 견해[590]가 있으나 일반적으로 범죄란 법익을 침해하는 행위를 의미하므로 침해범이라고 해야 한다.[591]

### 2. 장물죄의 본질

장물죄의 본질에 대해 추구권설, 위법상태유지설, 이익설 및 결합설이 대립하고 있다.

---

586) 김성천/김형준, 544면; 김일수/서보학, 499면; 박상기, 422면; 배종대, 575면; 이재상, 433면; 이정원, 481면; 임웅, 469면.
587) 김종원, 248면.
588) 정성근/박광민, 443면.
589) 오영근, 616면; 이재상, 433면; 임웅, 469면.
590) 김일수/서보학, 499면; 박상기, 422면.
591) 배종대, 576면; 이정원, 482면; 정성근/박광민, 443면.

(1) 추구권설

이 견해는 본범의 피해자가 점유를 상실한 재물을 추구하여 회복하는 것을 곤란하게 하는 데에 장물죄의 본질이 있다고 한다.[592] 여기서의 추구권은 반환청구권을 의미하므로 장물죄가 성립하기 위해서는 피해자에게 추구권 또는 반환청구권이 있어야 한다. 그러므로 피해자에게 추구권이 인정되지 않는 불법원인급여의 경우(민법 제746조), 재물에 대한 피해자의 권리가 소멸시효에 걸린 경우, 피해자가 취소 또는 해지할 수 없는 경우, 대체장물의 경우에는 장물죄가 성립하지 않는다.

(2) 위법상태유지설

이 견해는 장물죄의 본질은 재산범죄에 의해 이루어진 위법한 재산상태를 본범 또는 그 점유자와의 합의하에 유지・존속하는 데에 있다고 한다.[593] 여기서 사법상의 추구권의 유무는 장물죄의 성립에 영향을 주지 않는다. 이 견해에 의하면 대체장물은 장물에 해당하지 않고, 추구권이 없는 불법원인급여의 경우에도 장물죄기 성립하며, 본범 또는 점유자와의 합의가 없기 때문에 장물에 대해 절도죄, 강도죄, 사기죄, 공갈죄를 범한 때에는 장물죄가 성립하지 않는다. 또 본범은 재산범죄에 한정되지 않으므로 수뢰죄, 통화위조죄, 문서위조죄 또는 도박죄에 의해 영득한 재물도 장물이 된다.

(3) 이익설(공범설)

이 견해는 본범의 범죄이익에 참여・가담하는 데 장물죄의 본질이 있다고 한다.[594] 이에 의하면 행위자의 주관적 이득의사는 본죄의 주관적 구성요건에 해당하고, 장물을 처분하여 받은 대체장물이나 본범이 소유권을 취득한 재물도 장물에 속한다.

---

592) 김종원, 248면; 정영일, 565면; 황산덕, 327면.
593) 김성천/김형준, 546면; 이정원, 483면; 임웅, 439면.
594) 이수성, 장물죄, 고시연구(1975. 8), 51면.

### (4) 결합설

이 견해는 추구권설과 위법상태유지설을 결합하여 장물죄의 본질을 찾는다. 즉 위법한 재산상태를 유지하는 것뿐만 아니라 피해자의 반환청구권의 행사를 곤란하게 하는 데에도 장물죄의 본질이 있다고 한다.[595] 즉 장물양도죄는 피해자의 반환청구권을 곤란하게 하는 범죄인데 반하여 그 밖의 장물죄는 위법한 재산상태를 유지하는 범죄라고 한다.

### (5) 소결

장물죄는 위법한 재산상태를 유지하고 이로 인하여 피해자의 추구권의 행사를 곤란하게 하는 범죄이다. 또 장물죄의 유형 중 장물취득죄・장물보관죄・장물운반죄・장물알선죄는 위법한 재산상태를 유지하는 범죄인 반면, 장물양도죄는 피해자의 추구권의 행사를 곤란하게 하는 범죄에 해당한다. 따라서 결합설이 타당하다. 판례도 결합설의 입장에 있다.[596]

## 3. 구성요건체계

본죄의 기본적 구성요건은 장물죄(제362조)이다. 이에 대한 가중구성요건으로는 상습장물죄(제363조)가 있다. 그리고 독립적 구성요건으로 업무상 과실・중과실 장물죄(제364조)가 있다. 본죄에 대해 친족상도례(제365조)가 적용된다.

595) 김일수/서보학, 501면; 박상기, 425면; 배종대, 577면; 이재상, 436면; 정영일, 426면.

596) 대법원 1987. 10. 13, 87도1633; 2006. 10. 13, 2004도6084, "전당포영업자가 보석들을 전당잡으면서 인도받을 당시 장물인 정을 몰랐다가 그 후 장물일지도 모른다고 의심하면서 소유권포기각서를 받은 행위는 장물취득죄에 해당하지 않고, 또한 전당포영업자가 대여금채권의 담보로 보석들을 전당잡은 경우에는 이를 점유할 권한이 있는 때에 해당하여 장물보관죄 역시 성립하지 않는다."

## Ⅱ. 장물죄(제362조)

### 1. 객관적 구성요건

장물을 취득・양도・보관・운반 또는 알선하는 것이다.

#### (1) 행위객체

본죄의 행위객체는 장물이다. 장물이란 재산범죄에 의해 위법하게 영득한 재물을 말한다.

1) 재물

장물은 재물이어야 하므로 재산상의 이익 또는 권리는 장물이 될 수 없다.[597] 그러나 권리가 화체된 문서(어음, 수표, 정기승차권 등)는 재물이므로 장물에 속한다. 장물은 동산은 물론 부동산도 포함하고, 경제적 가치가 있을 것을 요하지 않는다. 관리할 수 있는 동력도 장물이 될 수 있는지에 대해 장물죄가 형법 제346조를 준용하지 않으므로 장물이 될 수 없다는 견해[598]가 있으나 타당하지 않다. 본범에 의해 영득한 관리할 수 있는 동력은 제346조의 준용규정의 유무와 상관없이 당연히 장물에 해당하기 때문이다.[599] 장물은 반드시 타인의 재물에 제한되지 않고 자기의 재물도 포함한다(권리행사방해죄).

2) 장물의 동일성

장물은 재산범죄에 의해 영득한 재물 그 자체이어야 한다. 따라서 장물을 처분하여 취득한 돈,[600] 장물인 돈으로 구입한 물건, 장물과 교환한 물건, 장물을 전당잡힌 전당표[601] 등과 같은 대체장물은 장물에 해당하지 않는다.

---

597) 대법원 2004. 4. 19, 2004도5904; 2004. 4. 16, 2004도353.
598) 박상기, 426면; 배종대, 580면.
599) 김일수/서보학, 503면; 백형구, 233면; 오영근, 622면; 이재상, 437면; 임웅, 475면; 정성근/박광민, 445면.
600) 대법원 1972. 6. 13, 72도971.

그러나 장물인 금전을 다른 금전으로 교환하거나 장물인 금전을 은행에 예금하였다가 인출한 경우에 새로 취득한 금전의 장물성을 인정할 것인지에 대해 견해가 대립한다. 부정설[602]은 가치는 물건이 아니므로 가치의 동일성을 물건의 동일성으로 취급하면 유추금지의 원칙에 반하기 때문에 장물성을 부정한다. 그러나 금전은 고도의 대체성을 가지고 있기 때문에 금전 자체 보다는 금액에 의해 표시되는 금전적 가치가 중요하고, 금전을 교환한 때에도 동일성이 유지되므로 장물성을 인정해야 한다는 긍정설[603]이 타당하다. 판례도 장물인 현금과 수표를 예금의 형태로 보관하였다가 동일한 액수의 현금으로 인출한 경우에 장물성을 인정하였다.[604]

3) 본범

본범은 재산범죄이어야 한다. 그러므로 임산물단속에관한법률위반죄에 의하여 생긴 임산물은 장물이 아니다.[605] 장물죄의 본범으로는 절도죄, 강도죄, 횡령죄, 사기죄, 공갈죄 및 장물죄(연쇄장물죄)가 있다. 산림법위반도 여기에 포함된다. 손괴죄는 재물죄이지만 영득죄가 아니므로 장물죄의 본범이 될 수 없다.

4) 본범의 실현정도

본범은 구성요건에 해당하고 위법하여야 한다. 본범의 행위가 유책할 필요는 없다. 따라서 행위자가 책임무능력자이거나 정당한 이유가 있는 법률의 착오가 있는 경우에도 장물성이 인정된다. 또한 처벌조건이나 소추조건이 구비될 것을 요하지 않는다.[606] 따라서 친고죄의 경우 고소가 없거나, 공소시효가 완성되거나, 친족상도례의 적용으로 형이 면제되는 경우에도 장물죄는 성립한다.

---

601) 대법원 1973. 3. 13, 73도58.
602) 김일수/서보학, 508면; 박상기, 427면; 배종대, 580면; 백형구, 235면; 오영근, 626면; 이정원, 490면; 임웅, 477면.
603) 이재상, 442면; 정성근/박광민, 451면; 정영일, 511면.
604) 대법원 2004. 3. 12, 2004도134; 2000. 3. 10, 98도2579.
605) 대법원 1975. 9. 23, 74도1804.
606) 김일수/서보학, 505면; 박상기, 428면; 이재상, 440면.

장물죄가 성립하기 위해서는 본범은 기수에 이르러야 한다. 본범이 기수에 도달하기 전에 장물행위를 하면 장물죄가 아니라 본범의 공범이 성립할 뿐이다. 장물죄의 성립시기를 본범에 의한 재물의 영득이 시간적으로 끝났는가를 기준으로 해야 한다는 견해[607]가 있으나 이는 타당하지 않다. 본범은 재물의 취득으로 성립하기 때문이다.[608]

5) 장물성의 소멸

본범에 의해 위법하게 영득한 재물일지라도 그 위법한 재산상태가 유지되는 때에 한하여 장물이 될 수 있다. 그러므로 본범 또는 제3자가 그 재물에 대하여 소유권을 취득한 때에는 장물이라고 할 수 없다. 예를 들면 ① 본범이 피해자로부터 승낙을 받거나 장물을 상속하는 경우, ② 제3자가 장물을 민법 제249조에 따라 선의취득하는 경우(다만, 도품과 유실물은 도난당하거나 유실한 날로부터 2년간 장물성이 소멸하지 않는다), ③ 본범이 대외적인 관계에서 소유자로서 재물을 처분하는 경우(명의수탁자가 등기부상의 소유자로서 명의신탁부동산을 처분하는 경우), ④ 가공에 의하여 소유권이 가공자에게 귀속된 경우(민법 제259조), ⑤ 사기 또는 공갈로 취득한 재물에 대해 피해자가 소유권을 포기하거나 취소기간을 넘겨 취소할 수 없는 상태가 된 경우가 여기에 해당한다.

그러나 사기 또는 공갈에 의해 취득한 재물에 대해 취소할 수 있는 경우에는 위법한 재산상태가 유지되기 때문에 장물성은 인정된다. 또 재물을 가공한 경우에도 재물의 동일성이 유지되어 그 재물의 소유권이 가공자의 소유에 속하지 않을 때에도 마찬가지이다. 불법원인급여에 의해 취득한 재물에 대해 추구권설은 장물성을 인정하지 않으나 장물죄는 본범에 의해 야기된 위법한 재산상태를 유지하는 범죄이므로 장물성을 인정해야 한다.

---

607) 이재상, 440면.
608) 김일수/서보학, 505면; 배종대, 583면.

### (2) 구성요건적 행위

장물을 취득・양도・운반・보관 또는 알선하는 것이다.

#### 1) 취득

취득이란 점유를 이전하여 재물에 대한 사실상의 처분권을 획득하는 것이다. 점유이전과 사실상 처분권의 획득은 취득의 본질적 내용이다. 취득은 유상이든 무상이든 자기를 위한 것이든 제3자를 위한 것이든 가리지 않는다. 본범으로부터 직접 취득할 것을 요하지 않고 간접적인 점유취득이 있는 경우에도 장물죄는 성립할 수 있다. 예를 들면 장물이 들어 있는 보관함의 열쇠를 취득한 때에도 장물죄가 된다. 그러나 본범을 위하여 장물을 일시 사용하거나 그와 같이 사용할 목적으로 건네받은 것만으로는 장물죄가 성립하지 않는다.[609)]

장물인 음식을 함께 먹거나 현금을 함께 소비하는 경우에는 처분권을 획득한 것이 아니므로 취득에 해당하지 않는다는 견해가 있다.[610)] 그러나 장물을 먹거나 소비한 행위는 장물을 취득과 동시에 소비한 것을 의미하므로 처분권이 없다고 할 수 없다.

장물취득죄는 즉시범이므로 취득 시에 장물에 대한 고의가 있어야 한다. 매매계약을 체결할 때에 장물인줄 몰랐으나 인도받을 때 그 사실을 알았다면 장물취득죄는 성립한다.[611)] 그러나 취득할 때 장물을 인식하지 못한 경우에는 장물취득죄가 성립하지 않는다.[612)]

#### 2) 양도

양도란 장물을 제3자에게 수여하는 것을 말한다. 장물취득죄가 성립한 후에 타인에게 양도하는 행위는 장물취득죄의 불가벌적 사후행위가 된다. 따라서 장물양도죄가 성립하기 위해서는 장물인줄 모르고 취득한 후 그 사실을 알고 나서 이를 제3자에

609) 대법원 2003. 5. 13, 2003도1366.
610) 박상기, 442면; 이재상, 443면.
611) 대법원 1960. 2. 17, 4292형상496.
612) 대법원 1971. 4. 20, 71도468.

게 양도해야 한다. 유상양도인지 무상양도인지는 중요하지 않다. 양도는 점유의 이전을 요건으로 한다.

3) 운반

운반이란 장물을 장소적으로 옮기는 것을 말한다. 운반이 유상인지 무상인지는 불문한다. 장물인줄 모르는 제3자를 이용하여 장물을 운반하는 것은 간접정범에 의한 본죄가 된다. 장물인 줄 모르고 취득하거나 보관한 자가 그 내용을 알면서 운반한 때에도 본죄가 성립한다. 또 제3자가 본범과 공동하여 장물을 운반한 경우에 제3자의 행위는 본죄를 구성하므로 본범이 절취한 차량이라는 정을 알면서 본범의 강도를 위해 그 차량을 운전해 준 경우에 제3자는 본죄의 죄책을 진다.[613] 그러나 타인이 절취하여 운전하는 승용차의 뒷좌석에 편승한 것만으로는 장물운반행위를 분담한 것으로 볼 수 없다.[614] 장물을 취득한 자가 스스로 장물을 운반하는 때에는 별도로 장물운반죄는 성립하지 않는다.[615] 장물을 운반한 자가 취득한 때에도 같다.

4) 보관

보관이란 위탁에 의하여 장물을 자기의 점유 하에 두는 것을 말한다. 취득의 경우와 같이 점유의 이전이 있을 것을 요하나, 사실상의 처분권이 없다는 점에서는 취득과 구별된다. 보관이 유상인지 무상인지 묻지 않고 보관방법에도 제한이 없다. 장물을 취득한 자가 이를 보관하거나 장물보관자가 장물을 취득한 때에는 장물보관죄와 장물취득죄는 법조경합이 된다. 그러나 장물인 줄 모르고 취득하였다가 그 정을 알면서 보관한 때에는 장물보관죄가 성립한다.[616] 또 장물인 줄 모르고 보관했다가 그 정을 알게 되었는데도 계속 보관하였으면 그 정을 알게 된 날로부터 장물보관죄를 구성한다.[617] 그러나 이 경우에 점유할 권한이 있는 때에는 이를 계속 보관하더라도

---

613) 대법원 1999. 3. 26, 98도3030.
614) 대법원 1983. 9. 13, 83도1146.
615) 대법원 1986. 9. 9, 86도1273.
616) 이재상, 445면.

장물보관죄가 성립하지 않는다.[618] 타인의 증거를 인멸하기 위해 장물을 은닉한 때에는 본죄와 증거인멸죄의 상상적 경합이 된다.[619] 장물보관자가 장물을 횡령한 때에는 횡령죄는 불가벌적 사후행위로서 별도로 성립하지 않는다.[620]

#### 5) 알선

알선이란 장물의 취득・양도・운반 또는 보관을 매개・주선하는 것을 말한다. 유상이든 무상이든 묻지 않는다.

알선의 성립시기에 대해서는 견해가 대립한다. 알선행위만 있으면 족하다는 견해,[621] 알선에 의한 계약의 성립이 필요하다는 견해[622] 및 알선의 결과로 점유의 이전이 있어야 한다는 견해[623]가 그것이다. 알선과 취득 등의 경우와 균형을 유지하고, 위법한 재산상태를 유지하기 위하여 알선의 경우에도 점유의 이전이 필요하다는 견해가 타당하다.

### 2. 주관적 구성요건

본죄가 성립하기 위해서는 고의가 있어야 한다. 고의의 내용은 객관적 구성요건, 즉 장물을 취득・양도・운반・보관 또는 알선한다는 사실에 대한 인식과 의욕이다. 장물인 정을 알고 있었느냐의 여부는 장물소지자의 신분, 재물의 성질, 거래의 대가, 기타상황을 참작할 수밖에 없다.[624] 따라서 재물을 인도받은 후에 비로소 장물이 아닌가 하는 의구심을 가진 경우에는 장물취득죄가 성립하지 않는다.[625] 미필적 고의

617) 대법원 1987. 12. 13, 87도1633.
618) 대법원 1986. 1. 21, 85도2472.
619) 김일수/서보학, 512면; 이재상, 444면.
620) 대법원 1976. 11. 23, 76도3607.
621) 김성천/김형준, 554면; 김일수/서보학, 514면; 박상기, 430면; 대법원 2009. 4. 23, 2009도1203.
622) 임웅, 484면; 정성근/박광민, 455면.
623) 배종대, 586면; 오영근, 662면; 이재상, 446면; 이정원, 496면.
624) 대법원 2004. 12. 9, 2004도5904.
625) 대법원 2006. 10. 13, 2004도6084.

로도 충분하다. 고의 이외에 불법영득의사가 있을 것을 요하지 않는다.

### 3. 다른 범죄와의 관계

#### (1) 본범에 대한 관계

장물은 타인의 재산범죄에 의해 위법하게 영득한 재물이므로 본범은 장물죄의 주체가 될 수 없다. 본범의 공동정범도 마찬가지이다. 그러므로 공동정범 사이에 장물을 취득・양도・운반・보관 또는 알선하더라도 장물죄가 성립하지 않는다. 통설과 판례[626]는 본범의 공범(교사범, 종범)이 장물죄의 주체가 될 수 있다고 한다. 생각건대 공동정범보다 경미한 범죄인 공범이 장물죄의 주체가 된다고 하는 것은 타당하지 않다. 그러므로 본범의 공범도 장물죄의 주체가 될 수 없다고 해야 한다.

#### (2) 장물에 대한 다른 재산범죄와의 관계

장물에 대하여 절도죄, 강도죄, 사기죄, 공갈죄를 범하였을 때에 해당범죄 이외에 별도로 장물죄는 성립하지 않는다. 위법상태유지설에 의하면 장물죄는 위법한 재산상태를 본범과 합의 하에 유지하는 범죄인데 이러한 범죄의 경우에 본범과의 합의가 없기 때문이다.

장물을 보관하는 자가 이를 횡령한 경우에는 장물죄 이외에 횡령죄가 성립하지 않는다는 것은 이미 설명한바 있다.

### 4. 친족상도례(제365조)

장물범과 피해자 사이에 직계혈족・배우자・동거친족・동거가족 또는 그 배우자인 신분관계가 있는 때에는 형을 면제하고 그 이외의 신분관계가 있는 때에는 고소가 있어야 공소를 제기할 수 있다(제1항). 장물범과 본범 사이에 동조 제1항의 신분

---

626) 대법원 1986. 9. 9, 86도1273.

관계가 있는 때에는 형을 감경 또는 면제한다(제2항).

## Ⅲ. 상습 장물취득 · 양도 · 운반 · 보관 · 알선죄(제363조)

본죄는 상습으로 장물을 취득 · 양도 · 운반 · 보관 · 알선함으로써 성립한다. 상습성 때문에 장물죄에 비하여 형을 가중하는 가중구성요건이다. 상습이란 동일한 범죄를 반복하는 습벽을 말한다. 상습범은 포괄일죄에 해당한다.[627]

## Ⅳ. 업무상 과실 · 중과실장물죄(제364조)

### 1. 의의

본죄는 업무상 과실 또는 중과실에 의하여 장물을 취득 · 양도 · 운반 · 보관 또는 알선함으로써 성립하는 범죄이다. 그러나 양도란 장물인 줄 모르고 취득하였으나 그 후에 그 사실을 알면서 이를 처분하는 것을 말하므로 과실장물양도죄의 성립은 불가능하다. 본죄는 재산죄 가운데 유일한 과실범이다.

### 2. 주의의무

업무상 주의의무의 내용에 관한 판례는 다음과 같다.

① 금은방 운영자가 반지를 매수함에 있어 장물인 정을 알 수 있었거나 장물인지의 여부를 의심할 만한 특별한 사정이 있었다면 매도인의 신원확인 외에 반지의 출처 및 소지경위 등에 대하여도 확인할 업무상 주의의무가 있다.[628] 그러나 ② 금은방 운영자가 귀금속을 매입함에 있어서 매도인이 주민등록증을 소지하고 있지 않아 전

627) 대법원 1975. 1. 14, 74도1848.
628) 대법원 2003. 4. 25, 2003도348.

에 거래한 바 있는 매도인 일행의 인적 사항을 확인하여 매입대장을 작성하였고 매입가격도 적정하였다면 장물인 정을 알았다고 할 수 없다.[629] ③ 고물영업자들이 매도인의 사업자등록증과 주민등록증을 확인하고 고물상 장부에 이를 모두 기재하는 등 하였다면 업무상 주의의무를 다하였다고 본다.[630]

# 제8절 손괴의 죄

## Ⅰ. 서설

### 1. 의의

손괴의 죄는 타인의 재물, 문서 또는 전자기록 등 특수매체기록을 손괴 또는 은닉 기타 방법으로 그 효용을 침해하는 것을 내용으로 하는 범죄이다. 이는 재물만을 행위객체로 하는 재물죄이다. 그러나 불법영득의사를 주관적 구성요건으로 하지 않는다는 점에서 다른 재물죄와 구별된다.

### 2. 보호법익

손괴의 죄는 재물(문서)손괴죄, 공익건조물파괴죄 및 경계침범죄의 세 가지 독립된 구성요건으로 구성되어 있다. 그러므로 세 가지 범죄의 보호법익은 구별되어야 한다. 재물손괴죄는 재물의 이용권한을 침해하므로 소유권의 이용가치를 보호법익으로 한다.[631] 공익건조물파괴죄의 보호법익은 공익건조물의 이용가능성이다.[632]

---

629) 대법원 1984. 2. 14, 83도3014.
630) 대법원 1991. 11. 26, 91도2332.
631) 김일수/서보학, 390면; 박상기, 434면; 배종대, 593면; 오영근, 672면; 이재상, 452면; 이정원, 501면; 임웅, 489면; 정성근/박광민, 463면.
632) 김일수/서보학, 390면.

경계침범죄의 보호법익은 토지경계의 명확성이라는 것이 통설의 입장이다.[633]

### 3. 구성요건체계

손괴의 죄의 기본적 구성요건은 재물손괴죄(제366조)와 공익건조물파괴죄(제367조)이다. 독립된 구성요건으로는 경계침범죄(제370조)가 있다. 재물손괴죄와 공익건조물파괴죄의 가중구성요건은 특수손괴죄(제369조)와 중손괴죄(제368조)이다. 전자는 행위방법에 의한 불법으로 인한 형의 가중이고, 후자는 결과적 가중범에 의한 형의 가중이다. 중손괴죄와 경계침범죄를 제외한 손괴의 죄에 대해 미수범을 처벌한다(제371조).

## Ⅱ. 재물손괴죄(제366조)

### 1. 의의

본죄는 타인의 재물, 문서, 전자기록 등 특수매체기록을 손괴 또는 은닉 기타 방법으로 그 효용을 해함으로써 성립하는 범죄이다. 본죄는 부작위와 간접정범에 의해서도 가능하다. 폭력행위등처벌에관한법률 제2조는 상습으로 본죄를 범하거나 야간에 또는 2인 이상이 공동하여 본죄를 범한 때에 가중 처벌하고 있다.

### 2. 객관적 구성요건

#### (1) 행위객체

타인의 재물, 문서, 전자기록 등 특수매체기록이다.

---

633) 김일수/서보학, 390면; 배종대, 592면; 백형구, 254면; 오영근, 671면; 이재상, 453면; 이정원, 501면; 임웅, 489면; 정성근/박광민, 463면.

1) 재물

재물이란 유체물과 관리할 수 있는 동력을 말한다(제372조). 유체물은 동산・부동산을 포함한다. 동물도 재물에 속한다. 그러나 사체는 여기에 해당하지 않는다(제161조). 반드시 경제적 가치가 있어야 하는 것도 아니다. 공익건조물을 파괴하는 때에는 본죄가 아니라 공익건조물파괴죄(제367조)가 된다. 공용물을 파괴하는 경우에는 공용물파괴죄(제141조 제2항)가 성립하지만 파괴에 이르지 않은 경우에는 본죄가 아니라 공용서류무효죄(제141조 제1항)가 성립한다.[634)]

**판례(대법원 2010. 2. 25, 2009도8473)**

재건축사업으로 철거가 예정되어 있었고 그 입주자들이 모두 이사하여 아무도 거주하지 않은 채 비어 있는 아파트라 하더라도, 그 아파트 자체의 객관적 성상이 본래 사용목적인 주거용으로 사용될 수 없는 상태가 아니었고, 더욱이 그 소유자들이 재건축조합으로의 신탁등기 및 인도를 거부하는 방법으로 계속 그 소유권을 행사하고 있는 상황이었다면 위와 같은 사정만으로는 위 아파트가 재물로서의 이용가치나 효용이 없는 물건으로 되었다고 할 수 없으므로, 위 아파트는 재물손괴죄의 객체가 된다고 할 것이다.

2) 문서

문서란 형법 제141조 제1항의 공용서류에 해당하지 않는 모든 서류를 말한다. 공문서・사문서를 포함한다. 사문서는 권리의무에 관한 문서 또는 사실증명에 관한 문서에 제한되지 않는다. 편지・도화・유가증권도 여기에 속한다. 타인의 소유에 있는 문서면 족하므로 자기 명의의 문서도 문서에 해당한다. 타인에는 국가도 포함되므로 공문서도 공용서류가 아닌 한 본죄의 객체가 된다.[635)]

---

634) 김일수/서보학, 393면; 배종대, 594면; 이재상, 455면; 임웅, 491면; 정성근/박광민, 465면.
635) 김일수/서보학, 394면; 박상기, 435면; 이재상, 455면; 임웅, 491면; 정성근/박광민, 465면.

3) 전자기록 등 특수매체기록

특수매체기록이란 일정한 저장매체에 전자방식이나 자기방식에 의하여 저장된 기록을 말한다.[636] 전기기록, 자기기록 및 광학기록을 포함한다. 본죄의 객체는 매체물에 저장된 기록자체이다. 이러한 기록이 저장되어 있는 매체물이나 컴퓨터하드웨어를 손괴한 때에는 재물손괴죄가 성립한다.

4) 타인성

재물, 문서 또는 전자기록 등 특수매체기록은 타인의 소유에 속하여야 한다. 여기서 타인은 자연인・국가・법인・법인격 없는 단체를 포함한다. 타인의 단독소유이든 공동소유이든 묻지 않는다. 타인의 소유에 속하지 않는 무주물 또는 자기의 소유물은 본죄의 객체가 될 수 없다. 타인의 소유물이면 족하므로 점유의 주체가 누구인지는 중요하지 않다. 따라서 농작물의 매수인이 명인방법을 갖추지 않은 경우에는 그 소유권은 여전히 매도인에게 있으므로 매도인과 제3자 사이에 임의처분의 약정이 있었다면 제3자가 농작물을 손괴하더라도 본죄는 성립하지 않는다.[637] 문서가 타인의 소유에 속하는 한 그 명의인이 누구인지는 묻지 않는다. 따라서 타인에게 교부한 자기명의의 문서를 손괴하는 때에는 본죄가 된다. 또한 명의인의 부탁을 받고 타인소유의 문서내용을 수정한 경우도 같다.[638] 문서내용의 진위는 본죄의 성립에 영향이 없다.[639] 어음 또는 수표의 경우에는 정당한 소지인이 소유자가 된다.[640]

---

636) 대법원 2003. 10. 9, 2000도4993.
637) 대법원 1996. 2. 23, 95도2754.
638) 대법원 1982. 7. 27, 82도223.
639) 대법원 1982. 12. 28, 82도1807.
640) 대법원 1985. 2. 26, 84도2802.

### (2) 구성요건적 행위

손괴 또는 은닉 기타의 방법으로 효용을 해하는 것이다.

#### 1) 손괴

손괴란 재물, 문서 또는 전자기록 등 특수매체기록의 전부나 일부에 직접 유형력을 행사하거나 기계적 조작으로 이용가능성을 침해하는 일체의 행위를 말한다. 물체자체의 상태의 변화를 초래하는 것이어야 한다. 그러나 반드시 물체 자체가 소멸되거나 중요부분을 훼손할 필요는 없다.[641] 그 물건의 본래의 사용목적에 공할 수 없게 하는 상태로 만드는 것은 물론 일시 그것을 사용할 수 없는 상태로 만드는 것도 손괴에 해당한다.[642] 그러므로 타인소유의 광고용 간판을 백색페인트로 도색하여 광고문안을 지워버린 경우,[643] 타인이 인도 받아 점유하고 있는 자신 소유의 비닐하우스의 열쇠를 손괴하고 그 안에 들어간 경우,[644] 판결에 의해 명도 받은 토지의 경계에 설치해 놓은 철조망과 경고판을 치워버린 경우[645]에 손괴가 인정된다.

전자기록 등 특수매체기록의 손괴는 컴퓨터 등에 기록된 데이터를 지워버리거나 그 내용을 변경하거나 매체물을 손괴하거나 그 데이터를 읽을 수 없도록 하는 상태를 야기하는 것을 의미한다.

#### 2) 은닉

은닉이란 재물, 문서 또는 전자기록 등 특수매체기록의 소재를 불분명하게 하여 그 발견을 곤란하게 하거나 불가능하게 함으로써 이러한 물건의 효용을 해하는 것을 말한다. 손괴와는 달리 물건 자체의 상태변화가 있을 것을 요하지 않는다. 또한 행위자로의 점유이전을 필요로 하지도 않는다. 피해자가 점유하고 있는 장소에 숨기고

---

641) 김일수/서보학, 395면; 배종대, 585면; 이재상, 456면.
642) 대법원 1992. 7. 28, 92도1345.
643) 대법원 1991. 10. 22, 91도2090.
644) 대법원 2007. 3. 15, 2006도7044.
645) 대법원 1982. 7. 13, 82도1057.

이를 발견하지 못하게 하는 것도 은닉이 되고, 문서의 반환을 거부함으로써 그 문서를 일시적으로 본래 용도에 사용할 수 없게 한 경우에도 은닉에 해당한다.646)

그러나 문서를 민사소송의 증거물로 제출하였다는 것만으로는 은닉이라고 할 수 없다.647)

재물 또는 문서를 은닉한 경우에 불법영득의사의 유무에 따라 본죄 외에 절도죄 또는 횡령죄가 성립할 수 있다는 견해648)가 있으나 본죄는 성립하지 않는다고 해야 한다. 한 개의 동일한 법익이 침해되었기 때문이다.

3) 기타의 방법

기타 효용을 해하는 행위란 손괴 또는 은닉 이외의 방법으로 사실상 또는 감정상 그 물건을 본래의 용도에 따라 사용할 수 없게 하는 일체의 행위를 말한다. 이러한 예로 식기에 방뇨하여 기분 상 쓸 수 없게 하거나, 그림에 낙서하여 기분 상 그 그림을 걸어둘 수 없게 하는 경우, 양어장의 물고기를 밖으로 내보낸 경우, 타인의 금반지를 강물에 던지는 행위, 자동차문의 열쇠구멍에 성냥개비를 꽂아두어 열쇠가 들어 갈 수 없게 하는 경우, 휘발유탱크에 물이나 설탕을 집어넣는 행위 등을 들 수 있다.

### 3. 주관적 구성요건

본죄의 주관적 구성요건으로는 타인의 재물, 문서 또는 전자기록 등 특수매체기록의 이용가치의 전부 또는 일부를 침해한다는 인식이 있어야 한다. 미필적 고의로도 족하다. 손괴죄는 영득죄가 아니므로 불법영득의사 또는 불법이득의사를 요건으로 하지 않는다. 형법은 과실에 의한 재물손괴를 처벌하지 않는다. 다만 도로교통법 제108조가 이를 예외적으로 처벌한다.

---

646) 대법원 1971. 11. 23, 71도1576.
647) 대법원 1979. 8. 28, 79도1266.
648) 이재상, 457면.

### 4. 다른 범죄와의 관계

전자기록 등 특수매체기록을 손괴하여 타인의 업무를 방해한 때에는 본죄와 업무방해죄가 상상적 경합의 관계에 있다고 해야 한다.649) 증거인멸을 위해 재물이나 문서를 손괴하는 때에는 본죄와 증거인멸죄는 상상적 경합이 된다.

## Ⅲ. 공익건조물파괴죄(제367조)

### 1. 객관적 구성요건

공익에 공하는 건조물을 파괴하는 것이다. 본죄는 간접정범 또는 부작위범에 의해서도 가능하다.

#### (1) 행위객체

본죄의 행위객체는 공익에 공하는 건조물이다. 여기서 건조물이란 가옥이나 이와 유사한 건축물을 말한다. 지붕, 벽 및 기둥에 의해 지지되고 토지에 정착하여 사람이 그 안으로 출입할 수 있는 것이어야 한다. 그러므로 제방 또는 교량 등은 건조물이 아니다. 국가 또는 공공단체의 소유이든 사인의 소유이든 묻지 않는다. 따라서 자기소유의 건조물도 공익에 사용되는 한 여기에 해당한다.650) 공공건조물인 경우에도 일정한 범위의 사람에게만 출입이 허용되는 건조물은 여기에서 제외된다.

건조물은 공익에 공하는 것이어야 한다. 공익건조물은 공공의 이익을 위하여 사용되는 건조물이므로 일반인이 쉽게 접근할 수 있어야 한다. 공무소에서 사용하는 건조물은 본죄의 공익건조물이 아니라 제141조 제2항의 행위객체(공용건조물)가 된다.

---

649) 이재상, 213면; 임웅, 460면.
650) 김일수/서보학, 401면; 이재상, 460면.

2) 구성요건적 행위

본죄의 구성요건적 행위는 공익건조물을 파괴하는 것이다. 파괴란 건조물의 중요부분을 훼손하여 건조물을 용도에 따라 사용할 수 없게 만드는 것을 말한다. 파괴는 물질적 훼손을 의미한다는 점에 손괴와 같지만 양자는 그 정도에 있어서 차이가 있다. 따라서 공용건조물을 파괴할 의사를 가지고 행하였으나 파괴에 이르지 못한 경우에 재물손괴죄가 성립한다는 견해[651]가 있으나 본죄의 미수가 된다고 해야 한다.[652]

### 2. 주관적 구성요건

주관적 구성요건으로는 고의가 있어야 한다. 고의의 내용은 공익건조물을 파괴한다는 사실에 대한 인식이다.

## Ⅳ. 중손괴죄(제368조)

제1항은 재물손괴죄 또는 공익건조물파괴죄를 범하여 사람의 생명・신체에 대해 위험을 발생하게 한 경우이다. 구체적 위험범이다. 제2항은 재물손괴죄 또는 공익건조물파괴죄를 범하여 사람을 사상에 이르게 한 경우이다.

중손괴죄는 재물손괴죄와 공익건조물파괴죄의 결과적 가중범이다. 따라서 손괴행위와 결과 사이에 인과관계가 있어야 하고 결과발생을 예견할 수 있어야 한다.

본죄의 주관적 구성요건으로는 객관적 구성요건에 대한 고의와 중한 결과발생에 대한 과실이 있어야 한다.

---

651) 오영근, 654면; 이재상, 460면; 이정원, 509면.
652) 김일수/서보학, 402면; 배종대, 600면; 임웅, 497면 주 4.

## Ⅴ. 특수손괴죄(제369조)

본죄는 단체 또는 다중의 위력을 보이거나 위험한 물건을 휴대하여 재물손괴죄와 공익건조물파괴죄를 범한 경우에 성립하는 가중구성요건이다. 단체·다중의 위력, 위험한 물건의 휴대 등에 관해서는 특수폭행죄(제261조)에서 설명한 내용이 그대로 적용된다. 본죄는 폭력행위등처벌에관한법률 제3조에 의해 가중 처벌된다. 즉 주간인 경우는 3년 이상의 유기징역(동조 제1항), 야간인 경우에는 5년 이상의 유기징역에 처한다(동조 제2항). 그리고 상습적으로 특수손괴죄를 범하면 무기 또는 7년 이상의 징역에 처한다(동조 제3항).

## Ⅵ. 경계침범죄(제370조)

### 1. 의의

본죄는 경계표를 손괴·이동 또는 제거하거나 기타 방법으로 토지의 경계를 인식불능케 함으로써 성립하는 범죄이다. 본죄의 보호법익은 토지경계의 명확성이다(통설). 판례는 본죄는 토지의 경계에 관한 권리관계의 안정을 확보하여 사권을 보호하고 사회질서를 유지하는 것을 그 목적으로 한다고 한다.[653] 본죄는 침해범이며 미수범은 처벌하지 않는다.

### 2. 객관적 구성요건

#### (1) 행위객체

본죄의 객체는 토지의 경계이다. 토지의 경계란 소유권 등 권리의 장소적 한계를 나타내는 지표를 말한다.[654] 사법적 권리뿐만 아니라 공법적 권리(도, 시, 군, 읍, 면

---

653) 대법원 1986. 12. 9, 86도1492.

의 경계)를 표시하는 것도 포함한다. 경계가 자연적인 것이든 인위적인 것이든 상관없다. 실체상의 권리관계에 부합하지 않더라도 일반적으로 승인되어 온 것이거나 이해관계인의 합의에 의하여 정하여진 것이거나 권한 있는 당국에 의해 확정된 것을 요하지 않고 사실상의 경계표로 되어 있다면 본죄의 객체가 된다.[655] 기존의 경계를 무시하고 일방적으로 경계측량하여 이를 실체권리관계에 맞는 경계라고 주장하면서 기존 경계 위에 설치한 경계표는 본죄의 객체가 될 수 없다.[656]

(2) 구성요건적 행위

경계표를 손괴·이동·제거 또는 기타 방법으로 경계를 인식 불능케 하는 것이다.

경계표란 토지의 경계를 확정하기 위하여 그 토지 위에 설치된 표지·담장·입목·도로 기타 공작물을 말한다. 타인의 소유이든 자기의 소유이든 무주물이든 묻지 않는다. 인위적인 것은 물론 자연적인 것도 포함한다. 또 영구적인 것이든 일시적인 것이든 가리지 않는다.

손괴는 경계표를 물리적으로 훼손하는 것을 말한다. 제거는 원래 설치장소에서 없애버리는 것을 의미한다. 이동은 경계표를 원래의 장소에서 다른 장소로 옮겨서 새로운 경계선을 만드는 것을 의미한다. 기타의 방법은 손괴·이동·제거 이외의 방법으로 경계를 불분명하게 하는 것을 말한다. 자기토지에 인접한 타인소유의 토지를 침범하여 점포를 건축한 경우가 여기에 해당한다.[657]

본죄는 위와 같은 방법으로 토지의 경계가 인식불능하게 되었을 때 기수가 된다. 경계표의 손괴 등의 행위가 있더라도 토지경계의 인식불능결과가 발생하지 않으면 본죄가 성립하지 않는다.[658] 본죄의 미수범은 처벌하지 않는다.

---

654) 대법원 1976. 5. 25, 75도2564.
655) 대법원 1976. 5. 25, 75도2564.
656) 대법원 1986. 12. 9, 86도1492.
657) 대법원 1968. 9. 17, 68도967.
658) 대법원 1992. 12. 8, 92도1682.

### 3. 주관적 구성요건

본죄가 성립하기 위해서는 경계표를 손괴·이동·제거 또는 기타 방법으로 경계를 인식불능케 한다는 고의가 있어야 한다. 미필적 고의로도 충분하다. 경계표에 대한 손괴의 고의만 있는 때에는 본죄가 아니라 재물손괴죄가 성립한다. 타인에게 손해를 가할 의사나 불법영득의사는 필요하지 않다. 영득의사를 가지고 경계를 인식불능하게 한 경우에도 본죄가 성립할 뿐이다.[659] 부동산절도죄는 인정할 수 없기 때문이다.

# 제9절 권리행사방해의 죄

## Ⅰ. 서설

### 1. 의의

권리행사방해의 죄는 타인의 점유 또는 권리의 목적이 된 자기의 물건 또는 전자기록 등 특수매체기록을 취거·은닉 또는 손괴하여 타인의 권리행사를 방해하거나, 강제집행을 면할 목적으로 채권자를 해하는 것을 내용으로 하는 범죄이다.

권리행사방해죄(제323조)의 보호법익은 담보물권, 용익물권 및 채권이다. 점유강취죄(제325조)의 보호법익은 제한물권 및 자유권이다. 강제집행면탈죄(제327조)의 보호법익은 채권자의 채권이다.

### 2. 구성요건체계

권리행사방해의 죄는 권리행사방해죄(제323조), 점유강취·준점유강취죄(제325

659) 김일수/서보학, 410면; 배종대, 603면; 이재상, 463면.

조) 및 강제집행면탈죄(제327조)로 구성되어 있다. 점유강취・준점유강취죄의 결과적 가중범으로서는 중권리행사방해죄(제326조)가 있다. 권리행사방해죄(제323조)에 대해 친족상도례가 적용된다(제328조). 점유강취・준점유강취죄의 미수범은 처벌한다.

## Ⅱ. 권리행사방해죄(제323조)

### 1. 객관적 구성요건

타인의 점유 또는 권리의 목적이 된 자기의 물건 또는 전자기록 등 특수매체기록을 취거・은닉 또는 손괴하는 것이다.

#### (1) 행위객체

1) 자기의 물건

본죄의 행위객체는 타인의 점유 또는 권리의 목적이 된 자기의 물건 또는 전자기록 등 특수매체기록이다. 자기와 타인이 공동으로 소유하는 물건은 타인의 물건이므로 본죄의 행위객체가 될 수 없다. 물건은 재산죄의 재물과 같은 의미라고 하는 견해[660]가 있으나 민법상의 물건(제98조)과 같은 의미라고 해야 한다. 즉 물건이란 유체물 및 관리할 수 있는 자연력을 의미한다. 따라서 관리할 수 있는 동력도 물건에 해당한다.[661] 동산뿐만 아니라 부동산도 포함한다.

660) 이재상, 467면.
661) 이재상, 467면; 이정원, 512면; 임웅, 506면; 정성근/박광민, 480면.

**판례(대법원 2010. 2. 25, 2009도5064)**

형법 제323조의 권리행사방해죄에서 말하는 '자기의 물건'이라 함은 범인이 소유하는 물건을 의미하고, 여기서 소유권의 귀속은 민법 기타 법령에 의하여 정하여진다 할 것인바, 부동산실권리자 명의등기에 관한 법률 제4조 제1항, 제2항 및 제8조에 의하면 종중 및 배우자에 대한 특례가 인정되는 경우나 부동산에 관한 물권을 취득하기 위한 계약(계약명의신탁)에서 명의수탁자가 그 일방당사자가 되고 그 타방 당사자가 명의신탁약정이 있다는 사실을 알지 못하는 경우 이외에는 명의수탁자는 명의신탁 받은 부동산의 소유자가 될 수 없고, 이는 제3자에 대한 관계에 있어서도 마찬가지이므로, 명의수탁자로서는 명의신탁 받은 부동산이 '자기의 물건'이라고 할 수 없다.

2) 타인의 점유목적

타인은 행위자 이외의 자연인, 법인, 법인격이 없는 단체를 모두 포함한다. 자기와 타인이 공동점유하는 자기소유물은 여기에 해당한다.[662] 점유는 형법상의 점유로서 사실상의 지배를 의미하는데 이는 권원으로 인한 점유, 즉 정당한 원인에 기하여 그 물건을 점유하는 권리 있는 자의 점유를 의미한다.[663] 정당한 원인에 기하여 물건을 점유하게 된 이상 소유자에게 반환하여야 할 사정이 발생하여도 점유자가 점유를 계속하였다면 본죄의 점유에 해당한다.[664] 또 본권에 의한 점유에만 한하지 아니하고 동시이행항변권에 기한 점유도 적법한 점유로서 본죄의 점유가 된다.[665] 그러나 본권을 갖지 않은 절도범의 점유는 여기에 해당하지 않는다.[666] 점유는 법률, 계약, 유언 등에 의한 점유개시를 포함한다. 점유의 원인은 질권・저당권・유치권・용익물권 등의 물권일 수도 있고 임대차・사용대차 등의 채권일 수도 있다.

---

662) 대법원 1991. 1. 21, 91도1170.
663) 대법원 1994. 11. 11, 94도343.
664) 대법원 1977. 9. 13, 77도1672.
665) 대법원 2003. 11. 28, 2003도4257.
666) 대법원 1994. 11. 11, 94도343.

3) 타인의 권리목적

자기의 소유물이 타인의 제한물권이나 채권의 목적이 된 것을 말한다. 자기의 물건이 채권의 목적이 된 경우에는 반드시 점유를 수반하는 것임을 요하지 않고, 타인에게 점유가 없는 경우도 포함한다.[667] 공장근저당권이 설정된 기계를 이중담보로 제공하기 위하여 다른 장소로 옮긴 경우에도 본죄에 해당한다.[668]

(2) 구성요건적 행위

취거・은닉 또는 손괴하여 권리행사를 방해하는 것이다.

취거란 점유자의 의사에 반하여 그 목적물에 대한 점유자의 지배를 제거하고 자기 또는 제3자의 지배로 옮기는 것을 말한다. 취거는 절도죄의 절취에 상응하는 개념이다. 점유자의 의사 또는 그의 하자있는 의사에 기한 점유이전은 취거가 아니다.[669] 은닉과 손괴의 의미는 손괴죄에서 설명한 바와 같다.

권리행사방해란 법령상 행사할 수 있는 권리의 정당한 행사를 방해하는 것을 말하며 구체화된 권리의 현실적인 행사가 방해된 경우라야 한다.[670] 이에 대해 현실로 권리행사가 방해되었을 것을 요하지 않는다는 견해[671]도 있으나 본죄는 침해범이므로 현실로 권리행사가 방해되어야 성립한다.

2. 주관적 구성요건

본죄의 주관적 구성요건으로는 고의가 있어야 한다. 고의의 내용은 객관적 구성요건에 대한 인식과 의욕이다. 미필적 고의로도 족하다. 본죄의 행위객체는 자기의 물건이므로 불법영득의사는 필요하지 않다.

---

667) 대법원 1991. 4. 26, 90도1958.
668) 대법원 1994. 9. 27, 94도1439.
669) 대법원 1988. 2. 23, 87도21952.
670) 대법원 2005. 2. 1, 2004모542; 1986. 6. 30, 86모12.
671) 이재상, 469면.

### 3. 친족상도례(제328조)

직계혈족, 배우자, 동거친족, 동거가족 또는 그 배우자 간의 권리행사방해죄는 형을 면제한다(제1항). 제1항 이외의 친족 간의 권리행사방해죄는 고소가 있어야 공소를 제기할 수 있다(제2항). 신분관계가 없는 공범에 대해서는 친족상도례를 적용하지 않는다(제3항).

## Ⅲ. 점유강취죄 · 준점유강취죄(제325조)

### 1. 점유강취죄(제1항)

점유강취죄는 폭행 또는 협박으로 타인의 점유에 속하는 자기의 물건을 강취함으로써 성립한다. 타인이 점유하는 자기의 물건에 대한 강취행위라는 점에서 타인의 재물에 대한 강취행위인 강도죄와 구별된다. 본죄는 영득죄가 아니므로 불법영득의 의사를 요건으로 하지 않는다. 폭행 또는 협박은 강도죄의 그것과 같다. 즉 폭행 또는 협박은 상대방의 반항을 억압할 정도의 것이어야 한다. 본죄의 미수범은 처벌한다.

### 2. 준점유강취죄(제2항)

준점유강취죄는 타인의 점유에 속하는 자기의 물건을 취거함에 당하여 그 탈환을 항거하거나 체포를 면탈하거나 죄적을 인멸할 목적으로 폭행 또는 협박함으로써 성립하는 범죄이다.

준강도죄와 유사한 범죄로서 타인이 점유하는 자기물건을 행위객체로 한다는 점에서 구별된다. 폭행 또는 협박은 상대방의 반항을 억압할 정도에 이르러야 하고 취거의 기회에 행해져야 한다. 본죄의 미수범은 처벌한다. 미수의 시기는 준강도죄의 경우와 같이 폭행 또는 협박을 기준으로 한다.

## Ⅳ. 중권리행사방해죄(제326조)

본죄는 점유강취죄 · 준점유강취죄를 범하여 사람의 생명에 대한 위험이 발생하게 함으로써 성립한다. 점유강취죄 · 준점유강취죄의 부진정결과적 가중범이다.[672) ]본죄는 구체적인 위험범이다. 사망 또는 상해의 결과가 발생하면 본죄와 폭행치사 또는 폭행치상죄의 상상적 경합이 된다.

## Ⅴ. 강제집행면탈죄(제327조)

### 1. 의의

본죄는 강제집행을 면할 목적으로 재산을 은닉 · 손괴 · 허위양도 또는 허위의 채무를 부담하여 채권자를 해함으로써 성립하는 범죄이다.

본죄의 보호법익은 국가의 강제집행권이 발동될 단계에 있는 채권자의 채권이다.[673)]

### 2. 객관적 구성요건

#### (1) 행위주체

본죄의 행위주체는 채무자뿐만 아니라 제3자도 포함한다는 것이 다수설[674)]과 판례[675)]의 입장이다. 반면 본죄는 강제집행권을 보호하기 위한 구성요건이라기 보다는 강제집행을 통한 채권자의 채권보호를 목적으로 하기 때문에 채무자 이외의 제3자까지지도 본죄의 행위객체에 포함시키는 것은 타당하지 않다는 견해[676)]도 있다. 전

---

672) 김일수/서보학, 531면.
673) 대법원 1988. 4. 12, 88도48; 배종대, 612면.
674) 배종대, 613면; 백형구, 275면; 오영근, 699면; 이재상, 473면; 정성근/박광민, 485면.
675) 대법원 1983. 5. 10, 82도1987.

자의 견해가 타당하다.

(2) 강제집행을 받을 객관적 상황

본죄가 성립하기 위해서는 강제집행을 받을 객관적 상태가 존재하여야 한다.[677] 이는 민사소송에 의한 강제집행 또는 가압류·가처분의 집행을 당할 구체적 우려가 있는 상태를 의미한다. 채권자가 본안 또는 보전소송을 제기하거나 제기할 태세를 보인 상태가 여기에 해당한다.[678] 예를 들면 채무초과상태에 있는 피고인 발행의 약속어음이 부도가 난 경우에 강제집행을 당할 구체적인 위험이 있는 상태가 된다.[679] 본죄의 강제집행은 민사소송법상의 강제집행이나 동법이 준용하는 가압류·가처분의 집행만을 의미하므로[680] 국세징수법에 의한 체납처분, 경매법에 의한 경매, 형사재판에 대한 강제집행은 여기에 해당하지 않는다.

(3) 행위객체

본죄의 행위객체는 재산이다. 재산은 재물 이외에 권리도 포함한다. 재물이 동산이든 부동산이든 묻지 않는다. 재산석 가치가 있어서 민사소송법에 의한 강제집행 또는 보전처분이 가능한 특허 내지 실용신안 등을 받을 수 있는 권리도 여기에 포함된다.[681] 보전처분의 단계에서의 가압류채권자의 지위 자체는 원칙적으로 민사소송법상 강제집행 또는 보전처분의 대상이 될 수 없는 것이므로 이러한 지위는 강제집행면탈죄의 객체가 될 수 없고 나아가 채무자가 가압류채권자의 지위에 있으면서 가압류집행해제를 신청함으로써 그 지위를 상실하는 행위는 제327조에서 정한 은닉·손괴·허위양도 또는 허위채무부담 등 강제집행면탈행위의 어느 유형에도 포함

---

676) 김일수/서보학, 532면; 박상기, 446면.
677) 대법원 1996. 1. 26, 95도2526.
678) 대법원 2009. 5. 28, 2009도875.
679) 대법원 1999. 2. 9, 96도3141.
680) 대법원 1972. 5. 31, 72도1090.
681) 대법원 2001. 11. 17, 2001도4570.

되지 않는다.[682)]

(4) 구성요건적 행위

재산을 은닉 · 손괴 · 허위양도 또는 허위의 채무를 부담하여 채권자를 해하는 것이다.

1) 은닉이란 강제집행을 실시하는 자에 대해 재산의 발견을 불가능하게 하거나 곤란하게 만드는 것을 말한다.[683)] 예를 들면 회사의 예금계좌에 입금된 회사자금을 인출하여 제3자의 명의로 다른 계좌로 송금한 경우, 사업자등록의 사업자명의를 변경함이 없이 사업장에서 사용하는 금전등록기의 사업자이름만을 변경한 경우[684)]가 은닉에 해당한다.

2) 손괴란 재산을 물질적으로 훼손하거나 그 가치를 감소시키는 행위를 말한다.

3) 허위양도란 실제로 재산양도가 없었음에도 불구하고 표면상 양도를 가장하여 재산의 소유명의를 변경하는 것을 말한다.[685)] 예컨대 허위채무의 담보를 위하여 부동산소유권이전등기를 경료한 경우가 여기에 해당하나, 양도가 진의인 이상 그 양도가 강제집행을 면할 목적으로 이루어지고 채권자의 불이익을 초래하는 결과가 되었다고 하더라도 본죄에 해당하지 않는다.[686)]

4) 허위의 채무부담이란 채무가 없음에도 불구하고 제3자에게 채무를 부담한 것처럼 가장하는 것을 말한다. 장래에 발생할 특정의 조건부채권을 담보하기 위하여 부동산에 근저당권을 설정한 것은 여기에 해당하지 않는다.[687)] 자신의 부동산에 관하여 소유권이전청구권보전을 위한 가등기를 경료해 준 것은 허위의 채무부담이 아니다.[688)]

---

682) 대법원 2008. 9. 11, 2006도8721.
683) 대법원 2005. 10. 13, 2005도4522.
684) 대법원 2003. 10. 9, 2003도3387.
685) 대법원 1986. 10. 28, 86도1191.
686) 대법원 1986. 8. 19, 86도1191; 1998. 9. 8, 98도1949.
687) 대법원 1996. 10. 25, 96도1531.

5) 본죄가 성립하기 위해서는 채권자를 해하여야 한다. 통설[689]과 판례[690]는 채권자를 현실적으로 해할 것을 요하지 않고 채권자를 해할 추상적 위험이 있으면 본죄가 성립한다고 한다. 이에 대해 "채권자를 해한 자"라는 표현으로 미루어 침해의 결과 내지 구체적 위험성이 있어야 한다는 견해[691]도 있다.

생각건대 본죄는 경미한 재산범죄로서 위험범의 형태를 취할 이유가 없을 뿐 아니라 법조문의 "채권자를 해한 자"라 함은 채권자에게 재산상의 손해를 야기한 자를 의미하므로 재산상의 손해가 발생하면 기수가 된다고 해야 한다.

### 3. 주관적 구성요건

본죄의 주관적 구성요건으로는 고의가 있어야 한다. 고의의 내용은 객관적 구성요건에 대한 인식과 의욕이다. 미필적 고의로도 족하다. 그 밖에 본죄는 목적범이므로 강제집행을 면할 목적이 있어야 성립한다.

### 4. 다른 범죄와의 관계

강제집행이 진행되는 상태에서 본죄를 범한 때에는 공무상비밀표시무효죄(제140조)와 본죄는 상상적 경합관계에 있다.

688) 대법원 1987. 8. 18, 87도1260.
689) 김일수/서보학, 531면; 박상기, 446면; 백형구, 280면; 이재상, 474면; 이정원, 517면. 구체적 위험범설은 배종대, 615면; 대법원 1999. 2. 12, 98도2474.
690) 대법원 1994. 10. 14, 94도2056; 1998. 9. 8, 98도1949.
691) 배종대, 615면.

# 참고문헌

권오걸 : 형법각론, 형설출판사 2009

김성천/김형준 : 형법각론(제2판), 동현출판사 2006

김일수/서보학 : 형법각론(제7판), 박영사 2007

박상기 : 형법각론(제7판), 박영사 2008

배종대 : 형법총론(제9판), 홍문사 2008

백형구 : 형법각론, 청림출판 1999

서일교 : 형법각론 , 박영사 1982

손동권 : 형법각론(개정판), 율곡출판사 2005

오영근 : 형법각론, 박영사 2005

유기천 : 형법학(각론강의 상), 일조각 1982

이재상 : 형법각론(제5판), 박영사 2005

이정원 : 형법각론(제3판), 법지사 2000

이형국 : 형법각론 I , 법문사 1997

임　웅 : 형법각론(개정판 보정), 법문사 2005

정성근/박광민 : 형법각론, 삼지원 2002

정영일 : 형법각론(개정판), 박영사 2008

진계호 : 형법각론(제3판), 대왕사 1996

황산덕 : 형법각론(6정판), 방문사 1989

# 찾아보기

**(ㄴ)**



**(ㄷ)**



**(ㅁ)**

**(ㅇ)**

**(ㅈ)**

**(ㅊ)**



**(ㅋ)**

(ㅌ)



(ㅍ)



(ㅎ)